Hans Thiersch | Lothar Böhnisch
Spiegelungen. Lebensweltorientierung und Lebensbewältigung

Hans Thiersch | Lothar Böhnisch

Spiegelungen. Lebensweltorientierung und Lebensbewältigung

Gespräche zur Sozialpädagogik

BELTZ JUVENTA

Die Autoren

Hans Thiersch ist emeritierter Professor für Erziehungswissenschaften und Sozialpädagogik an der Universität Tübingen.

Lothar Böhnisch, Dr. rer. soc. habil., bis 2009 Professor für Sozialpädagogik und Sozialisation der Lebensalter an der Technischen Universität Dresden, lehrt Soziologie an der Freien Universität Bozen/Bolzano.

Bibliografische Information der Deutschen Nationalbibliothek

Die Deutsche Nationalbibliothek verzeichnet diese Publikation in der Deutschen Nationalbibliografie; detaillierte bibliografische Daten sind im Internet über http://dnb.d-nb.de abrufbar.

www.beltz.de · www.juventa.de
Druck und Bindung: Beltz Bad Langensalza GmbH, Bad Langensalza
Printed in Germany

ISBN 978-3-7799-2933-8

Inhalt

Vorbemerkung

Hans Thiersch

Lothar Böhnisch

Vor dem Hintergrund unserer langjährigen Freundschaft und Diskussionen haben wir uns in den letzten zwei Jahren immer wieder zu Gesprächen zur Position der Sozialen Arbeit in den Verwerfungen der Zweiten Moderne getroffen. Die Themen verfolgen unterschiedliche Aspekte, sie sind weitgespannt; wir haben diese Gespräche aufgenommen und dann redaktionell bearbeitet. Wir haben dabei den Duktus der Unterhaltungen beibehalten, denn wir wollten die in diesem Format angelegten Möglichkeiten des freien Abwägens, der offenen Assoziationen und auch der ungedeckten Überlegungen nutzen; wir hoffen, dass das auch für Leserinnen und Leser anregend ist.

Hans Thiersch und Lothar Böhnisch

Grundlegungen

Es braucht eine am Leben ausgerichtete Ausgangsbasis sozialpädagogischen Denkens

Lothar Böhnisch (L.B.): In der vorindustriellen Gesellschaft lagen die Leiden offen. Heute sind sie definiert, in soziale Probleme eingerahmt. Werden sie dadurch nicht auch verdeckt?

Hans Thiersch (H.T.): Ich denke, es ist komplexer, ich versuche mich anekdotisch anzunähern. Früher hat mich einmal die Frage beschäftigt, was mit Othello, dem erfolgreichen, aber zur Eifersucht verführten Heerführer geworden wäre, wenn er heute lebte. Wir würden hoffen, dass sich Desdemona, seine Frau, wenn er sich in seinem Argwohn verfinstert und gleichsam besinnungslos wird, noch rechtzeitig von ihm loslösen könnte und zu einer Freundin oder besser ins Frauenhaus rettete, anstatt in der beklommenen und lähmenden Ahnung, dass etwas passieren wird, inbrünstig zu beten und auf ein Unheil zu warten. Ihm dagegen würden wir raten, in ein Männerprojekt zu gehen, damit er lernen könnte, mit seinen Gefühlen anders umzugehen, als sie in Wutausbrüchen und Gewalt auszutoben und sich in einen Mord hineinzusteigern: „Ehe ich dich tötete, küsste ich dich".

L.B.: Dieser Satz könnte auch in einem heutigen Gerichtsprotokoll zur häuslichen Gewalt als Beteuerung des Täters stehen.

H.T.: Heute empfinden wir ein solches Geschehen als Verbrechen, das, hätte man rechtzeitig eingegriffen, vermeidbar gewesen wäre, während man doch damals dachte, es sei ein unaufhaltbares Schicksal, von dem man mit Entsetzen hört, das Angst und Schaudern erregt und auf Mitleid setzt, „das ist das Leben". Wir heute denken, es müsste sich nicht so dramatisch und hoffnungslos fügen und wenn es das tut, ist – so scheint uns – viel unterlassen worden, was möglich und nötig gewesen wäre, was hätte eingreifend, vorbeugend, abfangend und helfend getan werden können. Ich war neulich in einem Drama von O'Neill, da ging es um Alkoholismusexzesse, beinahe wie im Lehrbuch. Ich saß davor und konnte es kaum aushalten und dachte nur immerzu: Hört auf, holt euch einen Therapeuten, geht in eine Selbsthilfegruppe, so uninformiert und jenseits aller Hilfen darf man doch heute nicht in den Abgrund taumeln. Das ist nicht Schicksal, das ist ungekonnt.

L.B.: Hier geht es aber doch um Projektionsflächen, die man bietet, die man braucht, um die verdeckten Ängste und Lüste abspalten zu können. Solche exzessiven Antriebe sind doch bei allen irgendwie da, aber zivilisatorisch mehr denn je in einer Gesellschaft unterdrückt, in der man selbst dauernd auf sich achten muss, dass man funktioniert, egal welche Abgründe sich dabei in einem auftun. Nicht nur viele der gegenwärtigen Inszenierungen im Theater greifen da hinein, auch mancher Filmregisseur langt da richtig zu. Therapeuten fallen da vielleicht uns ein, den meisten Zuschauern kämen sie als aufgeklärte Langweiler entgegen, die einem den Kitzel nehmen wollen.

H.T.: Da fällt mir auch der Satz von Hegel ein, dass die aufgeklärte Welt keine Dramen mehr kennt, sondern nur noch Romane und Erzählungen. Ich möchte das mit dem Grundimpuls der Moderne zusammenbringen, in der die Menschen ihr Leben im Zeichen von Individualisierung und Biografisierung selbst in die Hand nehmen sollen, und denke an die alte Geschichte, die Pico della Mirandola erzählt. Nach der Erschaffung der Welt kamen alle Tiere der Reihe nach zu Gott, der Pfau erhielt seine Federn, der Elefant seinen Rüssel, jedes etwas Besonderes, Auffallendes, bis dann der Mensch kam und auch seine besondere Zier wollte; Gott aber sagte, dass er gar nichts bekäme, denn er habe sich selbst und seine Vernunft, er solle zusehen, wie er sein Leben gestalte. Dieses Gestalten ist sicher der Grundimpuls der Neuzeit und man kann Schritt für Schritt verfolgen, wie es sich auf immer weitere Kreise bezieht, erst auf die Gesellschaft und dann auf die inneren Dispositionen: Erst kam die Soziologie, dann weiter nach innen dringend die Psychologie und die Psychoanalyse, die nach Urgründen sucht, um sie aus dem Unbewussten hervorzuheben und gestaltbar machen zu können. Im Zug dieser Entwicklung steht auch die Sozialpädagogik. Leben, also Not, Verelendung, Hilflosigkeit und Verunsicherung, müssten gestaltbar sein, schicksalhafte Dramen müssten und dürften nicht sein.

L.B.: Deshalb lassen wir sie in der gesellschaftlichen Wirklichkeit auch nicht so nackt auf uns zukommen, sondern stecken sie in den Mantel sozialer Probleme und ziehen dann Fälle heraus, die bearbeitbar sind.

H.T.: Aber: Es ist doch auffallend, wie sich die moderne Kunst gnadenlos von diesem Optimismus entfernt. Je gestaltungsoptimistischer sich die Gesellschaft gibt, umso dramatischer hält sich in der Kunst das Bild von Hoffnungslosigkeit und Schicksalsgefangenheit. Nicht von ungefähr werden Therapie und Sozialpädagogik in diesem ästhetisch dramatischen Diskurs nur verächtlich über die Schulter angeschaut, weil sie nicht begreifen, was Leben ist und dauernd davon reden, dass man doch helfen müsse und könne.

L.B.: Bei vielen dieser Inszenierungen wird aber der Gestaltungsoptimismus nicht nur maßlos, sondern in gewissem Sinne auch lehrstückhaft aufgebrochen, sodass man spüren kann: Je gestalteter, je rationaler der Mensch mit sich selbst umzugehen glaubt, desto mehr nähert er sich der Grenze, ja dem Abgrund, aus dem heraus ihm schwant, dass er sich seiner selbst nicht mehr sicher ist, dass das Subjekt eben nicht so ohne weiteres über sich verfügen kann. Wenn Bourdieu darin Recht hat, dass wir in die Epoche der Paradoxien eingetreten sind, dann scheint es normal zu werden, dass je gesicherter wir uns fühlen, desto größer die Angst ist vor dem, was unvorhergesehen auf uns hereinbrechen könnte.

H.T.: Das heißt doch, dass es in unserer Gesellschaft zwei Kulturen gibt. Einmal die Kultur der immer wiederkehrenden dramatisch aufbrechenden Ausnahmezustände, wie sie auf der Bühne und auf dem Bildschirm inszeniert werden. Zum anderen die moderne Selbstverständlichkeit, dass wir inzwischen in unseren sozialstaatlichen Verhältnissen Strukturen entwickelt haben, in denen solche wilden Dramatiken verhindert werden können, der Umgang mit ihnen jenseits von Verzweiflung und Zerstörung geregelt werden kann.

Insofern muss sich die Sozialpädagogik dazu bekennen, dass sie einen optimistischen Hilfswillen hat, der Struktur in die Lebensschwierigkeiten bringen und sie damit so thematisieren kann, dass sie bearbeitet werden können. Gleichzeitig kann sie aber das Gegenbild dramatischer Erinnerung und das Wissen von einer anderen Wahrheit des Lebens nicht negieren. Es gibt beides, die Anstrengung um einen bewältigten, gestalteten Alltag und die Erkenntnis, dass wir unseren Alltag ohne zugespitzte und dramatische Gegenbilder nicht in seiner Wahrheit fassen können. Ein dialektisches Spiel: Da die tägliche Hoffnung der Menschen auf einen gelingenden Alltag, dort die Symbole der menschlichen Hilflosigkeit, Verlassenheit und Abgründigkeit.

L.B.: Diese sich nicht schließende Dialektik von Hoffnung und Hoffnungslosigkeit symbolisiert sich heute in den Medien. Die Ängste werden ins Bild gebannt, können so von der Sprache abgespalten werden in emotionale Projektionszonen der Abwehr. Man ist danach erschüttert bis angeekelt, aber kann es in dieser emotionalen Distanz dann doch von sich weghalten.

H.T.: Diese Gegenbilder werden aber immer extremer. Wie lange können solche extremen Bilder – in allen Kanälen täglich Operationen am offenen Herzen, Killer noch und noch, obszöne Outings en masse – wie lange kann die Suggestion solcher Schreckensbilder in Relation zum Alltag gehalten werden? Die durchsichtige Hülle des schützenden Umgangs ist ja schon gerissen, wenn die medialen Inszenierungen die Wirklichkeit des Alltags vielfach übersteigern, verzerren und dadurch übergriffig werden, wenn Kinder fragen, warum um sie herum doch gar nichts Schlimmes passiert, wo doch im Fernsehen dauernd der Teufel los ist, dann werden Entgrenzungen sichtbar, die unweigerlich zu Orientierungsproblemen führen müssen. Die Funktion dramatischer Symboliken gerät ins Rutschen, die dramatischen Bilder geraten ins Alltagsleben hinein. Das Zutrauen zu sich selbst kann gestört werden. Dies zu erkennen, ist mehr als Kulturkritik.

Solche Entgrenzungen sollen aber nicht verdecken, dass es die Spiegelung des dramatischen Inneren in der Spannung zum Alltag braucht. Und deshalb ist in der Sozialpädagogik immer auch das reflexive Eingeständnis nötig, dass sie mit ihrer Problemintervention auch Lebensthemen überformt und zudeckt. Das ist die tragische Seite der Sozialpädagogik. Sie muss helfen, muss sich darauf ausrichten, den betroffenen Menschen ein gelingenderes Leben zu ermöglichen, dazu beitragen, dass sie handlungsfähig werden, und trotzdem erfährt sie immer von neuem, dass sie es nicht in der Hand hat. Bis in die Supervisionsliteratur hinein geht es immer wieder darum, mit Zufällen, mit unentwirrbaren Verquickungen, mit Schuld und Versagen umzugehen – ein Indiz dafür, dass Sozialpädagogik in der Spannung zwischen Gelingen und Scheitern steht, so wie sie das Leben bestimmt.

L.B.: Wenn man Leiden übergeht und es vorschnell in Fallhülsen und Problem-Etiketten packt, wenn man seine Angst nicht zur Sprache kommen lässt, weil sie nicht diagnostisch integrierbar ist, geschieht auch so etwas wie eine Entmündigung des Klienten. Die Sprache ist das wichtigste Mittel der Sozialpädagogik und sie muss so eingesetzt werden, das sie diese Spannung trifft. Es wird dauernd aktiviert, ermächtigt, ‚ressourcenorientiert' mit einer Selbstverständlichkeit gearbeitet, die voraussetzt, dass das Subjekt startbereit zu seiner Ermächtigung ist und nicht vielmehr das blockierte Opfer, der gebundene Gefangene seiner selbst. Man setzt an der Aktivierung an und übergeht die inneren Konflikte, die diese Aktivierung dann zwar zur Sache der SozialpädagogInnen, aber nicht immer zu der des Klienten machen. Was muss ich also tun, dass die betroffenen Menschen nicht gleich innerlich verstummen, weil sie sonst Angst haben, den Hilfeprozess, das Verfahren zu stören?

H.T.: Hier ist eine Selbstkritik sozialpädagogischer Sprachbilder und Haltungen notwendig. In der Beratung sind Professionelle heute bisweilen von einer gnadenlosen Freundlichkeit. Sie machen Angebote, und denken und erwarten, dass diese angenommen werden. Wenn nicht, dann ist es entweder Widerstand oder Unfähigkeit – dann lässt man es halt laufen. Das ist eines der zwiespältigen Muster, das entsprechend verdinglicht auch immer wieder in der Sozialpädagogik gerne gebraucht wird: Alles, was nicht passt, ist Widerstand. Gerade der aber müsste zugelassen und als Eigensinnigkeit verstanden werden.

L.B.: Deshalb wäre auch mehr zu fragen, wann KlientInnen an der Jugendhilfe scheitern und nicht umgekehrt. Wenn das diagnostische Verstehen nicht erwidert wird, verschiebt man es einfach ins Unerklärliche. Aber vielleicht spielt auch hier wieder ein allgemeines Paradox mit. In einer Welt, in der alles erklärbar und verstehbar sein muss, wächst der Druck, nach dem Unerklärlichen zu greifen.

H.T.: Da gibt es offensichtlich ein Bedürfnis: In den Medien wurde anlässlich der Trauerfeier für den deutschen Nationaltorhüter Enke – der ja Suizid begangen hatte – hervorgehoben, dass der niedersächsische Ministerpräsident bei der Trauerfeier gesagt hatte, dieser Tod zeige, dass es Dinge im Menschen gäbe, die man nicht verstehen könne, die müsse man stehen lassen. Dies wurde allerseits als Erleichterung empfunden angesichts des Verstehens- und Deutungswahns, mit dem wir sonst alles überziehen. Es geht um den Umgang mit dem Rätselhaften, mit der Würde des anderen, die sich der Rekonstruktion entziehen.

Ich will dieses Wissen um das, was nicht verstanden wird, noch erweitern. In Goethes Faust gibt es den verwunderlichen Satz: „Denn alles was entsteht, ist wert, dass es zugrunde geht.“ Das Böse erscheint hier als Prinzip um seiner selbst willen. – Und es gibt ja immer wieder diese entsetzliche Hilflosigkeit angesichts des puren, unbegründbaren, sich nur in sich selbst erfüllenden Bösen. In diesem Zusammenhang ist ganz spannend, dass in der Sozialpädagogik die Auseinandersetzung mit dem Bösen als dem nicht Erklärbaren und sich Verweigernden offenbar nicht stattfindet. Stattdessen gibt es die Frustrations- und Deprivationstheorien, also Erklärungsmuster, die vorgeben, in etwas eingreifen zu können, was in vielem doch unverständlich bleibt.

L.B.: Man stellt in der Intention das Besiegen voran. Die Bösen sind zu besiegen, auch wenn das Böse bleibt. Im Vordergrund steht der Erhalt der professionellen Handlungsfähigkeit, die ja sonst prinzipiell gefährdet wäre. Hier stoßen wir auf ein generelles Problem sozialpädagogischer Intervention. Man möchte zu den Leiden der Menschen vorstoßen, aber hat Angst davor, dass diese Leiden so herausbrechen, dass sie nicht mehr als Probleme deutbar sind. Es bräuchte dazu mehr Zeit und Vertrauen. Professionalität heute ist oft Reduktion von

Komplexität im Sinne der Komplexität von Zeit, Raum und Vertrauen. Menschliche Komplexität, Dramatik wird darin reduziert.

H.T.: Natürlich ist die Fähigkeit der Sozialpädagogik, auf ihre KlientInnen einzugehen, sie zu verstehen, im Verlauf der Professionsgeschichte ungeheuer gewachsen. Hier liegen Gewinne, die nicht wieder verloren gehen dürfen. Dies scheint heute aber in dem Maße umzuschlagen, in dem durch die Rationalisierung der Erfahrungen von Zeit, Raum und Beziehungen diese reduziert und standardisiert werden. Auf der interaktiven Ebene wächst der Druck zur Typisierung, nun sozialtechnologisch modernisiert. Dabei gibt es doch inzwischen eine biografisch orientierte Methodik, die das Sich-Einlassen auf das Eigene zulässt, ethnografische Zugänge, die den Respekt vor dem Fremden verlangen und ihn zu gestalten helfen. Wie kann ich den anderen als anderen stehen lassen? Mit der neueren methodischen Entwicklung aber wächst auch die Tendenz der Flucht vor dem Sich-Einlassen, haben die Versuche zugenommen, mit ausgeklügelten Eingriffskatalogen den Spagat zwischen dem offenen Sich-Einlassen und der zielführenden Intervention irgendwie – und legitimierbar – zu managen. Die Häufigkeit der Auffälligkeitsmerkmale und ihre Korrelationen und Kausalableitungen stehen im Vordergrund und nicht die so schwer ergründbare Lebensgeschichte der Betroffenen.

L.B.: So ist längst eine Spaltung der Profession zu beobachten: Die einen, die das Verstehen weiterentwickeln und Räume und Beziehungen anmahnen, in denen sich die KlientInnen öffnen können, die die Chance des Unvermuteten genauso erhalten, wie die Gewissheit, dass das Risiko des Scheiterns genauso anerkannt wird wie die Hoffnung des Gelingens. Bei anderen ist der Aspekt der Steuerung in den Vordergrund getreten. Man versucht, die menschliche Komplexität vorauseilend technologisch und typisierend zu bannen.

H.T.: Deshalb braucht es eine am Leben und nicht am professionellen Handeln orientierte Ausgangsbasis sozialpädagogischen Denkens. Die Sozialpädagogik kann der Feind des Lebens sein, weil sie eingreift, typisiert, verengt. Aber sie kann auch das Dramatische, Abgründe-Aufbrechende des Lebens zähmen, ohne diese Abgründe zuzuschütten. Sie muss sie kennen: Sie muss das Drama anerkennen und doch zu integrieren versuchen. Aber dazu braucht es Räume und Umwege, die – auch – von der Sozialpädagogik gestaltet werden können.

Es darf nicht aufgehoben werden, dass das Verständnis von Leiden in sozialstaatlichen Problemdefinitionen zu einer neuen Qualität der Bewältigung geführt hat. Wenn Armut nun sozialstaatlich als das

Recht definiert wird, unterstützt zu werden, dann wird der Grundcharakter des *Dennoch* der Sozialpädagogik offenkundig.

L.B.: Inzwischen kommt von der neoliberalen Seite das Unwort von der „gefühlten Armut". Diese wird dann eben nicht als soziales Problem anerkannt.

H.T.: Das ist ja eine grandiose Verkennung dessen, was die Anomietheorie schon erkannt hat: Wenn die Menschen erfahren, dass die Gesellschaft Ziele vorgibt, aber nicht die Mittel dazu, dann wird sie als regellos erlebt und damit geht die menschliche Antriebskraft zurück; der Antrieb, sich an der Gesellschaft aktiv zu beteiligen, schlägt in Rückzug um.

L.B.: Sozialpädagogik wird nun dahingehend denunziert, dass man ihr vorwirft, sie reagiere auf die Gefühle und nicht auf die objektiven Umstände. Sie ginge damit den Betroffenen auf den Leim. Die hatten doch alle Möglichkeiten und wenn sie die nicht nutzen, muss eben die Unterstützung reduziert werden. Fordern und Fördern. Ist es da verwunderlich, wenn SozialpädagogInnen sagen: Vielleicht ist das gar nicht so schlecht mit der Rationalisierung der Zugänge zum Klienten. Wir gehen ihnen dann nicht so leicht auf den (Gefühls-)Leim.

H.T.: Ich bleibe aber dabei und beharre darauf: Beziehung und Zeit sind notwendig, damit menschliches Leben, das eben in Gefühlen verwoben ist, zur Sprache kommen kann. Erst von da aus kann ich als Sozialpädagoge sehen und entscheiden, welche Optionen es für diese Menschen gibt.

L.B.: Hier sieht man, wie zentral der Begriff der funktionalen Äquivalente für eine Sozialpädagogik sein kann, die erst einmal die Lebensdramatik in ihren KlientInnen zum Zuge kommen lässt und nicht den zweiten Schritt – die Intervention – vor dem ersten – dem Zulassen – tut. Das Modell der funktionalen Äquivalente, der Eröffnung alternativer Räume und Beziehungen in sozialpädagogischen Projektmilieus, setzt ja gerade darauf, dass die SozialpädagogInnen mit ihren Interventionen auf das eingehen müssen, was die Betroffenen bewegt, damit sie ihnen Möglichkeiten dafür schaffen können, zu spüren, dass sie auch anders weiterkommen, ohne sich aufgeben zu müssen.

Und noch etwas: Eigentlich bezieht sich die Diskussion um die soziale Hängematte nur vordergründig auf die sozial Benachteiligten. Eher ist es – schaut man sich das Gesundheitswesen an – die allgemeine Konsumhaltung, die sich gegenüber sozialen Gütern entwickelt hat, und im Widerspruch zur neoliberalen Strategie steht, Selbstverantwortung für Risiken zu forcieren. Dies spielt sich ja auf einem Markt ab, zu dem die KlientInnen der Sozialpädagogik kaum Zugang haben. Nun soll aber dieser Markt im neoliberalen Anschein vernünftig sein; deshalb wird die allgemeine soziale Konsumhaltung auf jene projiziert, die außerhalb des Marktes stehen. So wird dann auch die Sozialpädagogik mit hineingeredet, obwohl ihr Programm ein anderes ist.

H.T.: Wir müssen deshalb der neoliberalen Fraktion hartnäckig entgegenhalten, dass das Programm der Sozialpädagogik immer schon Hilfe zur Selbsthilfe heißt und damit – wenn man sie recht verstünde – gar nicht so weit vom Primat eines Förderns zur Selbstzuständigkeit entfernt ist, allerdings im Rahmen der Solidarität der Gemeinschaft.

L.B.: Letzteres ist wichtig, denn die neoliberale Formel ist umgekehrt zur sozialpädagogischen gedacht: Es wird nur gefördert, wenn die Forderung erfüllt ist. In der Sozialpädagogik heißt es dagegen: Wir müssen erst fördern, den Menschen sich entwickeln lassen, dass er biografisch so handlungsfähig wird, dass er die arbeitsgesellschaftlichen Anforderungen überhaupt bei sich integrieren kann.

H.T.: Ich möchte aber noch einmal zurückgehen und auch festhalten, dass, wenn wir unsere Erfahrungen aus Praxisbegleitung und -beratung zusammennehmen, deutlich ist, dass diejenigen, die sich im Sozialkonsum treiben lassen, nur einen geringen Teil der KlientInnen ausmachen.

L.B.: Und wenn dann immer wieder gestichelt wird, die Soziale Arbeit sei ein „Versorgungsterrain erlernter Hilflosigkeit", so muss man aus der empirischen Erfahrung heraus entgegenhalten, dass die KlientInnen schon mit dieser Hilflosigkeit in die Sozialarbeit kommen und hier zumindest die Chance erhalten, damit so umzugehen, dass sie einigermaßen handlungsfähig bleiben oder werden.

H.T.: Alles, was wir in der Sozialpädagogik diskutieren und entsprechend umsetzen wollen – Anerkennung der lebensweltlichen Kräfte und des Bewältigungsstrebens – ist gegen diese Denunziation der Klientel gerichtet. Insofern ist es schon problematisch, dass es zunehmend Kreise auch in der Sozialpädagogik gibt, die meinen, mit dieser Programmatik könne man angesichts der postsozialstaatlichen Wende nichts mehr ausrichten. Im Gegenteil: Ohne eine solche insistente Sozialarbeit sähe die soziale Landschaft bei uns – das zeigen ja auch die Folgen der Wirtschaftskrise in den 2000er Jahren – anders aus: mehr soziale Exklusion, mehr soziale Spaltung.

L.B.: Hier sind wir bei dem Grundproblem des gegenwärtig gestörten Verhältnisses von Sozialarbeit und Sozialpolitik angelangt. Die Politik der Anerkennung, die zum Kern sozialstaatlicher Sozialpolitik gehört, hat an Durchsetzungskraft wie an politischer Stützung verloren. Indem der moderne Sozialstaat sozialstrukturell bedingte Lebensschwierigkeiten und Benachteiligungen als soziale Probleme anerkennt, hebt er sie auf eine allgemeine gesellschaftliche Ebene jenseits individualisierender Schuldzuschreibungen. Im neoliberalen Denkmuster aber werden soziale Probleme wieder marktgängig individualisiert. Jeder kann es doch irgendwie schaffen, jeder trägt deshalb das Risiko des Scheiterns selbst. Hinzu kommt ein Paradox: Dieses neoliberale Denkmuster, das ja – zum Beispiel in der Parteipolitik – mit der Mittelschicht kokettiert, wendet sich selbst gegen diese. Gegenwärtig steht die Mittelschicht unter Abstiegsdruck, leben viele in der Angst, in prekäre Lebensverhältnisse zu geraten und schotten sich dann umso mehr gegenüber sozial benachteiligten und deklassierten Bevölkerungsgruppen ab. Damit kann sich aber eine Haltung der Abwehr breit machen, die darauf hinausläuft, dass man nicht mehr bereit ist, zu verstehen und gutzuheißen, dass man sozial benachteiligten Gruppen in sozialpolitischer Anerkennung professionell helfen muss. Warum so viel und so teure Sozialarbeit, die Tafeln genügen doch!

Die moderne sozialstaatliche Sozialarbeit hat aber immer davon gelebt, dass das, was sie tut, von einer liberalen Mittelschicht verstanden und unterstützt wurde und wird. Viele aus den sozialen Bewegungen der 1960er und 1970er Jahre waren in gehobene und mittlere berufliche und politische Positionen gekommen und hatten sich zumindest einen Teil ihrer sozialen Sensibilität erhalten. Dies droht nun wegzubrechen, da die Unterstützergenerationen in Rente gehen. Somit ist die Gefahr größer geworden, dass die Sozialpädagogik/Sozialarbeit zur Projektionsfläche der Abstiegsängste, des Sicherheits- und Verschonungsdenkens der gegenwärtigen Mittelschichten wird. Man vertraut nicht mehr einem sozialpädagogischen Konzept der Umwege und des pädagogischen Abwartens. Es soll schnell und effizient eingegriffen werden. Der Wunsch nach kurzer und schneller Kontrolle verstärkt sich.

H.T.: Soziale Probleme werden dann nicht mehr in der gesellschaftlichen Anerkennungsperspektive, sondern in der Marktperspektive bewertet: Sicherheitspakete sind in diesem Sinne marktfähiger. Auch hier tritt die Ökonomisierung des Sozialen deutlich hervor.

L.B.: Wenn man sich also nicht mehr selbstverständlich auf unterstützende Gruppen aus der Mittelschicht verlassen kann, gilt es umso mehr, Arbeitsbündnisse zu suchen. Denn die Sozialarbeit muss die Chance haben, geschützte Räume und Beziehungen zu gestalten, in denen sich sowohl Lebensdramatiken äußern als auch Hilfen entwickeln können. Dazu braucht sie weiter eine sozialstaatliche Anerkennungspolitik und eine zivilgesellschaftliche Anerkennungssphäre als Hintergrundsicherheit.

Lebenswelt und Lebensbewältigung als Versuche, zu den Erlebens- und Deutungsmustern der Betroffenen zu finden

L.B.: Wie ist in der damaligen Diskussion das Alltagsparadigma in die Sozialpädagogik eingebracht worden? Man sprach ja von der „Alltagswende“ in der Sozialen Arbeit. Sozialwissenschaftliche und ethnomethodologische Zugänge des Lebensweltparadigmas wurden sozialpädagogisch transformiert.

H.T.: Die Frage geht ja sehr direkt auf die Hintergründe meines Ansatzes; bevor ich aber damit einsteige, würde ich doch zunächst gern festhalten, dass es damals in den Schwierigkeiten und Umbrüchen der 1960er Jahre darum ging, gegen die weithin herrschende Dominanz von Strafen, Demütigen und Stigmatisieren und die Selbstverständlichkeit von Verwaltungsregularien die Ansprüche der Leidenserfahrungen der AdressatInnen und die Brisanz der sozialen Probleme stark zu machen, es ging um die Gesellschaftlichkeit der Sozialen Arbeit und um ihre wissenschaftlich – sozialwissenschaftliche Fundierung.

In diesem allgemeinen Kontext der damaligen sehr vielfältigen und kontroversen Ansätze waren es dann zwei Grundintentionen, die zur sozialpädagogischen Übernahme des Alltagsparadigmas geführt haben. Zum einen war es die Kritik an einem sozialtechnologischen Verständnis in der Pädagogik, das von der pädagogischen Psychologie her kam und von dem wir meinten, dass es der Lebenswelt der KlientInnen nicht gerecht würde. Zum anderen war es die Auseinandersetzung mit der damals dezidiert vorgetragenen politökonomischen Kritik, nach der die Sozialarbeit nur der Handlanger des Kapitals sei. Wir meinten, dass diese Fundamentalthese die Realität des sozialpädagogischen Geschehens in einer eigentümlichen und doppelten Weise überforderte, in einer Weise, der sie nicht gerecht werden konnte. Wie sollte denn die Gesellschaft von sozialen Randgruppen her verändert werden, von denen also, die es besonders hart getroffen hatte? Und, was bedeutete es denn, wenn Jugendliche nicht mehr in einem schrecklichen Heim lebten, wenn Kinder – wie wir es auf der Hufe praktiziert hatten – lohnende Aufgaben fanden, an denen sie Spaß hatten, in denen sie sich anerkennen konnten und Freundlichkeit erfahren konnten? War das nichts? Da bot sich die Alltags- und Lebensweltkonzeption als Paradigma an, mit dem man nicht nur die damalige Institutionenkritik aufnehmen und sozialwissenschaftlich reformulieren, sondern auch einen empirisch realistischen Weg zu den KlientInnen finden konnte.

Der Lebensweltbegriff ist ja auch in einer Zeit in die Sozialpädagogik gebracht worden, in der diese sehr stark unter dem Druck, beziehungsweise im Aufwind von Kampagnen stand: Heimkampagnen, Schülerbewegung, Jugendzentrumsbewegung, Lehrlingsbewegung. Hier artikulierten sich die Jugendlichen selbst gegen die Deutungshoheit der Institutionen.

Das Positive war ja der Versuch, Zugang zu den Deutungs- und Handlungsmustern der Betroffenen selbst zu finden, um mit ihnen handelseinig über ihre Situation zu werden. Das war aber zunächst erst einmal negativ ausgerichtet, gegen die bestehenden Institutionen der damaligen Sozialarbeit und ihre Praxis.

L.B.: Aber dieses sozialwissenschaftlich-ethnomethologische Alltagsparadigma sozialpädagogisch zu übersetzen, war dann wohl doch nicht so einfach. Die Kontroll- und Definitionsmacht der Institutionen sozialer Hilfe aufzubrechen, ist wohl gelungen. Die andere Intention, die pädagogische Grundkategorie des Verstehens auch sozialwissenschaftlich fassen zu können, geriet ja schnell in die Kritik. So wurde kritisiert, es könne daraus kein echter sozialpädagogischer Handlungsbegriff abgeleitet werden. Die Lebensweltorientierung blieb gleichsam an der Institutionenkritik hängen.

H.T.: Wichtig war die sozialwissenschaftliche Transformation, die verbunden war mit einem Forschungsprogramm, das die realen Wirkungen und pädagogischen Leistungen der Organisationen in den Vordergrund stellte und nicht länger Verhaltensforschung unter gegebenen und nicht hinterfragten institutionellen und organisatorischen Bedingungen betrieb. Es galt die Formel H. S. Beckers, dass es nicht um Forschung „in“ sondern „über“ die Organisationen gehe. Dies lag parallel zu den abolistischen Ansätzen der Gefängnisreform und lag auch parallel zu den antiautoritären Bestrebungen, die behaupteten, dass alles, was aus der institutionellen Verfassung der Schule komme, schädlich wäre.

Natürlich merkten wir bald, dass der kritische Impetus nicht ausreichte, dass wir ein Konzept für das Handeln brauchten, es gab die Ratlosigkeit, die Nöte der Heranwachsenden, wir waren mit ihnen engagiert, es brauchte neue bessere Verhältnisse, es brauchte also eine Reform der Institutionen als praxiswirksamen Zugang. Da bot sich zum Beispiel der Reformweg von der radikalen Heimkritik bis hin zum Entwurf neuer Lebensorte an, wie er im Bericht der obersten Landesjugendbehörden unter der Federführung von Martin Bonhoeffer dargestellt wurde; es ging um die Reform der Fremdunterbringung und die Frage, wie man den Monolith Heimerziehung so aufbrechen kann, dass die Angebote auf die realen Bedürfnisse von Kindern, die zu Hause nicht mehr leben können, antworten, ihnen gerecht werden können; es ging aber auch um die Frage nach Alternativen, also darum, was Pflegefamilien leisten und wie man sie aktivieren kann. Und es ist im Nachhinein gesehen schon verwunderlich, wie vorausgreifend in dem damaligen Dokument das in den Jahren dann allmählich ausgebaute und differenzierte Programm der lebensweltlichen Rekonstruktion und Umstrukturierung der Heimerziehung als Vielfalt in den Formen von Fremdunterbringung entwickelt worden ist, bis hin zu Fragen wie die der Kurzzeit- und Krisenunterbringung im Wohngebiet. Bonhoeffer nannte es das „Heim um die Ecke".

L.B.: Diese institutionelle Transformation des Lebensweltbegriffs muss man aber natürlich auch unter dem kritischen Blickwinkel betrachten, dass das Konzept von den Institutionen selbst zum Zwecke ihrer Modernisierung gebraucht und dadurch auch entsprechend institutionellen Logiken unterworfen wurde. Zum Zweiten: Was sich in der Lebenswelt Jugendlicher wirklich abspielte, darüber wusste man wenig. Man thematisierte ja primär die Lebensweltorientierung, also die zu verändernden institutionellen und sozialpädagogischen Zugänge. Der achte Jugendbericht handelt in diesem Sinne ja von der institutionellen und organisatorischen Transformation des Lebensweltansatzes: Milieunähe, dezentralisierte und integrierte Hilfen. Was in den KlientInnen vorgeht, ist nicht geklärt. Das ist ja das Problem bis heute mit dem Lebensweltkonzept. Die Verfahren stehen, sie haben unbestreitbar die institutionell-organisatorischen Kontexte reformiert. Aber können sie auch die lebensweltlichen Befindlichkeiten aufschließen? Auch lebensweltorientierte Zugänge stoßen immer auf Widerstände bei den KlientInnen, provozieren paradoxe Reaktionen.

H.T.: Das ist so – jedenfalls auf den ersten Blick. Als wir den achten Jugendbericht abgegeben haben, haben wir gemerkt, dass ein Kapitel fehlt. Wir haben die Lebensverhältnisse der Jugendlichen in den Mustern von Individualisierung und Pluralisierung – und darin bestimmt von Unterprivilegierung und Armut – dargestellt und dabei vor allem die Normalität in den Bewältigungsaufgaben; was in den Jugendlichen vorgeht, wo Individualisierung und Pluralisierung zu bestimmten Formen von Schwierigkeiten führen, die Hilfebedarf erzeugen, haben wir nicht weiter verfolgt. Ich dachte damals, man könne den Bericht so nicht abgeben, weil dieses Herzstück fehlte. Und dann haben wir abgegeben und das Lebensweltkonzept hat sich als lebensweltorientierte Institutionenorientierung in der Sozialen Arbeit durchgesetzt.

L.B.: Dann war aber der Zug abgefahren. Deshalb müssten wir ja heute gerade in dieser Richtung kritisch über das Lebensweltkonzept diskutieren. Versuchen wir noch einmal zu rekonstruieren: Die Kraft des

Alltags- und Lebensweltparadigmas lag damals in den 1970er Jahren – wenn man es historisch-soziologisch betrachtet – darin, dass es von einem gesellschaftlichen Umfeld der Kampagnen getragen wurde. Der Diskurs wurde gesellschaftlich freigesetzt und suchte seine intellektuellen Gestalten. Er hatte seine institutionenkritischen Orte und seine Generation gefunden, die ihn getragen haben, und wird später – in einem Modernisierungsprozess – von den Institutionen aufgenommen und in diesen integriert. Er bekommt damit eine andere Gestalt. Das Verständnis von Lebenswelt erhält in einer modernen, lebensweltlich inspirierten Jugendhilfeorganisation einen anderen Zuschnitt als in einem kritischen Paradigma. Der Ansatz wird institutionell-organisatorisch transformiert, wird zum Verfahren und zur Methodik. Das hat der achte Jugendbericht institutionell sanktioniert. Die Organisationen sollen den Lebenswelten gerecht werden, auch wenn sie nicht wissen, was in den Lebenswelten wirklich vorgeht.

H.T.: Das geht mir zu rasch – so kann ich das nicht sehen. Es ging mir und uns – zum einen – um eine Institutionalisierung des Konzepts Lebensweltorientierung als eine Institutionalisierung im Hinblick auf das, was im Alltag passiert. Grundvoraussetzung unserer Überlegungen war dabei die Maxime, dass Soziale Arbeit nicht von den Institutionen und ihrer Organisations- und Definitionsmacht aus gesehen und praktiziert werden kann, sondern von den Lebenserfahrungen und Problemen der Jugendlichen selbst, von der Alltäglichkeit ihrer Lebenswelt. Es ging darum, – in Absetzung von therapeutischen Ansätzen – den Menschen in dem zu sehen, wie er sich in seinem Leben verortet. Man muss davon ausgehen, dass es die erfahrene, subjektiv gedeutete Welt ist, die für den Menschen wichtig ist, so wie er sich in ihr platziert und wie er sie gebrauchen kann. Ausgangspunkt muss – mit Heidegger gesprochen – die Welt sein, die ein Mensch besorgt, also die Frage, wie er in ihr zurande kommt – oder in deiner Sprache – wie er sie bewältigt. Der Mensch wird gesehen in der Auseinandersetzung mit seiner Lebenswelt, mit seiner Erfahrungswelt, in der Auseinandersetzung mit sich selbst.

In der erfahrenen Welt leben bedeutet dann: Wie kommt der Mensch mit seiner Zeit zurande, mit seinem Raum, seinen Beziehungen, also nicht nur, wie das zurzeit so oft im Vordergrund steht, was hat er für Einstellungen, für Werte oder für Absichten, sondern wie realisiert sich zum Beispiel sein Lebensplan in seinem Zeithorizont – in einer Zeit, in der selbstverständliche Lebensplanungen nicht mehr so gegeben sind, wie sie traditionell gegeben waren. Es ist eine andere Sicht, die sich hier für die Sozialarbeit eröffnet. Das ist – so sehe ich es auch – bisher nicht immer hinreichend theoretisiert worden, aber die neuerliche Intensivierung der Adressatenfrage weist genau in diese Richtung.

Diese neue Sicht braucht institutionelle Voraussetzungen, sie braucht Institutionen, die sie nicht unterlaufen und verhindern, die sie möglich machen – das ist das zweite, an dem mir liegt. Der achte Jugendbericht hat aus dem Paradigma zur Rekonstruktion dessen, was Alltag ist, Konsequenzen für den Umgang mit den KlientInnen und für die Kritik und den Neuaufbau von Institutionen gezogen und dabei ein Konzept entworfen, in dem die Zerfahrenheit und Unterschiedlichkeit der sozialarbeiterischen Handlungsfelder unter dem Ziel des Ausgangs von den KlientInnen zusammengefasst werden konnten. Es wurden traditionelle Institutionen – Diagnose und Beratung, ASD, Erziehungshilfen, Jugendarbeit – verändert und ebenso neue entworfen, die im Alltag mit den Menschen zusammen zu agieren versuchten: Streetwork, Drogenarbeit in der Szene, Familienhilfen, aufsuchende Beratung. Es galt die Barrieren und abschreckenden Distanzen zwischen den Institutionen und dem Alltag in den Zugängen zu Hilfen abzubauen. Ich denke, dass – wenn ich das so sagen darf – die Leistung des Konzepts Lebensweltorientierte Soziale Arbeit gerade in dieser Verbindung besteht, in diesem Doppelansatz der Fragen nach der Lebensweltlichkeit der AdressatInnen und der institutionellen Formierung der Sozialen Arbeit; erst darin, so scheint mir, ist sie ein Konzept zugleich der sozialen Probleme und der Sozialen Arbeit und damit der Entwurf eines Konzepts einer Theorie der Sozialen Arbeit. Das Besondere der Lebensweltorientierung aber sehe ich darin, dass sie diese Dimensionen in unaufhebbarer Verbindung und in Spannung, in immer neuen Auseinandersetzungen aufeinander verwiesen sieht.

L.B.: Wie du es jetzt gesagt hast, könnte man zusammenfassend formulieren: Das Lebenswelt- und Alltagskonzept war ein Ansatz zur Veränderung des Selbstverständnisses der Institutionen hin zu einer neuen Sicht auf die KlientInnen – in die Richtung von Ganzheitlichkeit, Unvoreingenommenheit, Verständigung, Einbettung der Institutionen selbst in lebensweltnahe Räume.

H.T.: Das gilt auch heute noch. Es ist bis heute noch nicht eingelöst und es wird, da die Spannung zwischen Lebenswelt und Institutionen sich immer wieder neu herstellt, sich immer nur für konkrete Situationen und nicht endgültig einlösen lassen. Ein Beispiel aus der Kindergartendiskussion: Wir haben die differenziertesten Analysen zur Kindergartenorganisation – zu den Öffnungszeiten, zu der Gruppenstruktur – aber wissen wenig über die sozialräumliche Einbettung des Kindergartens, im sozialen Brennpunkt, in der Vorstadt, in der Kleinstadt, im ländlichen Raum etc. – und über die Konsequenzen, die sich daraus ergeben müssten.

Der Bezug auf die jeweilige Lebenswelt, aus der die AdressatInnen stammen, ist die Grundintention der Lebensweltorientierung. Es ist nicht länger der Einzelne, sondern der Einzelne in seinen Verhältnissen, seiner sozialen Eingebettetheit. Es ist nicht mehr der klassisch moralgeleitete Subjektansatz – der Einzelne in seinen individuell schwierigen Verhaltensweisen, in seinem Versagen, seiner Verantwortung – es ist der Mensch, der seine Probleme in dieser Einbettung hat. Das Konzept des Empowerments zielt ja zum Beispiel darauf ab, die Ressourcen im lebensweltnahen Feld zu aktivieren.

L.B.: Allerdings: Gerade beim Empowermentkonzept zeigt sich ja die Problematik einer nicht geklärten Setzung. Der Lebensweltansatz, der analytisch und verstehend auf das Eingebettetsein verweist, kann zu dem nicht weiter hinterfragten Optimismus führen, der Klient verfüge über sich selbst, die in ihm steckenden ‚Ressourcen' müssten nur aktiviert werden. Welche Kräfte in dem Klienten wirken, wie die Tiefenstruktur und -dynamik des Selbst aussieht, bleibt doch weitgehend unthematisiert.

Neben dieser Ungeklärtheit sind auch bestimmte institutionelle Entwicklungen der Lebensweltorientierung problematisch zu sehen. Zum einen: Wie gehen die Organisationen mit dem Lebensweltkonzept um? Sie versuchen es doch meist selbstreferenziell zu integrieren, einzugemeinden; sie dringen zwar darauf, dass die formalen Rahmenbedingungen des Lebensweltkonzepts aufgenommen werden, aber Konflikte, auf die ja der Lebensweltansatz verweist, die aber der Organisationsstruktur grundsätzlich gefährlich werden können, sollen möglichst vermieden oder ausgelagert werden. Nehmen wir einmal das Beispiel der akzeptierenden Jugendarbeit mit gewalttätigen Jugendlichen. Hier ist das Lebensweltkonzept – wenn auch nicht paradigmatisch so ausgewiesen – in diese verdeckte innere Zone der Befindlichkeit weitergetrieben worden, indem erkannt und verstanden wird, dass Gewalthandeln für die Jugendlichen subjektiv funktional war, dass es für sie – unbewusst – das letzte verfügbare Mittel war, Selbstwert und Anerkennung – durch Auffälligkeit – zu erhalten. Anerkennung, die ihnen in ihrer bisherigen Biografie und sozialen Umwelt immer verwehrt war. Lebensweltorientierte Hilfe heißt hier, den Jugendlichen funktionale Äquivalente anzubieten, in denen sie spüren können, dass sie Selbstwert und Anerkennung erlangen können ohne Gewalt, dass sie nicht mehr auf Gewalt angewiesen sind. Das aber erfordert Umwege, Zeit, Aushalten von Konflikten, Verständnis in der Bevölkerung. Wir haben das in dem von uns in Dresden wissenschaftlich begleiteten Anti-Gewalt-Programm der 1990er Jahre entwickelt. Aber viele Ämter haben da blockiert, behaupteten, es sei nicht administrativ umsetzbar und würde in der Bevölkerung nicht verstanden. Als „Glatzenpflege auf Staatskosten" wurde dieser radikal lebensweltorientierte Ansatz dann auch – allerdings von westdeutscher Seite – diffamiert. Theoretisch und konzeptionell hat es uns allerdings viel gebracht. Damals entwickelte ich unser Bewältigungskonzept, das wir dann später auch mit dem Lebensweltkonzept verschränkt haben, wie wir es ja auch in unserem gemeinsamen Buch mit Wolfgang Schröer zum „Sozialpädagogischen Denken" [1] dargestellt haben. In der institutionellen Bewertung aber bleibt: Der Druck auf die Organisationen, das Lebensweltkonzept als modernisiertes Verfahren zu integrieren, reduziert doch zwangsläufig seinen Gehalt.

H.T.: Dagegen muss das Konzept sich wehren; sein Potential als kritisches Konzept, das die Institution von den lebensweltlichen Erfahrungen der AdressatInnen aus sieht und kritisiert, muss stark gemacht werden.

Ich will versuchen, das noch einmal zu verdeutlichen. Ich habe ja der Entwicklung des Lebensweltkonzepts einen kritischen Alltagsbegriff zugrunde gelegt. Der Alltag ist in sich selbst widersprüchlich, konfliktreich, spannungsgeladen. Im Alltag gibt es Kämpfe um Selbstbehauptung, Anerkennung und Darstellung. Ich verweise auf Goffman und sein Buch „Wir alle spielen Theater"[2]. Alltag ist die Bühne, auf der ich mich darstelle und produziere. Ich stelle mich dar im Widerstreit mit mir selbst und mit anderen. Ich lebe, agiere, aber vielleicht könnte ich auch anders leben und agieren. Wünsche, Hoffnungen und Leiden liegen nebeneinander. Alltag ist auch Alltag von Herrschaft. Insofern bedeutet Lebensweltorientierung in meiner Sprache, dass man in diese Konflikte und Widersprüche hineingehen muss und in ihnen Optionen für ein besseres Lebensarrangement sichtbar und erreichbar machen muss. Es geht – so hat es Karel Kosk formuliert – darum, die „Pseudokonktretheit" des Alltags zu sehen, zu respektieren und zu destruieren, um darin die Potentiale von „Praxis", also von einem gelingenderen Alltag und Leben freizusetzen, zu bekräftigen und schaffen. Ich kann es auch ganz altmodisch mit Pestalozzi ausdrücken: Wir haben nichts anderes als die Arbeit an unserem verschütteten Selbst. Oder, noch einmal anders und mit Bloch

1 Böhnisch, L./Schröer, W./Thiersch, H. (2005): Sozialpädagogisches Denken. Weinheim und München.

2 Goffman, E. (1969): Wir alle spielen Theater. München.

gesprochen: Wir sind getrieben vom Hunger, Leiden, wir haben Sehnsüchte, Träume und Wünsche. Lebensweltorientierte Arbeit verstehe ich deshalb als den Versuch, Zugänge zu finden, sich in diese Konflikte so einzumischen, dass das Alltagsverhalten der KlientInnen nicht entmutigt, unterdrückt und gedemütigt wird, sondern dass die im Alltag angelegten Optionen bewusst und gestärkt werden, Optionen, für die man auch neue Räume und Verhaltensmuster schaffen und finden muss. Von hier aus würde ich der von dir behaupteten Dualität oder Unvereinbarkeit von kritischem Ansatz im Alltag und institutionellem Konzept der Lebensweltorientierung widersprechen. Mir ging es darum, in einem kritischen Konzept die Institutionen zur Freisetzung eines kritischen Potenzials zu befähigen.

L.B.: Allerdings scheint mir heute, dass uns in der Sozialpädagogik ein entsprechend kritisches organisationssoziologisches Konzept fehlt, diese Intention der institutionellen Freisetzung zu operationalisieren. Das was wir an sozialpädagogischen Organisations- und Sozialmanagementkonzepten haben, hat sich ja vorschnell auf eine Variation der Verfahren eingependelt. Das hat es den administrativen und verbandlichen Apparaten auch leicht gemacht, auf die Lebensweltorientierung organisatorisch einzuschwenken. Nur wenige Administratoren – wie zum Beispiel damals Marquardt in Freiburg – haben diese Ambivalenz des Modernisierungsdrucks erkannt. Bürokratien hassen Konflikte und so ist das administrative Bestreben, den Lebensweltansatz von seiner Konflikt- und Widerspruchsorientierung zu befreien, ihn entsprechend zu entleeren, strukturell verständlich. Sie werden versuchen, die Konflikte auszulagern oder sie institutionell-organisatorisch in den Griff zu kriegen. Lebensweltorientierung ist dann nicht mehr als ein Programm und ein institutionelles Verfahren.

Und nun zur Widersprüchlichkeit der Lebenswelt. Wünsche, Konflikte, Botschaften sind ja meist für die Betroffenen nicht thematisierbar, werden abgespalten, zeigen sich in einer Gestalt, die lebensweltorientierte Zugänge scheinbar konterkariert. Das zeigt uns ja die Bewältigungsforschung. Handlungsfähigkeit wird um jeden Preis gesucht. Da braucht es Zeit, Umwege und funktionale Äquivalente, die institutionell immer weniger integrierbar sind. Deshalb musste der Transformationsprozess geradezu zwangsläufig so laufen, dass unter dem institutionellen Modernisierungsdruck diese Konflikthaftigkeit übergangen werden ‚musste'.

H.T.: Ich würde das nicht so sehen und zweierlei gegen diese Kritik einwenden. Zunächst: Bezogen darauf, was im Alltag der Menschen steckt, gehe ich davon aus, dass es von seinen Erfahrungen, seinem Leiden und seinen Hoffnungen aus potenziell immer wieder Möglichkeiten, also Optionen und Realisierungschancen des gelingenderen Lebens gibt. Da sehe ich eher das Problem, dass eine Orientierung an Optionen allzu leicht nur zu kleine Optionen anzielt und damit die Möglichkeiten größerer Optionen verdeckt. Ich möchte in meinem Alltag eine Balance finden und eine Zeitperspektive haben und bin dann allzu rasch damit zufrieden, wieder zurande zu kommen; weitergehende Optionen gehen in dieser Alltagsbefriedigung unter. Deshalb ist es so wichtig, dass lebensweltorientierte Soziale Arbeit sich immer im Horizont sozialer Gerechtigkeit versteht.

L.B.: Ist das nicht ein Zugang aus unserer Lebensweltvorstellung der Mittelschicht, die hier einfach übertragen wird?

H.T.: Stellen wir das einmal zurück und bleiben wir bei deinem anderen Einwand, bei der institutionellen Thematik. Meines Erachtens gehst du von einer Institutionenkritik aus, die zu statisch ist.

L.B.: Eigentlich nicht, denn es wird ja die Perspektive der Modernisierung betont.

H.T.: Die kritische Lebensweltkonzeption hat auf eine offene, sich öffnende Modernisierung gesetzt, es braucht darin aber kritische Wissenschaft, um sich gegen die Selbstreferentialität des Institutionellen zu wehren. Ich mache mir das immer an den ökologischen Entwicklungsprozessen deutlich, in denen ja Institutionen die kritische Wissenschaft brauchen, um zu einer Restrukturierungspolitik im Horizont von Nachhaltigkeit zu kommen. Die Aufgabe von Wissenschaft ist es, organisationelles Handeln so weit in Dienst zu nehmen, dass dies nicht nur der eigenen Selbstreferentialtät unterliegt, sondern dienstbar wird für Notwendigkeiten von außen.

Und hier habe ich meine Probleme mit der Systemtheorie und ihrem Konzept der Selbstreferentialität, und meine, dass diese Fragen nicht immer einfach systemisch übersetzt werden können, sondern dass man durchaus institutionell changieren, zwischen den Sphären vermitteln kann.

L.B.: Nun, die Systemtheorie arbeitet hier mit dem Begriff der Ultrastabilität, der Erweiterung der Systemgrenzen. Meist geschieht dies durch Auslagern von Problemen, die nicht integrierbar sind. Das ist ja auch in der Jugendhilfe passiert. Aber noch einmal zurück und generell: Ich finde die Programmatik der sich öffnenden institutionellen Modernisierung undialektisch. Das Lebensweltparadigma ist doch ein Konfliktparadigma. Das System muss Konflikte systemisch übersetzen. Es entsteht etwas Neues. Und das ist die Modernisierung. Der achte Jugendbericht ist eben nicht mehr das kritische Lebensweltkonzept deiner Prägung.

H.T.: Das kommt ja in der Kritik immer wieder hoch, aber ich kann das so nicht sehen. Richtig ist, dass die Notwendigkeit der Reform gesellschaftlich freigesetzt wurde und sich das Lebensweltkonzept dafür anbot. Die Institutionen mussten ein methodisches Programm entwickeln, um die in der Lebenswelt übergangenen, nicht artikulierten Konflikte irgendwie aufgreifen zu können. Die Lebenswelten können in der Moderne mit ihren eigenen Konflikten in sich nicht zurande kommen, sie sind angewiesen auf Hilfen und Unterstützung von außen, auf eine institutionelle und professionelle Programmatik, die mit ihren spezifischen Möglichkeiten die Potentiale der Lebenswelt stabilisiert, freisetzt und entwickelt. Das ist – dachte ich – das alternativlose Gesetz unserer modernen Gesellschaft und ihres Prinzips der Vergesellschaftung von Problemen und Problemlösungen. – Aber der Ausbau solcher institutionellen Unterstützung ist das eine. Und das andere ist – und das empfinde ich selbst als etwas, was immer wieder oder oft nicht gelingt –, dass die Institution sich darüber bewusst sein muss, dass sie die Tendenz zur systemischen Schließung hat, zur fürsorglichen Belagerung, zur Kolonialisierung von Lebenswelten. Sie steht im strukturellen Widerspruch zur Lebensweltlichkeit von Erfahrungen, im strukturellen Konflikt. Sie muss eine kritische Selbstreflexivität entwickeln, die es ihr möglich macht, ihre Schließungszwänge ein Stück zurückzunehmen und zu bändigen. Die Lebenswelt ist brüchig und angewiesen auf professionelle Stützung. Die Profession und ihre Institutionen sind in ihrer Weise problematisch und – bezogen auf ihre Aufgabe – riskant. Von daher müssen sie sich zueinander in Beziehung setzen, damit die Schwächen der Lebenswelt durch die Stärken der Institution und die Schwächen der Institution durch die Stärken der Lebenswelt korrigiert werden können. Ich habe dazu früher einmal das drastische Bild der drei Phorkyaden aus dem Faust gebraucht: Das sind drei alte Weiber, die miteinander nur ein Auge, ein Ohr und einen Zahn haben und sich darin gegenseitig aushelfen müssen. Also: In dieser doppelten, wechselseitigen Kritik und Unterstützung liegt, denke ich, das kritische Potential der Lebensweltorientierung, das den Prozess, das „work in progress" der Gestaltung der Arbeit bestimmt.

L.B.: Von der historischen Erfahrung her ist es ja so, dass die gegenseitige Fragilität den Institutionen bewusst ist. Jugendämter werden von ihren KlientInnen her gesehen und sind von daher weniger selbstsicher und öffnungsbereiter als andere Ämter. Wir dürfen aber nicht vergessen, dass dies vor allem auch von den gesellschaftlichen Rahmenbedingungen abhängt. Die Wohlfahrtsadministration hatte ja die sozialstaatliche Rückendeckung für einen sich zumindest partiell öffnenden Modernisierungsprozess. Mit neuen Professionsgenerationen im Aufwind des Sozialstaates. Das hat sich dann mit der Professionalisierung eingependelt und wurde ausdifferenziert. Mit der heutigen Erosion der Gestaltungskraft des Sozialstaates und dem Durchdringen des ökonomischen Prinzips in die Soziale Arbeit wird aber die Lebensweltorientierung faktisch zurückgedrängt. Es wird nach ihrer evidenzbasierten Empirie gefragt. Heute also steht sie vor dem Problem, sowohl Kritik der Evidenzorientierung zu sein, aber gleichzeitig auch ihre empirischen Grundlagen überprüfen zu müssen.

H.T.: Seit über vierzig Jahren bin ich mit der Heimerziehungspraxis vertraut. Ich denke, dass hier zwei Dinge realisiert wurden: Auf der einen Seite ist ein Raum erkämpft worden, der Umwege und ein Sich-Einlassen möglich macht. Von da kann auch anders methodisch gearbeitet werden. Ich denke da auch an Mollenhauers und Uhlendorffs Ansatz der Lebensthemen. Das bricht sich zwar mit institutionellen Erwartungen und der heutigen manageriellen Technologie, aber ich finde es imponierend, mit welchem Aufwand und mit welcher fantasievollen Intention man immer wieder versucht, sich auf das Anderssein der Anderen einzulassen und sich Zeit zu lassen, Gelegenheiten zu geben. Nehmen wir das Beispiel aus der Familienhilfe, wie es Astrid Woog geschildert hat: Eine Mutter – in der Familie ganz an den Rand gedrängt und resigniert, ja sprachlos geworden – hat mit der Familienhelferin zunächst überhaupt nicht geredet, man saß stundenlang zusammen und strickte, erst mit dem Fernsehen, dann ohne, man schwieg sich an bis dann – ganz plötzlich und unerwartet – die Mutter der Sozialarbeiterin ein Stück Schokolade angeboten und selbst die ganze Tafel gegessen hat. Die Sozialarbeiterin hat sich nicht gewundert und nahm es dankbar an; sie verstand, dass dies – der Austausch wie vielleicht früher von Brot und Salz – ein Ritus zur Eröffnung der Kommunikation war. Die Mutter hat dann stundenlang erzählt und von da aus haben sich Wege zur Rekonstruktion eines freieren, nicht mehr so unterdrückten und verängstigten Familienlebens ergeben.

Ich würde also sagen: Der institutionelle Raum der Sozialarbeit lässt solche Projekte, die an den lebensweltlichen Kern stoßen, zu. Sie müssen aber immer wieder neu um Zeit, Raum und Unterstützung kämpfen. Man muss aber vor allem auch in der Institution deutlich machen können, dass es ein Ziel gibt, das trotz aller Umwege und Zeitaufwändigkeiten erreicht werden kann. Dies ist natürlich ein ganz anderes (flexibles) Konzept, als wenn heute im Zeit- und Gelddruck für die Familienhilfe nur zwei bis drei Stunden „gezielt" zugestanden werden; mehr sei nicht drin. Heimerziehung, Beratungen und Begleitungen oder auch die Straßensozialarbeit sehen sich vor ähnlichen

Problemen. Das sind Ansätze, die müssten weitergetrieben werden. Sie werden aber heute zurückgenommen und in ein ökonomisch-technologisches Zwangskorsett gesteckt und so ihrer Lebensweltorientierung enteignet.

L.B.: Jetzt sind wir an dem Punkt: Was können wir heute mit dem Lebensweltansatz angesichts der sozialtechnologischen Wende anfangen? Aus der Modernisierung des Lebensweltansatzes, ambivalent, aber nicht enteignet, mit institutionell zugelassenen Räumen, in denen damit experimentiert werden konnte, ist inzwischen eine manifeste Gefahr der Enteignung geworden.

H.T.: Die Gefahr ist da, aber sie muss als Gefahr angenommen und bekämpft werden. Ich gehe davon aus, dass es keine Alternative zur Modernisierung gibt und dass sie notwendig war und ist. Ich gehe davon aus, dass der Sozialstaat eine Vision ist, die in unserer Gesellschaft nur über rechtlich-institutionelle Modernisierungsprogramme und Professionalisierung – und eben nicht nur über Kampagnen – angezielt werden konnte; dass sie, in so vielfältigen Widrigkeiten befangen, nicht eingelöst ist, ist evident, aber kein prinzipieller Einwand; es ist work in progress.

L.B.: Man muss aber zwischen dem sozialphilosophischen und dem soziologischen Modernisierungsbegriff unterscheiden. Im sozialphilosophischen liegt der Entwicklungsoptimismus, im soziologischen die historische Erfahrung der Kanalisierung und systematischen Transformation von lebensweltlichen Konflikten. Sozialpolitisch gesehen ist es der notwendige historische Kompromiss, in dem – dialektisch geformt – die beiden Ausgangskonstellationen – soziale Bewegungen und kapitalistische Ökonomie – nicht mehr dieselben sind. Nichts anderes meint ja auch die lebensweltinspirierte Modernisierung. Hier kommen wir ja zusammen. Heute ist die Hoffnung, dass die historische Notwendigkeit eines solchen Sozialstaatskompromisses eintritt, fast schon wieder Utopie.

H.T.: Das kann man heute im Gerechtigkeitsdiskurs wiederfinden, der ja ebenso sozialphilosophisch wie historisch-soziologisch angelegt ist. Beides gehört zusammen. Verlasst euch nicht auf die Struktur, ihr müsst wollen, die Richtung wird erkennbar, indem ihr in sie hineingeht.

Wir sollten aber nun noch einmal zurückgehen und fragen, welche Zugänge wir entwickeln müssen, damit Lebenswelt in der Sozialen Arbeit zur Sprache kommen und sich darstellen kann. Lebensweltorientiertes Handeln bedeutet nicht, in der Lebenswelt mitleben, sondern es ist immer ein Verhältnis zu ihr.

L.B.: Wobei man selbst zum Teil dieser Lebenswelt wird.

H.T.: Da hat mich Franz Hamburgers Ansatz überzeugt, dass man in der Lebenswelt ist und sie zugleich transzendiert. In dem alltagsorientierten Zugang steckt der Respekt vor der Pragmatik, indem im Alltag Probleme angegangen und bewältigt werden. Hilfe bedeutet in vielen Situationen Unterstützung, ohne dass die Dimension dieser Pragmatik prinzipiell hinterfragt wird; es geht um ein besseres, ein gelingenderes Arrangement im Alltag. Alltagsorientierte Hilfe hat – im Kontrast zur Therapie – so etwas wie den Charakter der Befriedung im Vordergründigen. Wir wollen beim Überstehen, Zurechtkommen helfen und müssen und können manchmal nicht zurückfragen. Dieses Überstehen im Alltag und das Dabeibelassen hat seine eigene Bedeutung und Methodik. Das bedeutet zum Beispiel, dass Familienhilfe nicht funktionalisiert werden darf im Kontext von Familientherapie. Lebensweltorientierung heißt hier, sich in die Logik des alltäglichen Bewältigungshandelns hineinversetzen zu können. Und, um noch ein anderes Beispiel zu nehmen: Es gibt Situationen in der Beratung – gerade in der Altenarbeit – in denen man lernen muss, sich auf Handlungsfähigkeit jenseits von Hintergründigkeit und Aufklärung einzulassen. Es ist eine Weisheit der Pragmatik, die sagt, dass wir uns, wenn wir – fragend und uns in Fragen verlierend – darüber hinaus dringen würden, kaputt machen, also unfähig würden, das im Alltag Notwendige verlässlich zu tun; also lassen wir Hintergründe auf sich beruhen.

L.B.: Hier trifft sich die Lebensweltorientierung mit dem Bewältigungsansatz, der ja das Streben nach Handlungsfähigkeit in den Vordergrund stellt. Allerdings: Wenn wir das Verhältnis Sozialarbeiter/Klient anschauen, dann sehen wir: SozialarbeiterInnen kommen meist aus einer anderen Welt, haben ein anders genormtes Verständnis von Pragmatik. Die Pragmatik des alltäglichen In-die-Schule-Gehens kann für Mittelschichtkinder eine andere sein als für Randgruppenkinder. Oder in der Männerberatung: Gewalttäter fühlen ihr Handeln erst einmal positiv, so stigmatisiert es auch in der Gesellschaft ist. Das stellt die Verständigung doch erst einmal massiv in Frage. SozialarbeiterInnen können sich nicht so einfach in Lebenswelten einfädeln; sie werden eher mit ihrer eigenen Lebenswelt konfrontiert.

H.T.: Trotzdem – da würde ich insistieren – braucht man eine Form von Verständigung. Gewiss steht zuerst der Respekt für das Eigensinnige, Andere, für das, was den Betroffenen ihr Handeln bedeutet, und das kann fremd und schwer nachvollziehbar sein, aber man braucht, wenn man miteinander zu tun hat, trotzdem Verständigung. Zum Beispiel in der Familie: Man verständigt sich mit der pubertierenden

Tochter über Erledigungen, die zu machen sind, auch wenn einen Welten voneinander trennen.

L.B.: Das ist ein Beispiel, das aus der intimen Struktur der Familie stammt. Kann man das auf professionelle Beziehungen übertragen? Es geht um die Organisation von Lebensführung. Wenn jemand nicht zum Amt will, nutzt kein Verweis auf Gemeinsames, man muss erst aufklären, warum er/sie nicht hin will.

H.T.: Ich glaube, es changiert. Es gibt immer wieder auch eine mögliche Schicht von Pragmatik der Gegenseitigkeit, gerade wenn die Unterschiedlichkeiten unausgesprochen bleiben. Das Beispiel aus der Familienhilfe zeigt erst einmal im Sich-Ausschweigen die Bedeutung der Pragmatik. Erst danach – mit der Schokolade – wird Reflexion möglich. Was sicher ist: Man braucht, um Zugänge zu bekommen, diese Pragmatik von Respekt und gemeinsamer Verständigung auf der Ebene der alltäglichen Lebensführung.

Es gibt Situationen, in denen das reicht. Man bleibt in der Pragmatik, kann es dabei belassen. Man hat geholfen, wieder Ordnung in alltägliche Strukturen zu bringen. Es muss in seinem Eigensinn, in seiner Dignität anerkannt werden, es darf nicht denunziert und abgewertet werden. Erst wenn ich das erreicht habe, kann ich, wo es nötig scheint, auch darüber hinausgehende gemeinsame Ziele zu vereinbaren versuchen.

L.B.: Wenn also die Klärung und Wiederherstellung von alltäglicher Lebensführung im Modus der Herstellung lebensweltlicher Pragmatik ein Ziel ist, dann heißt das aber nicht, dass man darüber ein gleiches Verhältnis zu jemandem bekommt.

H.T.: Das gerade eben nicht. Es geht in der Sozialen Arbeit um das füreinander Hilfreichsein.

L.B.: Meiner Ansicht nach ist in der Lebenswelt-Diskussion zu wenig bearbeitet worden, dass in der Interaktion Sozialarbeiter/Klient unterschiedliche lebensweltliche Konzepte aufeinander treffen, die über Professionalisierung vermittelt werden sollen. Ich sage den Studierenden immer, es wäre eine Katastrophe, wenn ihr von den KlientInnen etwas aus eurer Lebenswelt heraus verlangt. Deshalb studiert ihr, um die Lebenswelten der KlientInnen und ihr Handeln darin in seinen Gesetzmäßigkeiten zu erkennen. Es ist keine Teilhabe an der Lebenswelt des Klienten, obwohl Hilfe Teil der Lebenswelt ist.

H.T.: Auch wenn der Klient fremd bleibt, kann man sich einlassen. Im Professionalisierungsdiskurs wird oft zu schnell die Pragmatik des Sich-Einlassens verlassen. Das Dabeisein ist schon viel. Hier braucht der Sozialarbeiter die Frage an sich selbst: Was hat er für Bilder, für Normalitätsvorstellungen. Darin muss er sich zurücknehmen. Selbstreflexion als Askese des Sich-Zurücknehmens. Dafür einen Raum zu schaffen, war und ist Ziel einer lebensweltorientierten Sozialpädagogik. Es geht um die Herstellung einer Basis, dass man mit dem Klienten auskommen kann. Das Zurücknehmen der eigenen Lebenswelt muss professionell gelernt werden. Erst im Konflikt merkt man, dass der andere anders ist.

Allerdings beschäftig mich inzwischen noch etwas anderes, nämlich wie man die heutige Alltäglichkeit einschätzen soll, die von Konsum und Massenmedien durchsetzt ist, die neue Bedürfnisse generieren. Gemessen an dem, wie heute gelebt wird, haben wir doch ein sehr romantisches Bild der Lebensführung. Inzwischen wird Lebensführung auf den unterschiedlichsten Niveaus praktiziert. Es gibt Formen der geschminkten Oberflächlichkeit, die suggerieren, dass etwas glücklich macht. Das, was wir früher im Zusammenhang mit der Konsumgesellschaft diskutiert und kritisiert haben, hat sich heute intensiviert.

L.B.: Das lässt sich am Formen- und Funktionswandel der Werbung sehr gut ablesen: Produkte werden heute weniger im Hinblick auf ihre materielle Qualität beworben, sondern als Medien für soziale Teilhabe, Anerkennung und Konfliktlösung; kurzum als Zugang zu Lebensformen.

H.T.: Von da aus hätte die Sozialpädagogik ein Mandat zu unterscheiden: Es gibt Lebensformen, die auf der Oberfläche bleiben und solche, die tiefer gehen. Natürlich muss man vorsichtig sein, dass man nicht in die Falle der Kulturkritik läuft. Aber ich sehe darin ein Problem, das ich nicht lösen kann, zumal ich nicht weiß, ob sich hier doch neue Lebensformen ausbilden, die ich in meiner Generation, aus meiner Geschichte heraus nicht nachvollziehen kann. Was ist, wenn ich mit Freunden immerzu sofort und in kurzen Momenten kommuniziere, nicht mehr distanziert und nicht mehr überlegt – immer von gleich auf gleich –, welches Gefühl von Gemeinsamkeit bildet sich aus, welche Bedürfnisse nach Gemeinsamkeit, welche Formen? Ein Beispiel: Günther Anders beschreibt in seinem Buch „Die Antiquiertheit des Menschen“[3] jemanden, der vom Hotel auf einen Berg steigt und in einen Bereich kommt, wo er mit seinem Gerät nichts mehr empfangen kann. Er fühlt sich isoliert und völlig verzweifelt, er gerät in Panik, weil er aus dem medialen Alltag der Dauerkommunikation herausgefallen ist. Das ist das krasse Gegenbild zum heute Üblichen.

L.B.: Hier sieht man aber auch, dass an der Empirie des Alltags in der For-

---

3 Anders, G. (21956/1980): Die Antiquiertheit des Menschen, München

schung wenig weitergearbeitet worden ist. Man kann es ja strukturieren: Stimmen die Vorstellungen von alltäglicher Lebensführung – manifest oder latent –, die in dem damaligen Alltagsdiskurs da waren, heute noch? So haben wir damals ja die Lebensführung sehr stark als sozialstaatlich gerahmte Lebensführung angesehen. Erwerbsarbeit und Normalarbeitsverhältnis standen im Mittelpunkt der Lebensorientierung. Heute ist für viele das Normalarbeitsverhältnis – lebenslanger Beruf, entsprechende tarifliche und soziale Absicherung – nicht mehr erreichbar. Als SozialarbeiterIn kann man sich heute also nicht mehr so ohne weiteres an diesem Normalarbeitsverhältnis orientieren, hat es mit KlientInnen zu tun, die darauf bauen, dass sie schon irgendwie durchkommen.

Gleichzeitig haben sich ganz neue – interaktive – Formen des Konsums entwickelt. Die Suggestion, dass man über den Konsum beteiligt ist, wird alltäglich immer wieder neu entfacht. Es werden Module der Lebensführung verkauft, die man beliebig miteinander kombinieren kann. Auch die gesellschaftlichen Zuschreibungen, wie sich die Lebensalter zu verhalten haben, sind inzwischen weitgehend entgrenzt. Jemandem vorzuschreiben, was sich für das jeweilige Lebensalter schickt, ist auch bei den KlientInnen längst out. Der Alltag scheint nicht mehr gerahmt. Deswegen müssen wir fragen, ob es einen kritischen, überzeitlichen Kern des Alltagsbegriffs, der Alltagstheorie gibt, den wir trotz aller Entgrenzungen weiter gebrauchen können.

H.T.: Vor aller kritischen Reflexion muss ich davon ausgehen, dass Menschen immer in einem Alltag leben, dass sie miteinander auszukommen, ihn zu bewältigen versuchen. Weiter aber wäre zu fragen, welche Bedürfnisse hinter den unterschiedlichen Alltagskonstellationen liegen. Erich Fromm sagt, dass die Menschen darauf angelegt sind, dass sie etwas von der Welt erfahren, dass sie Bindungen und Verlässlichkeit brauchen, dass sie sich produktiv und in ihrem Leben einen Sinn erfahren wollen. Das bringt mich zu der Vorstellung, dass hinter dem Alltag eine Bedürfnisschicht liegt, in der eingebettet ist, wie die Menschen leben, wie sie die Welt erfahren und was sie erreichen möchten. Das hieße, dass im Alltag eine Art anthropologische Orientierung über das enthalten ist, wie ich mein Leben gestalten möchte. Alltag ist, so gesehen, eine Bühne, auf der Menschen ihre Bedürfnisse leben.

L.B.: Man könnte also sagen, der Alltag ist in seiner Grundschicht anthropologisch programmiert; man muss aber auch weiter formulieren: Der Alltag ist darüber hinaus auch soziologisch programmiert. Denn über der Schicht der Lebenswünsche liegt der soziale Zwang und darin das Bestreben, handlungsfähig zu bleiben. Das Streben nach Handlungsfähigkeit ist ein weiterer Kern des Alltags, der über die Zeiten hinweg wirkt. Während in den 1970er Jahren das Streben nach Handlungsfähigkeit für die meisten eingebettet war in die Zukunftsvorstellungen eines institutionalisierten Lebenslaufes, hat es sich heute digitalisiert, springt von Punkt zu Punkt, ist eher durch biografische Ungewissheit gerahmt, denn durch biografisches Zukunftsvertrauen. Die Unmittelbarkeit der Situation steht im Vordergrund, der Alltag ist zum Alltag der Beschleunigung geworden und die Beschleunigung als solche überformt die anthropologische Schicht der Wünsche und übt Druck auf das Streben nach Handlungsfähigkeit aus. Ich habe oft gar keine Zeit mehr zu fragen, was eigentlich meine Bedürfnisse sind. Das Gelingen misst sich dann nur noch am Mithalten. Damit – so könnte man in deiner Terminologie doch formulieren – wird das Paradigma des gelingenderen Alltags zur Kritik des herrschenden Alltags?

H.T.: Wir sind jetzt wieder bei dem, was Kosik mit den Begriffen des Pseudokonkreten und der Praxis als dem gelingenderen Leben umschrieben hat. Die Muster der Lebensführung können in sich noch einmal kritisch unterschieden werden in solche des Überstehens und Sich-Arrangierens und in solche, in denen Menschen sich als Subjekt ihres Lebens erfahren, in solche der Selbstvergessenheit und solche der Selbstrealisierung, oder – noch einmal anders formuliert – in solche, in denen man sich auf seinen Alltag beschränkt und aus allen Weiterungen heraushält oder solche, in denen man sich einmischt. Die Frage nach der Pseudokonkretheit ist auch unter den heutigen gesellschaftlich entgrenzten Verhältnissen der Kern einer kritischen Alltagstheorie und Gesellschaftsanalyse.

L.B.: Die Menschen versuchen, auch im digitalisierten Leben biografische Konsistenz zu erreichen. Nur bleibt es oft bei der Konsistenz des Mithaltens. Das Leben in der Zeit, im Bezug zu Vergangenheit und Zukunft, scheint sich in den Punkten des Mithaltens aufgelöst zu haben.

H.T.: Dem entspricht, scheint mir, dass sich das Muster des Bildungsromans – in der Lebensspannung von Vergangenheit, Gegenwart und Zukunft – in der heutigen Literatur weitgehend aufgelöst hat. Man erlebt sich in wechselnden Situationen und die Frage der Integration in die Zeit wird kaum mehr gestellt.

L.B.: Auch aus vielen heutigen Filmen geht man mit der Ungewissheit heraus, wie es eigentlich weitergehen könnte, da man nicht erfahren hat, wie und warum sich so etwas entwickelt hat, wie es dargestellt wurde.

H.T.: Die Situationen werden spannend gemacht und nur die Situationen gelten und die werden bunt miteinander gemischt. Als Bub hat es mich aufgeregt, dass in der Aufführung des Faust II ein Regisseur in jedem Akt einen anderen Faust spielen ließ. Dadurch war keine Einheit der Person gegeben. Dass und wie er dann zum Schluss stirbt, hat mit dem, was er davor erlebt hat, nichts mehr zu tun.

L.B.: Wir haben auf der einen Seite die Digitalisierung und Modularisierung des Alltags. Der Alltag wird heute umfassend kapitalisiert, droht das Eigene, dem Menschen Zugehörige zu verlieren. So destruiert sich der Alltag in seinem normativen Gehalt. In dieser Offenheit entsteht dann – zum anderen – die Gefahr, dass sich die SozialarbeiterInnen in ihren Beziehungen zum Klienten in diesem Alltag verlieren, Widersprüchlichkeiten und Konflikte nicht mehr erkennen. Sie ergeben sich und denken, es muss eben so sein, wie es ist. Damit kommt das Aufdecken von Konflikten als Voraussetzung der Hinwendung zu Optionen zu kurz. Deswegen retten sich ja auch viele in die Verfahren, die sie lebensweltlich definieren können, aber dann nicht mehr von ihren Konflikten her aufschließen müssen. Lebensweltorientierung heißt dann: sich einlassen, verstehen, aber niemals widersprechen.

H.T.: Wenn man den Alltag also auf eine solche lebensweltliche Pragmatik verkürzt, fehlt die Spannung, um mich in meinen Alltag zu finden und ihn gestalten zu können. Die Bewältigung des Alltags gelingt nur, wenn es eine Spannung zwischen den Überlebensstrategien im Alltag und der Bearbeitung der in ihm angelegten Konflikte gibt. Damit stellen sich Aufgaben der Lebensgestaltung, wie sie – wenn ich das recht sehe – auch im Kontext der neueren Diskussion für die Frage nach der Identität in der Spannung von Offenheit und Kohärenz erörtert werden. Dabei kann die Pragmatik und Verlässlichkeit des Alltags durchaus kritisch gefasst werden, indem man die Gesellschaft befragt, ob und wie sie Verlässlichkeiten in Freiheit herstellen kann.

Exkurs Böhnisch: Der Weg zum Bewältigungskonzept

Eine ostdeutsche Großstadt Anfang der 1990er Jahre. Streetworker hatten mich eingeladen. Vor dem Clubraum der Skins standen brav aufgereiht die Springerstiefel. Drinnen Sofas und Plüsch. So nervös wie ich war, bedeutete das keine Beruhigung. Die jungen Männer waren aggressiv offen. Ein Dresdner Professor, vor dem man sich zeigen, vor dem man sich aufbauen konnte. Ich musste gar nicht erst fragen. Sie erzählten, einander immer wieder überbietend, vom Zecken-Zerdrücken und den geilen Gefühlen, die bei ihnen aufsteigen, wenn es auf die anderen losgeht. Sie schämten sich keineswegs. Im Gegenteil: Ich hatte erwartet, dass sie um die Dinge herum reden, verharmlosen, neutralisieren. Aber nichts dergleichen. Nur immer wieder: Die sollen dort bleiben, wo sie herkommen. Deutschland den Deutschen. Warum macht ihr das eigentlich? Achselzucken. Warum müssen die uns auch über den Weg laufen? Dann schlagen wir halt zu. Muss so sein. Und dann der Kick dabei. – Ähnliches erlebte ich mehrmals.

Wir machten damals die wissenschaftliche Begleitung des Antigewaltprogramms der Bundesregierung in den Neuen Bundesländern. Streetwork-, Jugendarbeits-, Beratungsprojekte. Die Kids sollten nicht in den Sog rechtsextremistischer Strömungen geraten. Mit dem Ansatz akzeptierender Arbeit wurden Zugänge gesucht. Wir nehmen euch erst einmal so, wie ihr seid, vermuten aber, dass hinter eurem Verhalten Lebensprobleme stecken, die nach aggressiver Abspaltung drängen, weil ihr sonst nichts habt, durch das ihr spüren könnt, dass man etwas wert ist und etwas bewirken kann. Auffälligkeit als einzig verfügbares und letztes Mittel, um auf sich aufmerksam zu machen. (vgl. das Kapitel zu Winnicotts S. 134f.) Schmutziger Kampf um Anerkennung. Hass und Frust, der aus der eigenen Hilflosigkeit und Ohnmacht erwächst, der an Schwächeren ausgelassen werden muss. Dadurch können sie sich – zumindest zeitweilig – oben fühlen, zeigen, dass sie da sind. Sie können zuschlagen, provozieren, aber sie können nicht erzählen, sind nicht imstande, darüber zu sprechen, wie es in ihrem Inneren aussieht.

Wo aber Sprache ist, da kann ein Weg aus der Gewalt möglich werden. Innere Hilflosigkeit erzeugt Stress, von dem man sich befreien muss. Die gängige Art der Befreiung ist eine sprachliche. Über die innere Betroffenheit sprechen und den Konflikt, der sie ausgelöst hat, thematisieren können. Wo dies verwehrt ist, wirkt der Zwang zur Abspaltung, zur Projektion auf andere, Schwächere, beziehungsweise die, die man für schwächer hält, indem man sie abwerten kann: Ausländer, Frauen, Behinderte oder eben Menschen im Betrieb, der Schule, auf der Straße, die man provozieren, ins Abseits drängen kann. Solche gewaltförmigen Abspaltungen – psychisch oder körperlich – erzeugen dann auch das (vorübergehende) Gefühl, wieder oben und entsprechend „entspannt" zu sein. Das Opfer – egal ob es einem nahesteht oder fremd ist – geht in dem Kick auf, man sieht es nicht mehr. Die Psychoanalyse bezeichnet dieses Phänomen als Abstraktion. Das Opfer ist der Träger der eigenen Hilflosigkeit, man lässt sich ja an ihm aus und verliert damit den Bezug zum Opfer, sowie zur Tat. Man hat

„sich vergessen", sich „nicht mehr gekannt", es hat einen „übermannt". Die Alltagssprache kennt treffende Synonyme für einen solchen Abstraktionsvorgang. Wenn einem die betroffene Person nahesteht, kommt danach die Scham. Bei vielen der Gewalttäter aber – so klagten vor allem Jugendrichter bei Fortbildungen – stellt sich kein Unrechtsbewusstsein ein. Wie auch, es ging ja um einen selbst, der andere, das Opfer, kam eben gerade recht. An ihm wurde der eigene Frust ausgelassen. Ein Projektionsobjekt, mehr nicht.
Was uns bei der Begegnung mit diesen und jungen Erwachsenen immer wieder überrascht, ja verstört hat, war ihre offensichtliche Lust an der Gewalt. Es überkommt sie wie ein Schauder und danach macht sich Entspannung und Wohlgefühl bei ihnen breit. Manche der jungen Männer sagten: Wie nach einem Orgasmus. Der Körper übernimmt die Regie, eine somatische Dynamik, wie sie in der Stressforschung immer wieder beschrieben wird. Das versperrt erst einmal den pädagogischen Zugang. Aufklären, die Jugendlichen mit ihrer Tat konfrontieren wollen, geht erst einmal gar nicht. Sie haben ja das für sie Positive, Entspannende am eigenen Leib gespürt. Sie haben Aufmerksamkeit auf sich gezogen, die Umwelt hat Wirkung gezeigt. Und jetzt kommen die aus der Sozialarbeit und wollen ihnen das nehmen, ins Negative, ja Verabscheuungswürdige umkehren. Dieses Misstrauen ist uns oft begegnet. Aber es heißt doch: Wo Sprache ist, da ist keine Gewalt. Aber wie die jungen Leute zum Sprechen bringen, wenn sie in ihrem bisherigen Leben nie die Chance hatten, ihre innere Befindlichkeit, ihre Hilflosigkeit zu thematisieren? Wir versuchen in der Arbeit mit ihnen, alternative Angebote und darauf bezogene Projektmilieus zu entwickeln, ‚funktionale Äquivalente', in denen sie mit der Zeit spüren und erfahren können, dass sie nicht länger auf Gewalt angewiesen sind, dass sie sie nicht mehr brauchen, um Anerkennung und Selbstwirksamkeit zu erreichen. Das klingt natürlich plausibler als es in der Realität funktioniert. Aber es ist ein meines Erachtens alternativloser Zugang, wenn man nicht auf pädagogisch verbrämte ‚Gegengewalt' setzen will.
Wir tappten hier so richtig in die Fallen, die dem sozialpädagogischen Zugang zur Lebenswelt gestellt sind. Denn die Lebenswelt ist tückisch, sie hat ihre verdeckten Tiefendynamiken und verstört uns mit ihren Paradoxien. Das ist nicht nur in der Extremwelt der Gewalttätigkeit so. Das erfahren wir auch im Umgang mit denen, die aus dem alltäglichen Scheitern heraus zu KlientInnen werden und die ihre Hilflosigkeit, ihren zerstörten Selbstwert nicht thematisieren können, abspalten müssen, sich im Hass gegen sich selbst oder gegen ihre Umwelt destruieren und isolieren. Scheitern in der Schule, in der Arbeit, Überforderung in der Beziehung, bei der Organisation der Familie, Ausgesetztsein und Ohnmacht in offenen wie verdeckten Machtstrukturen. Insofern lag es nahe, das Bewältigungskonzept zu verallgemeinern, aus den Zonen des Gewalthandelns herauszuholen; nicht nur weil die Grenzen zwischen Abweichung und Normalität in unserer Gesellschaft fließend sind, sondern weil die Grundthematik der verwehrten Anerkennung und des fragilen Selbstwerts hinter den meisten Fällen steht, mit denen es die Soziale Arbeit zu tun hat. Es sind Befunde, die auf biografische Verfestigungen oft schon seit dem Kindesalter hinweisen

und die die KlientInnen nicht thematisieren können. So geraten sie immer wieder unter Abspaltungsdruck, der sich bei Jungen und Männern eher antisozial nach außen, bei Mädchen und Frauen oft selbstdestruktiv nach innen richten kann.

Das Bewältigungskonzept eröffnet uns auch einen spezifisch sozialpädagogischen Zugang zum Bildungsbereich. Bildung und Bewältigung gehören in der entgrenzten Welt von heute zusammen, dürfen nicht auseinander dividiert werden. Wenn wir im nächsten Kapitel über das Verhältnis von Sozialpädagogik und Bildung diskutieren, wird – denke ich – der rote Faden deutlich, der sich durch dieses Gespräch zieht: das Bemühen um die Humanisierung der Bildung und darin die insistierende Frage nach der lebensweltlichen Bewältigungsseite der Bildung. Gerade im neuen Bildungsdiskurs, der sich an der Perspektive des lebenslangen Lernens orientiert, wird oft ignoriert, dass sich die Lebensläufe entgrenzt haben und somit offene und riskante Übergangskonstellationen freigesetzt werden, die bewältigt werden müssen. Der psychosoziale Druck, biografische Brüche und Entwertungen durchstehen zu müssen, und der Druck, Neu- und Umqualifikationen ausgesetzt zu sein, stehen nebeneinander, werden aber nicht bildungspolitisch aufeinander bezogen. Das Bewältigungskonzept öffnet uns also den lebensweltlichen Zugang zur Bildung. Hier liegt auch der Unterschied zu dem Diskursstrang, der – funktional orientiert – nach dem Beitrag (soziale Kompetenzen) fragt, der aus der Sozialpädagogik heraus für den Bildungsbereich erbracht werden könnte.

Vor diesem Hintergrund kann man durchaus das Lebensweltkonzept und den Bewältigungsansatz aufeinander beziehen. In der Bewältigungsperspektive erhalten wir Zugang zu den Tiefenschichten und Bewegungskräften der Lebenswelt: zur Betroffenheit im Ausgesetztsein wie im Scheitern und dem daraus erwachsenden (somatisch wie psychosozial angetriebenen) Streben nach unbedingter Handlungsfähigkeit, nach Anerkennung und Selbstwirksamkeit. In dieser Perspektive können wir dann auch Familie, Schule, Arbeitsorganisationen als Bewältigungskulturen sehen und interpretieren. Und schließlich: Das (nun erweiterte) Bewältigungskonzept kann auch seinen Beitrag zur Problematik der Verbindung von lebensweltlichen und gesellschaftlich systemischen Zusammenhängen leisten, indem es danach fragt, wie in neokapitalistischen Gesellschaften spezifische Bewältigungsprobleme freigesetzt und oft lebensweltlich umdefiniert werden.

Bildung: „Allseits gebildet sein" meint doch die Fähigkeit, sich mit Welt auseinander zu setzen und nicht einfach in sie hineingepasst zu werden

L.B.: Es gibt längst eine Fraktion in der Sozialpädagogik, die diese zum Teil einer neuen Bildungsmobilisierung machen möchte. Sozialpädagogische Arbeitsfelder als Orte informellen Lernens und sozialer Kompetenzentwicklung. Dabei werden zwei kritische Punkte übersehen: zum Ersten, dass die Sozialpädagogik in einen Diskurs integriert werden soll, der deutlich durch die Humankapitalperspektive angetrieben ist, durch die Programmatik der ökonomisch-technologischen Verwertbarkeit. Damit geht sie möglicherweise der Spannung, in der sie immer zum Bildungssystem – vor allem zum schulischen – stand, verlustig: Der Spannung von Bildung und Entwicklung im Kindesalter, der Spannung zwischen Bildungsjugend und experimentellem Jugendraum, der Spannung zwischen lebenslangem Lernen und seiner biografischen Bewältigung im Erwachsenenalter. Zum Zweiten – und das kann der Sozialpädagogik noch mehr zu schaffen machen, weil es ihren sozialpolitischen Bezug tangiert – wird so gut wie nicht thematisiert, dass Bildung immer mehr als Regulationsmodus sozialer Probleme fungieren soll. Die sozialstaatliche Integrationspolitik tritt zurück, Bildungspolitik wird inzwischen schon als die „beste Sozialpolitik" gepriesen. Angesichts dieser kritischen Punkte sollte sich die Sozialpädagogik davor hüten, einfach auf das Trittbrett des neuen Bildungsdiskurses zu springen, sondern aus ihrer kritisch-sozialen Tradition heraus ein entsprechendes Spannungsverhältnis zu diesem neuen Bildungsdiskurs entwickeln.

H.T.: Zunächst einmal, ich gehöre zu der Fraktion, die für ein neues Verhältnis von Sozialpädagogik und Bildung plädiert. Dabei würde ich die beiden genannten Gefährlichkeiten genauso sehen. Natürlich besteht die Gefahr, dass der Teufel, wenn man ihm den kleinen Finger gibt, die ganze Hand nimmt: Denn sowohl die schulische wie die humankapitalorientierte Fraktion sind gegenwärtig so stark, dass sie sich alles einverleiben, was ihnen entgegenkommt. Insofern muss man da vorsichtig sein, denn man ertappt sich bei diesem Bemühen für eine sozialpädagogisch reflektierte Bildungsperspektive immer wieder bei dem Gedanken, ob das nicht ein Kampf gegen Windmühlenflügel ist, weil eben die vereinnahmende Gegenmacht zu stark ist, sodass man nicht weiß, ob und wie man mit Argumenten dagegen ankommt. Ich fände es aber schade, wenn man deswegen den Bildungsbegriff für die Sozialpädagogik aufgeben würde, denn er kann – denke ich – wichtige Funktionen erfüllen.

L.B.: Ich will aber noch einmal insistieren. Kann man bei der Schulpädagogik überhaupt noch zwischen einer humankapitalorientierten und einer humanistischen Bildungsfraktion unterscheiden? Auch bei PISA geht es ja um internationale Standortkonkurrenzen. Gleichzeitig ist es doch offensichtlich – schaut man sich die schulpädagogische Literatur an –, dass sich diese bildungstechnologisch orientierte Schulpädagogik so gut wie nicht um die entsprechenden theoretischen Angebote der Sozialpädagogik schert.

H.T.: Ich habe auch das Gefühl, dass wir diese Diskussion weitgehend unter uns führen. Dennoch müssen wir weiter nach Anschlussmöglichkeiten suchen, ohne nur auf die Trittbretter zu springen. Wir sollten uns dabei weniger auf den Mainstream des bildungstechnologischen Diskurses, sondern eher auf die Schulmodelle – als Schnittpunkte zwischen praktischer und theoretischer Kreativität – konzentrieren. Aber bei den Schulmodellen hat man oft das Gefühl, dass von sozialpädagogischer Seite nicht gesehen wird, dass dort von der Schule her auch sozialpädagogische Intentionen verfolgt werden, auch wenn sie sich nicht so ohne weiteres zu erkennen geben. Es gibt ja kaum sozialpädagogische Kommentare zu praktischen Schulentwicklungsmodellen.

L.B.: In der sozialpädagogischen Literatur kreist fast alles um das Verhältnis Schule/Jugendhilfe und bleibt dort hängen. Erst der Diskurs um die Ganztagsschule hat da etwas in Bewegung gebracht, indem die sozialpädagogischen Dimensionen der Ganztagsbildung und -betreuung sichtbar werden.

H.T.: Um das Verhältnis Bildung/Sozialpädagogik heute theoretisch zu thematisieren, muss man erst einmal den Bildungsbegriff differenzieren. Deswegen sollte man Bildung zunächst dahingehend unterscheiden, dass man den curricularen Kontext von Schul- und Lehrgangspädagogik – Wissenserwerb – absetzt von einem traditionellen Begriff der Bildung als Aneignung von Welt, um in dieser Aneignung – etwa im Sinne Meads – eine eigene Identität, einen eigenen Lebensplan zu finden. Auf diesen letzteren Bildungsbegriff hat sich die Sozialpädagogik zu beziehen. Und sie tut es ja auch, wenn sie in der Lebenswelt- und Bewältigungsperspektive darauf insistiert, dass die Menschen in schwierigen Lebensverhältnissen biografische Handlungsfähigkeit auch in dem Sinne erlangen sollen, dass sie sich mit den Verhältnissen auseinander setzen können, imstande sind, darin ihren eigenen Lebensplan zu finden und sich als Subjekte erfahren können. In diesem Sinne von Bildung ist die Sozialpädagogik Teil des Bildungsgeschehens.

L.B.: Sie wird damit aber fast automatisch zur Kritik ökonomisch-technologisch programmierter Bildungsmobilisierung.

H.T.: Das wird sie ohne Zweifel. Es braucht diese allgemeine Bildungsperspektive als theoretischen und kritischen Hintergrund *für* beide, die schulische und die sozialpädagogische Sphäre, damit überhaupt ein Bezug zueinander hergestellt, ein Spannungsverhältnis sich entwickeln kann. Ich will das verdeutlichen. Wenn ich diesen allgemeinen Bildungsbegriff setze, kann ich zwei Konkretisierungen unterscheiden: die Schulpädagogik in ihrer curricularen Programmatik als eine, die Sozialpädagogik in der Programmatik der Lebensbewältigung als eine andere. Es ergibt sich ein Modell, in dem es eine übergeordnete Bildungsperspektive gibt, die sich in unterschiedlichen Realisierungen gestaltet.

Von da aus kann ich dann – vom allgemeinen Bildungskonzept her – die unterschiedlichen Zugänge darin kritisieren, ob sie ihm in ihren Realisierungen entsprechen. Das gilt dann für die Schulpädagogik genauso wie für die Sozialpädagogik. Denn auch die Sozialpädagogik ist in vielem institutionell so verengt, dass sie die Aneignungsperspektive von Welt und darin die Autonomie des Subjekts nicht thematisieren kann. Das heißt, sie muss prüfen, ob sie selbst dem Anspruch genügt, den sie an die Schulpädagogik stellt. Unabhängig davon aber ergeben sich in diesem Modell auch Möglichkeiten, die Formen der Realisierung, also die schulische und die sozialpädagogische Bildung aufeinander zu beziehen und sie in ihrer jeweiligen Programmatik aneinander zu kritisieren. So wie die curriculare Schulpädagogik sich lebensweltlich öffnen muss, ist es für die Sozialpädagogik an der Zeit, dass sie die Notwendigkeit schulischer, kultureller und politischer Bildung für ihre Klientel anerkennt.

L.B.: Das funktioniert aber doch nur, wenn es einen Konsens in der Gesellschaft über diesen allgemeinen Bildungsbegriff gibt. Der traditionelle Bildungsbegriff, der hier gemeint ist, verstand sich ja – zumindest programmatisch – in der Beziehung zwischen der Autonomie des Subjekts und dem bonum commune, dem Gemeinwohl. Inzwischen setzt sich aber die Humankapitalperspektive als allgemeine Bildungsorientierung durch. Das bonum commune kommt nicht mehr vor, es ist ein hochindividualisierter Bildungsbegriff. Die unterschiedlichen Zugänge geraten jetzt in den Sog dieses marktorientierten Bildungsbegriffs. Ein exemplarisches Beispiel dafür finden wir in der Auseinandersetzung zwischen politischer Bildung und beruflicher Weiterbildung: Unter dem Eindruck, dass die politische Bildung, als frühere Kerndisziplin der Erwachsenenbildung, zunehmend von der beruflichen Bildung verdrängt wird, argumentiert man nun: Wir in der politischen Bildung können doch Kompetenzen vermitteln, die in der Wirtschaft immer mehr gebraucht werden. So zum Beispiel die Kompetenz, mit Konflikten umzugehen, Differenzen auszuhalten. Bei der verwertungsorientierten Übertragung in die wirtschaftliche Sphäre wird aber Konfliktfähigkeit als Kompetenz zur Flexibilität nachgefragt. Muss man nicht die Frage stellen, ob nicht auch das allgemeine Bildungsideal in seinem kritischen Potential durch die Humankapitalperspektive längst ausgehebelt ist?

H.T.: Da würde ich gespalten antworten: Die Auslegung des Bildungsbegriffs im Sinne des Erwerbs individueller Kompetenzen und die Betonung der Selbstbildung als Zuständigkeit des Menschen für seine Bildung und die Erwartung, dass der Einzelne seine Potenziale optimiert, ist erst einmal hochkompatibel mit einer neoliberalen Bildungsvorstellung. Der Einzelne als „Unternehmer seiner Arbeitskraft". Das Subjekt, das sich in die Verhältnisse einbringen und sich anpassen kann. Insofern gibt es natürlich eine hohe Affinität zu den funktionalen Erwartungen der neoliberalen Ökonomie und Politik.

L.B.: Die Vorstellung der allseitig entwickelten Persönlichkeit im traditionellen Bildungsideal hatte aber doch immer einen kritischen Kern: Die Autonomie des Menschen in der Spannung zur Welt. Dieser kritische Kern ist in der neoliberalen Intention so nicht mehr da. Thomas Höhne hat in seiner „Pädagogik der Wissensgesellschaft"[4] vom „inneren Markt" gesprochen, von der Tendenz also, dass der Mensch als Ganzes in der Arbeit aufgehen und darin zum Marktgeschöpf selbst werden soll. Der abstract worker, der keine Entfremdung mehr kennt, für den Erfolg und Scheitern eins sind. Da ist doch der Spannungskern des Bildungsideals herausgenommen.

H.T.: Das müssten wir ausführlicher verhandeln, das müssen wir hier aber lassen. Ich halte nur fest, dass es Affinitäten gibt. Ich kann durchaus die Bildungssprache in die Sprache vom allseits verwertbaren Menschen übersetzen. Deswegen – wegen dieser Affinität – fahren doch zurzeit alle so auf Bildung ab. Begriffe wie Selbstzuständigkeit, Selbstaktivierung, Selbstbildung können unmittelbar übernommen werden in das, was heute gesellschaftlich in einer dramatischen Weise verlangt wird, und es wird dabei übersehen, dass das hier spezifisch ökonomisch gemeint ist. Aber das Bildungsideal selbst will ja genau das nicht – das ist das zweite Moment meiner gespaltenen Antwort. Das Bildungsideal meint den autonomen Menschen. „Allseits gebildet sein" meint doch die Fähigkeit, sich mit Welt auseinander zu setzen und nicht einfach in sie hineingepasst zu werden.

L.B.: Aber ist das eine Antwort auf die Vereinnahmungstendenz? Hat sie

4 Höhne, Th. (2002): Pädagogik und Wissensgesellschaft. Bielefeld.

ihre Macht nicht gerade darin, dass der neue Kapitalismus das Kritische, das in diesen Begriffen steckt, nicht abstoßen muss, sondern selbst wieder kapitalisieren kann. Wir hatten schon ein Beispiel: Aus Konfliktfähigkeit wird Flexibilität.

H.T.: Trotz dieser unübersehbaren Vereinnahmungstendenz will ich aber doch darauf beharren, dass unser Bildungsbegriff dem entgegensteht, dem entgegengesetzt werden muss. Denn dieser Bildungsbegriff insistiert auf Aneignung im Sinne von authentischer Erfahrung, in der sich das widerständig Eigene in der Spannung zur gesellschaftlichen Welt entwickeln und von dieser dann nicht beliebig aufgesaugt werden kann. Man kann im Bildungsbegriff Widerständiges formulieren und das ist es doch, worauf es ankommt.

L.B.: Damit aber diese Widerständigkeit entstehen kann, braucht es eine gesellschaftliche Resonanz. Sie kann nicht einfach aus der Person heraus kommen. Denn wenn diese Spannung keine gesellschaftliche Resonanz hat, fällt sie auf das Innere des Menschen zurück, wird ihm zum Feind. Es ist kein Wunder, dass sich heute deutlicher denn je depressive wie gewaltförmige Psychostrukturen gleichzeitig herausbilden.

Die neoliberale Ideologie, die davon ausgeht, dass der Mensch in den Erwartungen der Ökonomie konfliktfrei aufgeht, unterstellt ja gleichzeitig, dass dieser Mensch imstande sein muss, damit verbundene Konflikte – früher als Entfremdung auch gesellschaftsstrukturell thematisiert – *privat* bewältigen zu können. Es gehört zum sozialwissenschaftlichen Grundwissen, dass es ohne Konflikte keine Widerständigkeit geben kann, sonst droht immer eine Psychiatrisierung der Probleme. Könnte die Sozialpädagogik nun der Ort sein, an dem diese Widerständigkeit inszeniert werden kann?

H.T.: Vielleicht sollte man an dieser Stelle Adorno widersprechen, der ja behauptete, es gäbe kein richtiges Leben im falschen, und dagegen setzen, dass es ein richtiges Leben auch im falschen Leben geben kann und gibt. Ich kann nicht umhin zu zweifeln, dass eine solche totalitäre Vereinnahmung des Menschen überhaupt möglich ist. Sonst sind wir mitten in der Geschichte vom Hasen und vom Igel. Der Igel des Kapitalismus ist sowieso immer da und jedem Widerstand, jeder Gegenbewegung muss zwangsläufig der Atem ausgehen, er bleibt ermattet im Feld liegen.

Da gibt es doch Ereignisse und Räume der Gegenbewegung, die ihre eigene Kraft entfalten. Ich denke hier an Schulmodelle und sozialpädagogische Experimente, die die notwendige Spannung des Allgemeinen zum Konkreten erzeugen können. Natürlich braucht es darüber hinausgehend gesellschaftlich offene Räume und entsprechende Resonanzen der öffentlichen Anerkennung. Einen solchen Raum könnte zum Beispiel ein neues Ineinandergreifen schulischer und sozialpädagogischer Vorstellungen bieten – in jener gegenseitigen kritischen Stellungnahme, von der wir oben geredet haben. Die Sozialpädagogik bringt ja etwas in die Bildungsdiskussion ein: Sie weiß viel von Armut, Exklusion und Perspektivlosigkeit, von den Alltags- und Lebensschwierigkeiten, sie vermittelt zwischen den Alltagswelten und der curricularen Bildung, vor allem aber weiß sie viel von der Individualisierung in der Entgrenztheit heutiger Lebens- und Lernverhältnisse. Dies ist ein Wissen, das die Schule, die ja strukturell auf Typisierung hin angelegt ist, als Korrektiv nicht nur gebrauchen kann, sondern auch annehmen muss.

L.B.: Annehmen muss, da ihre Alltagsstruktur längst nicht mehr ihrem Systemcharakter entspricht. Die Schule ist für Kinder und Jugendliche unter der Hand zum *Sozialraum* geworden. Dies ist ein Prozess, in dem Entwicklungs- und Konfliktdynamiken des Zusammenlebens entstehen und bewältigt werden müssen, die nicht mehr durch herkömmliche Schul- und Unterrichtsorganisation zu bewältigen sind. Die Schule selbst wird so zum sozialpädagogischen Terrain, auch wenn sie immer noch glaubt, die Sozialpädagogik heraushalten zu können.

H.T.: Da so der Alltag in die Schule hineinwirkt, muss die Schule zwangsläufig eine Spannung zum Alltag herstellen, indem sie sich dem Schülersein öffnet und sich nicht länger nur einseitig an der Schülerrolle orientiert. Das was ihr immer vorgehalten, beziehungsweise was resigniert registriert wurde, dass alles, was die Schule in die Hand nimmt, automatisch zu Schule würde, das funktioniert so nicht mehr. Da sind die nordeuropäischen Gesellschaften weiter, in deren Schule Formen des Lernens institutionalisiert sind, die selbst Orientierung im gesellschaftlichen Umfeld fördern und sich in den Sozialraum hinein öffnen können.

L.B.: Hier darf man aber nicht übersehen, dass in diesen Ländern ein bürgergesellschaftlich-sozialstaatlicher Rahmen gewachsen ist, in dem diese allseitige und sozial offene Bildung entsprechend definiert und anerkannt ist. Deshalb ist die Frage nach diesem gesellschaftlichen Rahmen auch bei uns zu stellen. Schulmodelle geben die Richtung an. Aber die Massenschule wird strukturell nicht von sich aus die Kraft aufbringen können, sich so sozial zu öffnen, wie wir dies diskutiert haben. Auch aus dem institutionellen Verhältnis von Schule und Jugendhilfe wird sich nach all den Erfahrungen der letzten Jahrzehnte kaum eine Schulreform entwickeln können. Deshalb sollten wir unsere Argumente auf die Kommunen und damit die Perspektive der

Kommunalisierung des Bildungswesens richten, so wie es in den Konzepten der kommunalen und regionalen Bildungslandschaften schon angedacht ist. Die Schule gilt hier – zumindest programmatisch – als ein Lernort unter anderen. Auch wenn diese Lernorte – Schule, Jugendarbeit, Erwachsenenbildung, kommunale Kulturangebote etc. – faktisch nie gleichrangig sein werden, kann diese nun zweite gesellschaftliche Rahmung – neben der humankapitalorientierten – eine wichtige Rolle spielen: Das kommunalpolitische Interesse, das die lokale Jugend schon in ihrem Bildungs- und Ausbildungsprozess erfährt und erkennt, dass und wie sie ihre Lebenspläne in der Region einmal verwirklichen kann, kann durchaus eine solche gesellschaftliche Rahmung des Bildungsprozesses abgeben. Anders ausgedrückt: Wenn die Kommunen und Regionen ihre Jugendlichen halten wollen, müssen sie mit dafür sorgen, dass sich die Schulen öffnen und außerschulische Lernorte sowohl anerkannt werden, als auch in die Schule hineinwirken können. In solchen kommunalen Bildungslandschaften kann dann auch die Sozialpädagogik von ihren sozialräumlichen und gemeinwesenbezogenen Erfahrungen her eine andere Rolle spielen, als im mühsamen Anrennen gegen eine statusbornierte Schule, so wie das die Schulsozialarbeit seit Jahrzehnten erlebt.

H.T.: Dies ist eine Fortsetzung meiner Überlegungen. Wie kann es gelingen, regionalpolitisch andere Formen des Zusammenspiels von Lernorten und der Anerkennung von Zuständigkeiten zu entwickeln. Hier können die curricular orientierte und die Bewältigungsperspektive auch institutionell zusammenlaufen, nachdem sie doch von der Sache her längst zusammengehören. Damit entstünde auch eine andere Art der Bildungsöffentlichkeit: nun kommunal verallgemeinert und nicht auf die Schulöffentlichkeit eingeengt.

L.B.: Nun stoßen wir aber wieder auf die Tücke der Verhältnisse. Es gibt auf der einen Seite die reformpolitisch vorangetriebene Idee der Bildungslandschaften, gleichzeitig aber auch den – ja bereits erwähnten – sozialen Druck auf die Mittelschicht, die Angst vor dem Abstieg hat; eine Angst, die sich auch als Druck auf die Schule dahingehen auswirkt, dass sie sich nicht öffnen, sondern im Gegensatz sozial wieder schließen soll. In den jüngsten Elternprotesten zur Einführung der Gemeinschaftsschulen bildet sich dies ab. Die Angst vor dem Abstieg wird auf die Schule abgespalten.

H.T.: Hier ist der Punkt, an dem man im Zeichen eines Bildungsideals einmal (wieder) Aktions- und Arbeitsbündnisse zwischen aufgeklärten KollegInnen der verschiedenen mit Bildung befassten Pädagogiken braucht, ebenso wie mit Elterninitiativen. Es gibt viele aufgeklärte Schulpraktiker, die dies fordern und nach Foren und Bündnismöglichkeiten suchen. Es gilt darauf zu insistieren, dass Kinder und Jugendliche ein Recht auf Frei- und Experimentierräume, biografische Umwege und Zonen des Innehaltens haben, um sich entwickeln zu können. Sie dürfen nicht gleich vereinnahmt werden. Ohne solche Bündnisse, die Aufklärung und darin öffentlichen Druck erzeugen können, wird es nicht gehen. Denn angesichts der fortschreitenden Ökonomisierung und der Biografisierung der Gesellschaft ist die Illusion bei Eltern wie bei Heranwachsenden groß, man könne an der liberalen Erfolgsgesellschaft teilhaben, wenn man sich nur frühzeitig und bedenkenlos einfädelt. Das wird ja auch dadurch gestützt, dass die Medien einen digitalisierten Bildungskosmos entfalten, der suggeriert, dass man ohne Konflikte und ohne sich aussetzen zu müssen, Bildung konsumieren kann. Bildungsangebote werden als beliebig kombinierbare Bildungsmodule offeriert. Hier braucht es eine Koalition, die dem die Bildungsidee kritischer Aneignung entgegenhält.

L.B.: Welche Rolle kann nun die Sozialpädagogik dabei spielen? Welche Bringschuld hat sie selbst?

H.T.: Dass sie von der Thematik her prädestiniert ist, steht außer Zweifel. Ihre Offenheit zu den lebensweltlichen Erfahrungen – davon war ja schon die Rede – entspricht ihren Erfahrungen mit offenen, flexiblen und integrierten Handlungsformen. Allerdings baut sie sich auch selbst eigene Barrieren auf, wie zum Beispiel ein oft prinzipielles Misstrauen gegenüber den schulischen Leistungsansprüchen. Sie muss in einer anderen Weise ernst nehmen, dass in der heutigen Wissensgesellschaft schulische Bildung und ihre Testierung elementar sind. Wir wissen in der Sozialpädagogik viel über die sozialen Konflikte und psychologischen Folgen im Kontext des Strukturwandels der Arbeitsgesellschaft, wir kennen uns aus, wenn es um die psychosozialen Probleme geht, die sich in der Schule entwickeln, aber wir wissen relativ wenig darüber, wie das, was Schule notwendig an Wissen und statusbezogenen Kompetenzen vermitteln muss, sozial gerahmt werden kann, denn Schule ist in der Wissensgesellschaft Medium sozialer Regulation.

L.B.: Bei all der Anerkennung dieser schulischen Funktionen in der Wissensgesellschaft dürfen wir aber nicht übersehen, dass die verstärkte Durchsetzung solcher Funktionen Exklusionseffekte neueren Typs freisetzt. Auch wenn du hochgebildet bist, kannst du angesichts der zunehmend unkalkulierbaren Projektstrukturen in der Arbeitswelt und der andauernden Rationalisierungsschübe in die Arbeitslosigkeit geraten. Unter SozialarbeiterInnen wird bereits kolportiert, dass man eigentlich froh ist, mit KlientInnen „alten Schlags“ zu arbeiten, denn die hätten Erfahrung darin, mit prekären Lebensverhältnissen umzugehen. Das wäre bei dem neuen Prekariat anders, die Menschen wären hier eher hilflos, aber von einer ansprüchlichen Hilflosigkeit, die ihnen oft den Zugang zu Hilfen versperrt. Um auf die Gesamtfragestellung zurückzukommen: Einerseits ist die Sozialpädagogik aufgefordert, eine produktive Integrationsperspektive hin auf die Wissensgesellschaft zu entwickeln, gleichzeitig ist sie aber weiter und neu in die gesellschaftlichen Probleme der Exklusion eingebunden. Ist das nicht ein Spagat?

H.T.: Auf der einen Seite hat die neuere Sozialpädagogik ja versucht, sich aus der Exklusions-Inklusions-Debatte ein Stück weit herauszuziehen, und zu Recht darauf insistiert, dass sie eben nicht nur Exklusionsverwaltung sein darf, sondern sich auch um die sozialen Bedingungen der Einlösung des allgemeinen Bildungsanspruchs gesellschaftlich zu kümmern hat. Dies war einmal – und ist es im Prinzip auch immer noch – der sozialstaatliche Anspruch. Man muss aber den Auftrag sozialer Integration und sozialer Reproduktion von Bildung zusammensehen. Wenn es so ist, dass der Exklusionssog bis in die Mitte der Gesellschaft hineinwirkt, dann kann doch auch der nun erweiterte sozialpädagogische Auftrag – als Zusammenspiel von sozialem Integrations- und sozialem Bildungsauftrag – in die Mitte der Gesellschaft hinein beansprucht werden. Das hieße am sozialstaatlichen Auftrag festhalten, ihn aber auf neue Problemkonstellationen und neue Gruppen hin erweitern. Aber natürlich stellt sich hier wieder die Frage, ob die Sozialpädagogik das „darf" oder ob es nicht eine gesellschaftspolitisch „gewollte" Tendenz zur Exklusion gibt.

L.B.: In Wirtschaftskreisen ist ja schon in den 1990er Jahren das Lob der sozialen Ungleichheit als ‚marktgerechter' Differenzierung gesungen worden. Die Digitalisierung der ökonomischen Prozesse hat ihr Übriges getan. Wann du gebraucht wirst, bestimmt der Markt; du musst aber auf den Punkt fit und flexibel sein, wie du das in deiner Entwicklung schaffst, das ist deine Sache.

Die Sozialpädagogik ist aber traditionell eine Disziplin der Umwege. Das war immer ihre Stärke und darin hat sie sich inzwischen auch modernisiert. Die digitalisierte Arbeitsgesellschaft will aber solche sozialen und biografischen Umwege, will die „Technologielücke Mensch" (Luhmann) reduzieren. Alles muss kommunizierbar und durchsetzbar sein, soweit es machbar ist. Umwege sind wenig kapitalisierbar. Aus dieser Perspektive hat zum Beispiel die Pharmaindustrie durchaus die Funktion, solche Umwege vermeiden zu helfen, beziehungsweise sie zu verstecken. Es bleiben diejenigen, die nicht mithalten können oder wollen, auf sie soll dann die Sozialpädagogik angesetzt werden. Die allgemeine Form der Exklusionsverwaltung wird zur modernen Form des Exklusionsmanagements.

Nun sehen wir aber, dass sozialpädagogische Probleme immer mehr in der Mitte der Gesellschaft virulent werden. Aber diese in der Mitte der Gesellschaft bedrohten Gruppen werden doch gesellschaftlich anders wahrgenommen und bewertet als die, die nicht mitkommen und dem Exklusionsmanagement der Sozialpädagogik zugerechnet werden. Denn sie gelten ja noch als potenzielle Mitglieder des digitalisierten Marktes. Deswegen – und weil sie ja selbst nicht in den Sog des sozialen Abstiegs kommen wollen, wo sie dann auf die Exklusionsklientel und ihre Sozialpädagogik treffen – gelten „marktfähige“ Integrations- und Befriedungsdisziplinen, wie die Medizin und die Psychologie, als geeigneter für diese neuen Gruppen.

H.T.: Der Unterstützungs- und Beratungsbedarf ist groß. Menschen kommen alleine damit nicht zurande. So wird die Sozialpädagogik ja auch von der bedrohten Mittelschicht gebraucht, nun aber eher in der Form, dass es sozialpädagogische Angebote sind, die auf dem Markt verfügbar sind und dadurch nicht der Welt des sozialen Abstiegs zugerechnet werden müssen, also Angebote von niedergelassenen SozialpädagogInnen, neben denen von PsychologInnen, TherapeutInnen oder inzwischen auch von niedergelassenen PhilosophInnen. Die Sozialpädagogik kommt nun aber in einen Zwiespalt: Ihr Metier, ihr spezifischer Arbeitszugang ist – das ist das eine – der Alltag, sind die biografischen Umwege. Sie ist im Sozialen verortet, anders als Medizin und Psychologie, die den einzelnen Menschen von innen her bearbeiten. Ihr geht es um die Auseinandersetzung mit den Verhältnissen und die Ordnung des Lebens in den Verhältnissen. Insofern vertritt sie eine bestimmte Sicht auf die Wirklichkeit. Aber die Sozialpädagogik – und das ist das andere – arbeitet nicht nur nach einem bestimmten Prinzip, sie agiert auch im Kontext gesellschaftlicher Vorgaben und ihrer gesetzlichen Regelungen: Sie steht vor allem für die Menschen bereit, wird für sie nach dem Prinzip der Daseinsvorsorge vorgehalten, die der Hilfe und Beratung bedürfen, sie aber nicht selbst bezahlen können. Die Sozialpädagogik agiert – anspruchsvoll und prinzipiell formuliert – im Alltag im Namen sozialer Gerechtigkeit, sie ist in der Landschaft der sozialen Hilfen gleichsam deren Ausfallbürge und Garant. Das ist ihr ureigenster Bereich, hier ist nur sie zuständig. Von hier aus müssen wir in Zukunft stärker zwischen dem sozialpädagogischen Denken unterscheiden, das den alltags- und lebensweltorientierten Zugang meint, und den Bereichen, in denen die Sozialpädagogik als Profession zuständig ist.

L.B.: Der Mensch lebt in sozialen Verhältnissen und nicht isoliert als Individuum. Das bedeutet für die Sozialpädagogik einen doppelten Zugang: Den Menschen in seiner Alltäglichkeit aufsuchen und – zweitens – an seiner sozialen Umgebung arbeiten und darin an ihm, an den Möglichkeiten seiner Umgebung, in denen er sich entwickeln und sozial integrieren kann.

Dieses sozialpädagogische Denken kann aber nicht von seinem historisch-gesellschaftlichen Hintergrund gelöst werden. Die sozialstaatlich professionalisierte Sozialpädagogik hat sich ja historisch-strukturell vor allem auch aus dem sozialpolitischen Prinzip – dem sozialstaatlich geregelten Konflikt zwischen Mensch und Ökonomie – entwickelt. Als – um mit Eduard Heimann zu sprechen – Ausformung der sozialen Idee, die sich gegen den Kapitalismus, aber im Kapitalismus entwickelte, der ja um seiner Modernisierung willen auf sie angewiesen war. Diese Dialektik funktioniert im globalisierten Kapitalismus nicht mehr so recht, weil das Kapital der sozialen Idee transnational – über Arbeitsauslagerung – und technologisch – über stetige Rationalisierung – ausweichen kann. Es ist also schwieriger geworden, die Sozialpädagogik aus dem sozialpolitischen Prinzip heraus zu begründen. Gleichzeitig hat die weltweite Finanzkrise der 2010er Jahre gezeigt, dass gerade auch der globalisierte Kapitalismus mit seiner sich immer wieder verselbstständigenden Kapitalzirkulation, den Sozialstaat wieder braucht, weil er sonst nicht nur die soziale Integration der Gesellschaften, sondern auch sich selbst zerstört. Das bedeutet doch für uns, dass wir den sozialpolitisch-sozialstaatlichen Grundimpuls der Sozialpädagogik nicht aufgeben brauchen, ja nicht aufgeben dürfen. Das heißt aber auch, dass wir der eingangs thematisierten Tendenz, dass Bildung immer mehr zum sozialpolitischen Substitut, zum Modus sozialer Regulation wird, dieses Prinzip entgegenhalten müssen. Die Frage muss dann eher lauten: Wie kann ich im sozialpädagogischen Theoriediskurs die Bildungsperspektive – die ich ja annehmen muss – und die sozialpädagogische Perspektive aufeinander beziehen?

H.T.: Sozialstaats- und Bildungsdiskurs müssen aber öffentlich zusammengeführt werden. Das geht aber eben nicht allein aus der Sozialpädagogik heraus, sondern es braucht die Koalitionen und Arbeitsbündnisse, von denen wir oben gesprochen haben.

L.B.: Es gab ja in Deutschland und in Westeuropa in den 1970er Jahren sozialstaatliche Bildungsoffensiven, in denen das Soziale als Produktivkraft proklamiert und die sozialstaatlich geförderte Chancengleichheit als Voraussetzung der Bildungsmobilisierung gehandelt wurde. Und gleichzeitig wurde auf dem Bildungsideal des selbstbestimmten Menschen insistiert. „Bildung ist Bürgerrecht“ hieß es in den 1960er Jahren. Das klappte natürlich in einer Gesellschaft, die damals noch nationalgesellschaftlich weitgehend abgeschlossen war. Dass das Soziale heute nicht mehr als Produktivkraft gilt, ist wohl darauf zurückzuführen, dass die gesellschaftliche Notwendigkeit der Balance im Verhältnis von Arbeit und Kapital durch die Globalisierung ausgehebelt ist. Damit ist auch die Balance von Humankapitalperspektive und Bildungsideal aus den Fugen geraten.

H.T.: Das lässt sich nicht lösen, aber es gibt Zugänge. Ich denke an die Entwicklung des ökologischen Denkens in den letzten zwanzig Jahren. Das hat doch auch die Ökonomie und den Markt verändert, es sind kritische Verbindungen zwischen Ökologie und Ökonomie entstanden, ökologisch sensibilisierte Lebenskonzepte haben die Märkte erreicht und das, was sich früher mit der sozialen Idee ereignet hat, hat sich jetzt auch mit der ökologischen Idee entwickelt. In den Ökonomien wird begriffen – trotz periodischer Gegenbewegungen seitens der globalisierten Kapitalfraktionen –, dass der Kapitalismus ökologisch begrenzt ist, dass er auf ökologisches Denken angewiesen ist, will er sich weiter entwickeln können. – In einem anderen Strang der Diskussion ist es aufregend zu sehen, wie der Diskurs über Gerechtigkeit und Ungerechtigkeit in der Gesellschaft öffentlichkeitsfähig wird. Dabei hatte man schon gedacht, dass sei doch politisch erledigt, so wie der politische Diskurs überhaupt und man bräuchte nur noch die sozialtechnologische Verwaltung. Heute sehen wir, dass es weiterhin und erst recht um politische Konzepte in der Gerechtigkeitsfrage geht, um politischen Kampf ja – im Sinne Max Webers –, um einen Kampf der Weltanschauungen. Und es wird offensichtlich, dass wir in diesem Kampf einen Rekurs auf humane Traditionen brauchen, die wir nicht einfach preisgeben dürfen.

Aber auch in unserem engeren Raum der Pädagogik zeichnen sich solche Konflikte produktiv ab. Vor allem im Bereich des Kindergartens. Auf der einen Seite stehen die humankapitalorientierten Bildungskonzepte, auf der anderen Seite die praktische Kreativität in der Vermittlung zwischen Bildung und Entwicklung, die Bündnisse mit Eltern, das Insistieren auf Umwegen. Beispiele gibt es ebenso in der Erziehungshilfe: Da gab es doch eine erstaunliche Gegenwehr gegen Versuche, im Namen des Kinderschutzes intensivierte Formen der direkten und unverzüglichen Familienkontrolle einzuführen, weil die sozialpädagogischen Institutionen darauf bestanden, dass sie den eigenen Raum eines prinzipiellen Vertrauens brauchen und Freiheiten auch zu riskanten Umwegen. In der Heimerziehung haben sich – wenn auch kontrovers diskutiert – Betreuungsformen zwischen Erlebnis- und Intensivpädagogik für solche Jugendliche etabliert, die von den Institutionen nicht mehr erreicht werden. Hier entwickelt sich sozialpädagogische Kreativität aus der Erfahrung heraus, dass man Umwege zulassen, Risiken eingehen muss, weil man sonst nicht an die Menschen herankommt. Solche Beispiele verstehe ich als Bausteine für ein gesellschaftliches Denken des Umgangs mit Leben, das sich nicht einfach verwerten lässt, das Zeit braucht, um sich zu entfalten, Welt anzueignen, um darin Lebenssinn zu entwickeln und gesellschaftlichen Anschluss zu finden.

Wenn wir dies alles analytisch bewerten, kommen wir zu einem gesellschaftlichen Sowohl-als-auch-Modell. Es gibt die Ökonomisierung und Kapitalisierung des Sozialen, es gibt aber auch zahlreiche öffentlich gewordene Beispiele von Gegenströmungen, in denen das soziale *Rebetting* von Arbeit und Bildung gesucht wird. Deshalb stünde es der Sozialpädagogik theoretisch gut an, wenn sie stärker versuchte, die Kritik an der Ökonomisierung des Sozialen und die theoretische Transformation der anders gelebten Praxis aufeinander zu beziehen, in eine Dialektik zu bringen und überall da, wo dies sich zeigt, Bündnisse und Kooperationen zu suchen.

Damit würden sich auch andere Zugänge zur Szene des Sozialen ergeben. In der Gesellschaft haben Entgrenzungen stattgefunden, wir treffen auf Initiativen und Projekte, die die Zugehörigkeit zum System nicht als bindend empfinden und zu Teilen eines offenen Kosmos geworden sind, das gilt – um es provozierend zu formulieren – für Rotary-Projekte genauso wie für familienfreundliche Arbeitskonzepte von Unternehmen.

L.B.: Wenn wir so die Chancen der Entgrenzung betonen, darf man natürlich nicht die neuen Grenzen – Ökonomisierung, Prekarisierung der Lebensverhältnisse – übergehen, die freigesetzt und gezogen sind. Auch sehen wir, dass das sozialdemokratische Konsensmodell der Wohlfahrtsinstitutionen, das eine Arbeitsteilung zwischen Verbänden, staatlicher Apparatur und Praxis anstrebte, im entgrenzten gesellschaftlichen Raum eher blockiert als aktiviert. Die Spannung, die eigentlich im Subsidiaritätsprinzip angelegt ist, scheint momentan stillgestellt.

Diese Abwesenheit des gesellschaftlichen wie des interinstitutionellen Konflikts wird aber kaum mehr kritisch wahrgenommen. Im Gegenteil: Die Managementmodelle – auch im Sozialwesen – sehen Konflikte meist nicht als in sich widersprüchliche Konstellationen, sondern als Kommunikationsprobleme. Die integrative Perspektive wird einfach vorweg genommen, die Konflikte werden übersprungen. Deshalb gilt es, jene Räume aufzusuchen und zu empirischen Bezugsräumen des sozialpädagogischen Denkens zu machen, in denen Konflikte hervortreten.

Sozialpädagogik und Bürgergesellschaft: Kann es gelingen den zivilgesellschaftlichen Geist in die Soziale Arbeit hineinzubringen?

H.T.: Im gegenwärtigen Verhältnis von Sozialpädagogik und Zivilgesellschaft finde ich es spannend, dass es zwei Äste in der Kultur des Sozialen sind, die sich entwickeln und die beide an Vitalität und Kräftigkeit zunehmen. Auf der einen Seite professionalisiert sich die Soziale Arbeit weiter, institutionalisiert sich darin und wird ein gesellschaftlich anerkanntes Fachgebiet. Das bedeutet vor allem auch, dass sie vielfältige Alltagsgeschäfte in ihre Professionalität übernimmt – Beratungen, Adoptiv- und Pflegewesen – und damit ihre Zuständigkeiten erweitert. Dass diese professionelle Erweiterung auch eine Einschränkung und Entwertung alltäglicher Lebenskompetenzen bedeuten kann, lasse ich hier einmal auf sich beruhen. Neben der Sozialen Arbeit aber wächst gleichzeitig in unserer Gesellschaft – wenn ich es richtig sehe – der Bereich der zivilgesellschaftlichen Zuständigkeiten. Es gibt zunehmend Gruppen, die sich ihrer eigenen Probleme aber auch der Probleme anderer annehmen und sich Fähigkeiten aneignen, um diesen Aufgaben gewachsen zu sein. Das zeigt sich in medizinischen Problembereichen, in Fragen der Nachbarschaft und des Gemeinwesens oder der Sorge um Menschen in Randbereichen. Solche Initiativen arbeiten oft mit einer Spitze gegen die Professionellen, andererseits brauchen sie sie und integrieren sie. Es besteht also eine Spannung zwischen zivilgesellschaftlichen Initiativen und sozialpädagogischer Professionalisierung. Dabei ist es interessant zu überlegen, welchen unterschiedlichen Logiken professionelles und zivilgesellschaftliches Handeln folgt. Im Hinblick auf das zivilgesellschaftliche Handeln lässt sich dies gleichsam als ein Gemisch beschreiben zwischen Mustern von Selbstzuständigkeit und gesellschaftlicher Betroffenheit, offensiver Bürgerschaftlichkeit, karitativer Hilfe und Unterstützung bis hin zu Tafeln. Und auf der einen Seite helfen sozial gesettelte BürgerInnen meist aus der Mittelschicht den anderen und tun dies in karitativem Geist, indem sie eigentlich nur erwarten, dass die sozial benachteiligten BürgerInnen diese Hilfe annehmen. Auf der anderen Seite stehen gesellschaftlich orientierte Aktivitäten, die öffentlich Probleme anmelden, Anwaltschaften übernehmen und gesellschaftliche Forderungen stellen. Der zivilgesellschaftliche Sektor wächst und gewinnt an gesellschaftlicher Bedeutung und ist in sich sehr differenziert und vielfältig.

L.B.: Ich würde das auch so sehen, möchte aber doch auf eine bestimmte Spaltung aufmerksam machen. Die SozialpädagogInnen liebäugeln zwar mit der Zivilgesellschaft und es gibt inzwischen auch einen ausgeprägten zivilgesellschaftlichen Diskursstrang in der Sozialen Arbeit. Wenn man genauer, das heißt empirisch, hinschaut, dann sieht man, dass unsere KlientInnen eigentlich sehr wenig mit der Zivilgesellschaft zu tun haben, außer sie werden karitativ angesprochen. Es sind ja – wie du schon angemerkt hast – in der Regel die BürgerInnen aus der Mittelschicht, welche die zivilgesellschaftlichen Aktivitäten tragen und Aktivitätsmuster entwickeln, die oft außerhalb der Lebenswelt der sozial Benachteiligten liegen.

Aber vielleicht ist es sinnvoll, noch einmal anders zu unterscheiden und zu sehen, wie sich das zivilgesellschaftliche Projekt in den letzten Jahrzehnten entwickelt hat und welche unterschiedlichen Entwicklungsmuster es hier gibt. Da ist zum einen das kommunitäre Modell. Es sind BürgerInnen im lokalen Raum, die ihre Interessen selbst in die Hand nehmen, sich selbst helfen wollen und dabei nicht nur ihr eigenes, sondern das Wohl der lokalen Gemeinschaft im Sinn haben, auch wenn dieses Wohl von ihren Interessen her definiert ist. Es ist von seinen Wurzeln her das amerikanische Modell. Dann gibt es das zivilgesellschaftliche Modell, das im erodierenden Ostblock entstanden ist und sich – zumindest im Übergang der Nachwendezeit – in Runden Tischen organisiert hat. Dabei ging es vor allem darum, ein gouvernementales Verfahren von unten her einzurichten. Dann gibt es einen weiteren gouvernementalen Zugang, nun aber von oben, von der Regierungsseite her, der unter dem Motto steht: Die BürgerInnen entlasten die Regierung, indem sie in bestimmten intermediären Bereichen selbst Regulierungsmuster entwickeln. Die EU geht ja in ihrem Demokratie- und Regierungsverständnis davon aus, dass – zumindest programmatisch – bestimmte Entscheidungen schon an der Basis fallen. Und dann gibt es – was ja uns in der Sozialen Arbeit sehr stark berührt – die zivilgesellschaftliche Idee, die mit der Erosion und dem Strukturwandel der Arbeitsgesellschaft entstanden ist. Da zunehmend mehr Menschen ihre sozialen Rechte nicht mehr faktisch über Arbeit realisieren konnten, sollte ihre gesellschaftliche Teilhabe über das zivilgesellschaftliche Konstrukt des Bürgers gesichert werden. Der Bürgerstatus sollte zum Rechtsstatus werden. So sehen ja bis heute viele zivilgesellschaftliche Initiativen in der Praxis aus, dass sie dort, wo Menschen sozial exkludiert sind, versuchen, diese über bürgergesellschaftliche Integrationsprojekte wieder gesellschaftlich zu aktivieren. Heute würde ich – von meiner Erfahrung her – sagen, dass sich solche Projekte in einer Krise befinden. Dies hängt wieder damit zusammen, dass sie von der Mittelschicht getragen werden, die Mittelschicht aber inzwischen angesichts der bis in die Mitte der Gesellschaft hineinreichenden Prekarisierungsprozesse in weiten Teilen in den Sog sozialer Abstiegsangst geraten ist. Zumindest in ihrer Vorstellung. Das bedeutet aber, dass sie sich von den unteren, sozial benachteiligten Schichten distanzieren „muss“, um sich ihren mittleren Status zumindest mental zu erhalten. Das schlägt dann auch auf die sozialen Projekte durch. Es sind weniger BürgerInnen bereit als früher, sozial Ausgegrenzte und Benachteiligte zu verstehen. Man engagiert sich weiter, die Zahl der Ehrenamtlichen steigt an, aber es bleibt doch mehr in den eigenen Interessenmilieus. Man wendet sich dem Karitativen zu, was den Status der Mittelschicht eher bestätigt. Ein Prototyp dafür sind die großen Almosen- und Wohltätigkeitsshows im Fernsehen, in denen sich die etablierte Gesellschaft bespiegelt und dabei einige Millionen Euro für die Armen abfallen lässt. Das merken vor allem die sozial benachteiligten Jugendlichen und die Jugendprojekte, in denen sozialpädagogisch gearbeitet wird.

Aber nicht nur dieser Wandel des gesellschaftlichen Hintergrundes erschwert den Zugang der Sozialen Arbeit zur Zivilgesellschaft. Es sind auch die von der Mittelschicht getragenen und vorangetriebenen zivilgesellschaftlichen Aktionsmuster, in die unsere KlientInnen schwer hineinkommen. Wir hatten ja ein dreijähriges, von der Boschstiftung gefördertes zivilgesellschaftliches Projekt in Riesa, einer sächsischen Mittelstadt. Dort versuchten BürgerInnen, ein Statteilzentrum zu entwickeln, in das auch sozial benachteiligte Gruppen integriert werden sollten. Der Beteiligungsprozess lief am Anfang gut an, dann aber setzten sich die Mittelschichtmuster der Planung und Organisation durch, die sprachlich und von den Verfahren her zunehmend an den sozial Benachteiligten vorbeigingen. Es entstand damit unter der Hand ein nicht intendierter Exklusionseffekt. Die aus der Mittelschicht kommenden BürgerInnen wollten ja weiter die sozial Benachteiligten integrieren, merkten aber mit der Zeit, dass diese nicht mitkamen, ja dass diese lebensweltliche Probleme und Interessen anbrachten, die direkt mit dem Projekt nichts zu tun hatten. Sie suchten ein Forum für ihre Alltagsprobleme und das war den BürgerInnen, die an einem effektiven Fortgang des Projekts interessiert waren, zunehmend lästig. Chantal Munsch, die dieses Projekt geleitet hat, hat dann auch von der Effektivitätsfalle gesprochen, in die beide Gruppen geraten waren.

H.T.: Ich will aber doch noch einmal zu der Grundstruktur zurück, die ja irgendwie hinter all diesen Entwicklungen und Modellen liegt. Unsere Gesellschaft zeichnet sich – so hatten wir gesagt – heute dadurch aus, dass zunehmend Menschen eigene Probleme sozial in Angriff nehmen. Ich denke zum Beispiel an Elterninitiativen von Eltern schwer kranker Kinder und daran, dass es inzwischen eigene Häuser in Verbindung mit Krankenhäusern gibt, in denen sie mit ihren Kindern zusammenleben können. Von da aus hat sich ja der Umgang mit kranken Kindern stark verändert. Ich denke auch an die Selbstinitiativen von Eltern mit behinderten Kindern, deren Probleme erst dann gesellschaftlich anerkannt wurden, als sich Eltern zu sozialen Gruppen zusammengeschlossen hatten und dadurch auf sich aufmerksam machten. Sie haben sich gegenseitig geholfen, haben die eigenen Probleme für sich selbst sozial organisiert und hatten von da aus eine Basis, auch mit Profis anders und selbstbewusst umgehen zu können. Es gibt also in unserer Gesellschaft Gruppen, die sich ihrer Probleme selbst annehmen, das ist das eine. Sie muss man – zum zweiten – von denen unterscheiden, die Probleme für andere in die Hand nehmen. Die Tafeldiskussion zeigt Aktivitäten einer Schicht, die es sich leisten kann, an andere etwas abzugeben. Hier aber ist es ambivalent. So gibt es Leute, die vermummt zur Tafel gehen, um unerkannt zu bleiben, es irritiert und beschämt sie, dass sie darauf angewiesen sind, aber sie seien in Not, und da sei es unerheblich, von wem die Hilfe stammt. Ich denke, es ist trotzdem wichtig festzuhalten, dass hier eine Leistung für andere erbracht wird, die gut ist – und die auch angesichts des beschämend defizitären Zustands unseres Sozialstaates notwendig ist.

L.B.: Aber sind nicht alle Initiativen, die du bisher genannt hast, von einer bestimmten Schicht getragen und liegen sie nicht außerhalb der sozialpädagogischen Einflusszonen? Verstehen sie sich gesellschaftlich oder in Gruppeninteressen? Haben wir da nicht wieder eine zivilgesellschaftliche Spaltung? Die Arbeitslosenkonferenzen beklagen sich ja, dass es ungeheuer schwierig ist, Arbeitslose zu mobilisieren. Kann man überhaupt die Tafeln als zivilgesellschaftliche Projekte bezeichnen? Wir haben ja nicht nur in Dresden, sondern auch in anderen Großstädten die Erfahrung gemacht, dass sich in den letzten zwanzig Jahren zivilgesellschaftliche Sozialprojekte, wie sie Anfang der 1990er Jahre konzipiert wurden, immer mehr gesellschaftlich entleerten und dann die Tafeln als Rest übrig blieben. Das war doch offensichtlich eine geistige Entwicklung von einer zivilgesellschaftlichen Verantwortungsmentalität hin zu einer Almosenmentalität. Natürlich kümmert sich das Bürgertum weiter um die Armen, aber ist dieses Kümmern schon eine zivilgesellschaftliche Orientierung?

H.T.: Vielleicht brauchen wir hier, um weiterzukommen, noch eine begriffliche Klärung. Vielleicht sollte man unterscheiden zwischen einer allgemeinen gesellschaftlichen Orientierung des sich Kümmerns um andere, des Helfens und Unterstützens in Not und daneben und dagegen einer poinierten zivilgesellschaftlichen Orientierung, in der es um die gemeinsame Organisation sozialer Hilfe im Horizont von Rechten und Gerechtigkeit geht. Hilfe in karitativer Absicht, ist Hilfe und hat ihren Sinn in sich und darin einen gesellschaftlichen Sinn. Zu Zivilgesellschaft im engeren Sinne würde ich dagegen all jene Aktivitäten rechnen, die sozial Benachteiligten helfen, sich ihrer bürgergesellschaftlichen Möglichkeiten und Rechte zu bemächtigen und sich so in ihrem Status als BürgerIn zu erfahren.

L.B.: Aber von daher ist ja die Tafel eben kein zivilgesellschaftliches Projekt. Grundlegendes zivilgesellschaftliches Element ist ja die Ermächtigung der BürgerInnen selbst und die Hilfe zur sozialen Ermächtigung anderer. Natürlich würden die Kommunitaristen die Tafel bürgergesellschaftlich definieren. Wenn man in Großstädte der USA kommt, so fallen einem bald die riesigen foodpantries auf, langgestreckte Hallen, wo für zig arme Familien der jeweiligen Stadt Lebensmittel und Grundbedarf des Alltags vorgehalten werden. Im kommunitären Verständnis ist das zivilgesellschaftliches Engagement, wenn dafür gespendet wird. Im Sinne der gesellschaftlichen Ermächtigung ist es aber doch keines.

H.T.: Gut. Aber wenn wir bei unseren Definitionen bleiben, so möchte ich da doch eine Spannung zwischen den beiden Bereichen sehen und die karitative Dimension nicht so einfach nebenher liegen lassen. Was mich nämlich in der gegenwärtigen Situation interessiert ist, dass nach einer Zeit, in der soziale Hilfe und Anspruch auf soziale Hilfe, in der Rechte auf soziale Hilfe sozialstaatlich gesichert schienen, nun dieses sozialstaatliche Fundament umspült wird von den neoliberalen Wellen der karitativen Hilfsmentalität und dass dies inzwischen in unserer Gesellschaft so attraktiv erscheint und hoch gehandelt wird. Es zählt nur, was hilft und die Intensität in der geholfen wird. Von da aus kommt dann eine spezifische Kritik an der Sozialen Arbeit. Es wird nicht mehr gesehen, dass sich Soziale Arbeit auf soziale Ermächtigung, auf die Erlangung des Bürgerstatus bezieht, Soziale Arbeit wird festgemacht an ihren bürokratischen Verfahren, also an ihrer Regelhaftigkeit, ihrem Arbeitsreglement, ihrer oft formellen Umständlichkeit und an ihren Kosten. Dem werden die Großzügigkeit und der unbürokratische Zugang der karitativen Wohltätigkeitsszene gegenübergestellt. Mir scheint, dass in den karitativen Initiativen oft auch allgemeine Aversionen gegenüber der Verwaltung überhaupt und darin dann einer Sozialarbeit aufkommen, die die sozialen Probleme bürokratisch klein arbeiten; sie aber ließen sich mit einem größeren Herzen und freierer Organisationsgeschicklichkeit offener und unbürokratischer, also menschlicher lösen.

L.B.: Ich denke wir sind an dem Punkt, wo wir die Zivilgesellschaft von der

Almosengesellschaft trennen müssen. Natürlich gehen aus der Wohltätigkeitsszene auch zivilgesellschaftliche Projekte hervor – in Deutschland zum Beispiel aus der Aktion Mensch –, aber sie sind erst dann zivilgesellschaftlich, wenn sie auf die Transformation vom rechtlosen Armen zum Bürger abzielen. Zivilgesellschaft konstituiert sich in der bürgerschaftliche Aktivierung.

H.T.: Ich würde es nicht Almosengesellschaft, sondern Selbstzuständigkeitsgesellschaft nennen. Ich fühle mich in meiner sozialen Umgebung für etwas zuständig und gebe etwas ab oder engagiere mich. Ich muss ja nichts abgeben – viele tun es nicht, die Not rührt sie nicht – und ich gebe trotzdem und engagiere mich. Also ich würde vor die Ermächtigung noch Zuständigkeit setzen und daher nicht von einer Spaltung, sondern eher von einer Stufung reden. Die Selbstzuständigkeit und die Zuständigkeit für andere wären dann die erste Stufe des zivilgesellschaftlichen Engagements. Die bürgerschaftliche Aktivierung und Ermächtigung wäre dann die zweite Stufe. Die erste Stufe könnte man dem kommunitären Verständnis von Gesellschaftlichkeit zuordnen und das zielt auf etwas anderes als die traditionelle Almosengesellschaft. Beim Almosen denkt man ja schon an den Groschen, den man dem Bettler gibt. Und das trifft es ja nicht.

Vielleicht sollte man die verschiedenen Formen des Engagements sogar in drei Dimensionen gliedern: Zum einen ist es die Selbstbetroffenheit, es sind die Initiativen der Eltern oder die der Psychiatrieerfahrenen mit ihren Selbstorganisationen, die inzwischen auch von seriösen Psychiatern sehr ernst genommen werden, weil dort Erfahrungen zum Vorschein kommen, an die die Profis eigentlich gar nicht herankommen. Ein anderes ist das kommunitäre Verständnis, in dem man etwas abgibt, aber doch immer wieder in Gefahr steht, in das karitative Muster hineinzurutschen. Das dritte wäre dann das, was du Zivilgesellschaft nennst, nämlich die Aktivierung, um Bürgerrechte wahrzunehmen und die Menschen als BürgerInnen zu sehen. Ganz abgekürzt: Es sind die drei Dimension der eigenen Betroffenheit, der Hilfe und der Ermächtigung, die im Zusammenspiel die „Kultur des Sozialen“ ergeben. Die Soziale Arbeit hat hier ihren spezifischen Auftrag in der Gesellschaft, nämlich in der Vielfältigkeit dieser Intentionen ihren gesellschaftspolitischen demokratischen Auftrag zu realisieren, sie muss – wenn ich den Begriff hier einmal aufnehmen kann – im Wächteramt des Bürgerstatus im Horizont von sozialer Gerechtigkeit agieren.

Aber gerade hier ist, so haben wir ja soeben gesagt, auch der Punkt, wo viele der zivilgesellschaftlichen Initiativen außerhalb der Sozialarbeit sagen, dass sie versage, dass sie von ihrer bürokratischen

Organisationsform gar nicht in der Lage zu dieser Ermächtigung seien.

L.B.: Das ist also ein grundsätzliches Problem, mit dem sich die Sozialarbeit in ihrem Inneren auseinander setzen muss: Sie muss sehen, dass und wie sie ihren Auftrag auch erfüllen kann. Der Klient ist von seinen eingeschränkten Möglichkeiten her kein Bürger. Menschen in einen Bürgerstatus bringen, sie in diesem Sinne zu ermächtigen, heißt ja für die Soziale Arbeit, den Klientenstatus, der die Betroffenen in das Hilfesystem einpasst, zu öffnen.

H.T.: Es gab beschämende Beispiele, wo Sozialhilfeempfänger ihre Interessen selbst in die Hand nehmen wollten und das Sozialamt eingeschritten ist, das könnten sie nicht, hier mache man den Bock zum Gärtner. Eine solche Abwehr in der Sozialen Arbeit ist umso ärgerlicher, als es den Psychiatriebetroffenen gelungen ist, sich selbst zu organisieren und ihre Interessen ja durchaus wirkungsvoll zur Sprache zu bringen. Das hängt möglicherweise mit ihrem Krankheitsstatus zusammen, während der Klientenstatus in der Sozialen Arbeit ja tief aus der Geschichte heraus immer noch moralisierend gedeutet wird. Er meint Menschen, die mit ihrem Leben nicht zurande gekommen sind und die deshalb das Recht auf die eigene Stimme verwirkt haben. Sie brauchen, so denkt man, hilfreiche Bevormundung. Der besondere Status der Klientel in der Sozialen Arbeit hängt natürlich auch damit zusammen, dass hier nicht, wie in der Psychiatrie, alle betroffen werden können, sondern primär solche, die sozial randständig sind. In der Sozialarbeit sind wir eben massiv schichtabhängig, obwohl wir dauernd von der Öffnung in die Mittelschicht hinein reden.

L.B.: Hier sind wir wieder – wie man früher gesagt hat – bei dem Klassencharakter sozialpädagogischer Arbeit. Und da gibt es heute ein Paradox: Wir reden zwar von Prekarisierung und davon, dass die Probleme, mit denen sich Sozialarbeit beschäftigt, in die Mitte der Gesellschaft hineinreichen, gleichzeitig wird die Soziale Arbeit aber gesellschaftlich wieder an den Rand gedrängt, weil die Mitte sich angesichts dieser Gefahr der Prekarisierung in sich zusammenzieht und sozial abgrenzt. Wenn es mir schlecht geht, brauche ich eine soziale Gruppe, zu der ich Abstand halte. Die Kriminologen nennen das eine neue Kultur der Kontrolle, mit der man sich die Unterschicht vom Leibe halten will. In den USA ist das noch viel weiter gediehen als bei uns. Aber denken wir doch an die Diskussionen um das Lohnabstandsgebot, die immer wieder hochkommen. Auch die Diskussion um die Hartz-IV-Erhöhung um fünf Euro. Das ist ja an und für sich ein lächerlicher Betrag. Aber die Regierungsparteien haben vor allem auf ihre Mittelschichtklientel geschaut und dort grassiert ja die Meinung:

Jetzt bekommen die auch noch mehr, die nichts tun, während wir für unsere Arbeit und Leistung hohe Steuern zahlen müssen. Bei fünf Euro können sie aber sagen, ach, lassen wir das denen, das ist doch lächerlich. Also im Grunde ein Almosen. Zum Moralischen kommt der Klassencharakter hinzu.

H.T.: Das sind ja dann auch die Irritationen zum Beispiel bei Akademikern oder Alleinerziehenden, die in Hartz IV abstürzen, wenn sie diesen Klassencharakter spüren. Sie finden sich dann in einem Milieu wieder, dem sie sich eigentlich nicht zugehörig fühlen und fühlen wollen.

Aber aus dieser Perspektive des Klassencharakters kommen wir ja dem zivilgesellschaftlichen Auftrag der Sozialen Arbeit näher. Ihre AdressatInnen sind die sozial Ausgeschlossenen und Benachteiligten, die nicht mehr wie früher ausgeschlossen und verwaltet werden, sondern die bürgergesellschaftlich unterstützt und ermächtigt werden. Aber hier ist auch der entscheidende Punkt: Wenn sich Sozialarbeit bürgergesellschaftlich orientieren will, muss sie sich gegen die öffentlichen Erwartungen und Zumutungen der Kontrolle und Disziplinierung wehren, die die bürgerschaftliche Ermächtigung an den Rand drückt, ja aufhebt. Bloße Exklusionsverwaltung ist die Preisgabe der sozialpädagogischen Idee.

L.B.: Daher kommt wohl auch die neue Sehnsucht nach den sozialen Bewegungen in der Sozialarbeit. Der Nohl'sche Satz, dass die sozialen Bewegungen die geistigen Energien der Jugendwohlfahrt darstellen, lebt wieder auf. Und sicher ist es so, dass viele SozialpädagogInnen, die neben ihrer Arbeit in sozialen Initiativen und Bewegungen präsent sind, ein anderes Selbstbewusstsein auch in ihrer Arbeit haben. Vor allem können sie die Rollenkonflikte, die sie innerhalb der Sozialadministration haben, durch ihr außeradministratives Engagement einigermaßen ausgleichen. Die administrative und verbandliche Sozialarbeit kann man ja nicht – aufgrund ihrer hoheitlichen Funktion und ihrer öffentlichen Bindung – zu sozialen Bewegungen machen.

H.T.: Trotzdem ist es schon wichtig, darüber nachzudenken, wie man diesen zivilgesellschaftlichen Geist der sozialen Bewegungen ein Stück weit in die Soziale Arbeit hineinbringen könnte. Man könnte sagen: Der Anspruch einer widerständigen und kritischen Sozialen Arbeit ist, diejenigen, die vom sozialen Bürgerstatus ausgeschlossen sind, bürgergesellschaftlich zu ermächtigen über die Grenzen ihres Klientenstatus hinaus.

Damit geraten wir in Fragen, die wir schon früher aufgeworfen haben. BürgerInnen insistieren in einer neuen Weise auf ihrem Recht, ihre Lebenswelt zu gestalten, sie verwehren sich dagegen, nur verwaltet zu werden, sie wollen beteiligt sein, wollen mitbestimmen. Auf das damit aufgeworfene Problem eines neuen Verhältnisses zwischen Sozialer Arbeit und sozialen Bewegungen gehen wir hier aber nicht noch einmal ein; wir bleiben – natürlich darauf bezogen – im engeren fachlichen Rahmen.

L.B.: Dort wo es Modellprojekte gibt, klappt die Verbindung zwischen sozialer Bewegung und Sozialer Arbeit ja oft ganz gut. Das war in der Phase der sozialstaatlichen Modellpolitik so, aber auch in den europäisch geförderten Modellprojekten seit den 1990er Jahren. Sobald diese Modellprojekte aber aufhören, geben sie auch ihren Geist auf, werden sie höchstens von den Verfahren, aber nicht von ihrem bürgergesellschaftlichen Anspruch her institutionell transformiert. Derselbe Bürgermeister oder Landrat, der das Modell hochgehalten hat, will nichts mehr davon wissen, wenn kein Fördergeld mehr da ist. Sozialer Fortschritt scheint sich in Deutschland oft im Abhaken von Modellen zu erschöpfen. Deswegen wäre es wichtig, regionale Netzwerke zu schaffen, die den Geist von Modellprojekten weitertragen und auf ihre Institutionalisierung drängen. Deutschland ist das Land mit einer riesigen Anzahl von Fachhochschulen und Hochschulen im Sozialbereich. Die müssten eigentlich diese Vernetzung schaffen. Aber die Erfahrung zeigt, dass die meisten KollegInnen sehr hochschulzentriert sind und nicht in diese Netzwerkarbeit finden. Dabei wäre es ja gerade von der Theorie-Praxis-Spannung, die unsere Disziplin auszeichnet, eine auch wissenschaftlich weiterführende Aufgabe.

H.T.: Jenseits dieser praktischen Fragen denke ich, dass Entwicklung funktioniert im Austausch von Modellprojekten und Praxis oder allgemeiner von vorantreibenden Neuansätzen und Ideen und der allgemeinen Praxis. Aber das muss – scheint mir – genauer bestimmt werden. Modellprojekte stellen ja auch Ausnahmen dar. Was mich in diesem Zusammenhang immer verfolgt hat, ist ein altes Buch, Gottfried Arnolds „Kirchen- und Ketzergeschichte" aus dem 17. Jahrhundert – das ist eine Reminiszenz aus meinem Theologiestudium. Er beschreibt die Kirchengeschichte als zwei Geschichten. Da gibt es einmal die Kirchengeschichte als verfasste Geschichte des Papsttums und seiner Kirche. Und es gibt die Ketzergeschichte, das sind die Gegenbewegungen – also die, die im Namen und im Rückgriff auf die ursprüngliche Botschaft der Bibel immer wieder gegen die sich organisierende Großkirche opponiert haben und deren Ansätze und Ideen in dem Moment, wo sie sich verbreitet haben, vereinnahmt worden sind; sie verlieren ihren besonderen Status und damit auch ihre Widerständigkeit. Gleichzeitig aber, so zeigt die Geschichte, würde die Kirche veröden, wenn es nicht immer wieder diese Herausforderungen gäbe, die sie zu Veränderungen, zu Weiterentwicklungen treiben.

L.B.: Das ist ja genau das, was wir beim Problem der Modernisierung diskutiert haben. Von den Modellprojekten wird ja immer das genommen, was die Administration flexibler und elastischer macht, aber nur so viel, wie sie selbstreferenziell integrieren kann. Meist wird das Politische, der Konflikt, herausgenommen.

H.T.: Ich möchte aber doch noch einmal festhalten. In der Integration verliert sich nicht alle protestative Energie, sie zwingt zu Kompromissen, zu Neupositionierungen, zu Veränderungen, die allgemeine Praxis ist auch nach der Abwehr der Herausforderungen eine andere, und oft, wenn auch auf einem anderen Niveau, eine bessere. Die protestative Energie ist der Stachel im Fleisch der allgemeinen Entwicklung.

L.B.: Ein weiteres Problem ist in diesem Zusammenhang das zunehmende Auseinanderdriften von sozialpädagogischer Theorie und Praxis. Sozialpädagogische Theorien orientieren sich ja meist an Modellprojekten und weniger an der alltäglichen Praxis.

H.T.: Das driftet umso mehr auseinander, wenn die Praxis auf die Sicherheit des Methodischen und Technologischen baut.

L.B.: Das Interessante an den Modellprojekten ist ja immer der Theorie-Praxis-Austausch. Wenn die Modelle zu Ende sind, fehlt dieser Austausch und die PraktikerInnen fühlen sich oft allein gelassen, vor allem wenn sie unter hohem Erledigungsdruck im Alltag stehen. Modellprojekte reichen also nicht aus, um dieses Kritische und Widerständige zu organisieren. Es muss im Umkreis der Jugendhilfeinstitutionen geschehen, also in den Normalbetrieb übergehen. Hier komme ich wieder auf das überfällige Netzwerk der Hochschulen zurück.

H.T.: Und hier ginge es vor allem darum, das, was in den Modellen lebendig ist, die sozialstaatliche Potenz, die ja der Idee der sozialen Gerechtigkeit verpflichtet ist und auf der die Soziale Arbeit aufbaut, öffentlich wieder stark zu machen. Das bedeutet aber heute, dass man nicht am Sozialstaat resigniert, sondern dass man seine utopischen Potenzen thematisiert. Utopie – so hieß es bei Ernst Bloch – ist nichts anderes als „die beharrliche Arbeit darauf hin".

L.B.: Das Spannende am Sozialstaat ist ja, dass er eine Utopie institutionalisiert hat, gleichzeitig aber diese Utopie dadurch wachgehalten wird, dass sie auf einem Grundkonflikt basiert und in diesem Grundkonflikt zwischen Ökonomie und Mensch das Sozialstaatliche auch dann herausgefordert ist, wenn der Sozialstaat erodiert. Es ist ja die Dialektik des sozialpolitischen Prinzips, aus der heraus der Sozialstaat entstanden ist, und dieses sozialpolitische Prinzip wird – weltweit – in Zukunft auch immer wieder freigesetzt werden.

Aber es ist auch wichtig, dass in der Sozialarbeit diese Spannung wieder erkannt und diskutiert wird. Die Soziale Arbeit hat sich ja in der Selbstverständlichkeit des Sozialstaates eingerichtet und braucht deshalb einen eigenen reflexiven und fachpolitischen Schub, um diese Grundspannung wieder erkennen zu können.

Das bedeutet aber auch, dass wir in der Sozialpädagogik und Sozialarbeit die Bürgergesellschaft nicht für sich diskutieren dürfen, sondern immer im Verhältnis, in der Spannung, in der Verbindung mit dem Sozialstaat. Das macht den besonderen bürgergesellschaftlichen Zugang der Sozialen Arbeit aus.

H.T.: Dieser Zusammenhang zwischen Bürgergesellschaft und Sozialpolitik ist auch deshalb so wichtig, weil er die Integrationsperspektive angibt, die für die Gesellschaft in Zukunft entscheidend ist. Die heutige Gesellschaft erfährt sich in den Unübersichtlichkeiten und Verwerfungen der Spaltungen und Entgrenzungen als in sich bedroht, Oskar Negt spricht vom „Rohstoff Angst", der sie bestimmt; sie sichert sich dagegen auch durch Ab- und Ausgrenzungen. Das wird ja in den letzten Jahren zunehmend gerade auch im öffentlichen Interesse am alles überwuchernden Diskurs zu Disziplinierung, zu Schutz und Sicherheit in der Sozialen Arbeit beklemmend deutlich. Wenn es nicht gelingen wird, die sozial Exkludierten auf die bürgergesellschaftliche Bahn zu bringen, dann wird das Sicherheitsbedürfnis der mittleren Gesellschaftsschicht steigen und der Staat wird sich immer mehr zum Sicherheitsstaat entwickeln. Man könnte auch sagen, die Gesamtintegration der Gesellschaft hängt daran, dass sie sich nicht von Randgruppen bedroht fühlt. Soziale Arbeit ist in diesem bürgergesellschaftlichen Sinne – und nicht im traditionell kontrollierenden Sinne – gesellschaftliche Integrationsarbeit. Und die Entwicklung zum Sicherheitsstaat geht immer mit dem Abbau von Demokratie einher.

L.B.: Diese unsere sozialpädagogische Sichtweise auf die Bürgergesellschaft wird ja konterkariert von der neoliberalen Programmatik. Dort wird ja gesagt, das Gerede von Exklusion und Inklusion sei absoluter Quatsch. Wir befinden uns demnach in einer digitalen Gesellschaft, in der es viele Positionen gibt und in der man einmal unten und einmal oben sein kann, aber keiner ist ausgeschlossen, alle sind drin. Wer scheitert, muss das als Chance betrachten und darf nicht in den Opferstatus fallen. Der Staat und natürlich auch seine Sozialarbeit sollen mithelfen, dass die Bedingungen da sind, unter denen ich mich selbst organisieren kann. Wenn ich das aber nicht schaffe, dann steht mir nur noch ein Mindestmaß an Versorgung zu. Denn ich bin ja nicht mehr marktfähig und habe damit keinen Tauschstatus mehr. Ich bin in meinem Dasein nur noch verwaltbar und daraufhin kontrollierbar oder einschätzbar, ob und wie ich mich weiter vom Markt entferne oder ob ich mich ihm wieder nähere. Und daraus resultiert ja auch der heutige Konflikt, mit dem die Soziale Arbeit so schwer umgehen kann: Wie kann sich ihre sozialpädagogische Integrationsperspektive gegen die eigendynamische Marktperspektive durchsetzen?

H.T.: Dieses Marktdenken ist eng verknüpft mit dem Disziplinierungsdenken. Wer aus dem Markt herausfällt, fällt zwar nicht aus der Gesellschaft heraus, fällt aber zwangsläufig der gesellschaftlichen Disziplinierung anheim. Disziplinierung bedeutet ja in dem Zusammenhang, dass sie in der Spur bleiben und weiter den Marktstatus anerkennen, sich ihm unterordnen, auch wenn sie keinen Zugang zum Markt haben.

L.B.: Der Gedanke der gesellschaftlichen Integration ist da ausgeblendet. Und was für uns noch fataler ist: Damit ist auch der sozialpolitische Diskurs nicht mehr en vogue. Man hat das fatale Gefühl, dass in Ostasien, Südamerika und Afrika die sozialpolitischen Diskurse aufflammen und auf Durchsetzung drängen, während sie in Europa stagnieren.

H.T.: Es bewegt mich seit einiger Zeit, dass man im Kontext der Globalisierung doch vor allem auch fragen muss, ob und wie sich sozialpolitische Prinzipien weltweit neu formieren und ob die Soziale Frage im Weltmaßstab ihre Kraft so entfalten wird, also in Kämpfen und Auseinandersetzungen einen Kompromiss erzielen kann, wie es bei uns im 19. Jahrhundert geschehen ist. Das ist es doch, was man Weltinnenpolitik nennt. Nämlich die Frage, ob die sozialen Kämpfe im Weltmaßstab die Chance haben, sozialpolitisch so ausbalanciert und institutionalisiert zu werden, wie es mit der Entwicklung des Sozialstaates in Europa immerhin geschehen ist.

Sozialpädagogisches Handeln: Die pädagogischen Räume haben sich geöffnet

H.T.: Pädagogisches Handeln – also unterstützen, helfen, beraten, aber auch erziehen und Ressourcen fördern – ist eine spezifische Form des Umgangs und strukturell bestimmt durch Asymmetrie. Die einen werden eingeführt in Wissens- und Lebensformen, die die anderen vertreten. Der eine gibt eine Vorgabe, und der andere muss da hineinwachsen, um lernend die das Lernen bestimmende Asymmetrie aufzuheben und Kompetenzen und Lebensformen in eigener Zuständigkeit zu entwickeln und zu leben.

In der neueren Zeit hat man sich darum bemüht, diese das Lernen bestimmende strukturelle Asymmetrie tendenziell aufzulösen, die ja früher durch Autorität und Hierarchie geprägt war, und sie als einen Umgang mit Subjekten mit unterschiedlichen Kompetenzen zu definieren. Aber es bleibt trotz allem der Unterschied zwischen denen, die etwas repräsentieren und vorgeben und denen, die sich darauf einlassen müssen, es von ihnen zu übernehmen. Diese Asymmetrie hat aber in sich selbst Probleme.

L.B.: Es gibt ja in den letzten beiden Jahrzehnten in unserer Disziplin etliche Versuche, diese Asymmetrie schon im methodischen Zugang aufzulösen oder zumindest zu mindern. Ich denke da an die Methode des ethnografischen Zugangs in der Sozialpädagogik von Burkhard Müller, an die Idee der Arbeit mit dem Dritten, die ja eine Ausbalancierung der unterschiedlichen Interessen voraussetzt bei Fabian Kessl oder an die Forderung von Heiner Keupp, den Klientenstatus aufzubrechen und die Betroffenen als BürgerInnen anzuerkennen. Und das bedeutet ja nicht nur Anerkennung des Anderen, sondern auch die Frage, wie man die Arbeit mit den KlientInnen als Zusammenarbeit und die KlientInnen als Akteure begreifen kann. Allerdings bewegen sich solche Versuche der Sozialen Arbeit, aus der Asymmetrie herauszukommen, in einer Gesellschaft, die zunehmend asymmetrisch ist und ihre asymmetrischen Projektionen auf die KlientInnen der Sozialen Arbeit eher verstärkt hat.

H.T.: Ich möchte versuchen, das auseinander zu nehmen. Dass die Bestrebungen, die Asymmetrien tendenziell aufzulösen oder zumindest zu mindern, in der letzten Zeit zugenommen haben, hängt wohl vor allem auch mit den neueren Erkenntnissen zur Subjekthaftigkeit des Menschen und damit auch der Kinder und Jugendlichen zusammen. Dies ist ein Demokratisierungsschub in der Pädagogik, dessen Erfolg natürlich auch immer davon abhängt, wie es mit der Demokratisierung der Gesellschaft insgesamt steht. Und die realisiert sich ja wieder in ganz unterschiedlichen Strömungen, wie du sie benannt hast.

L.B.: Gleichzeitig gibt es aber auch gegenläufige Strömungen von den KlientInnen her, die sich von sich aus asymmetrischen Verhältnissen zu entziehen versuchen, aber sich gegenüber der Sozialpädagogik sowie der Schule gleichgültig verhalten. Oder es gibt im Extremfall Gewalttäter, die sich überhaupt nicht als zu Resozialisierende betrachten, ihr Stigma aktiv vor sich hertragen und in ihrem Gewalthandeln implizit oder explizit Partizipationsansprüche verbinden. Leute, die aus der Asymmetrie der Klientelisierung ausbrechen, finden wir auch bei Hartz-IV-Empfängern, die man längst nicht mehr mit den alten „Kunden“ vergleichen kann, die versuchen, die Sozialhilfe immer wieder auszutricksen. Es gibt also zunehmend Gruppen, die sich der Klientelisierung durch die Soziale Arbeit entziehen und ihr Auftreten als Normalität empfinden. Hier wären wir wieder bei Goffman und der Frage, ob und wie die Soziale Arbeit solches Verhalten der Selbstbehauptung überhaupt anerkennen kann? Kann dies die traditionell klientenorientierte Sozialarbeit überhaupt aufnehmen und Zugänge zu diesen Gruppen finden?

H.T.: Ich denke, hier muss man innerhalb des Klientenstatus unterscheiden. Allgemein hat man ja die Tatsache, dass jemand auf Hilfe angewiesen ist, als einen Status der Unselbstständigkeit definiert. Das können wir heute so nicht mehr. Der Status eines auf Hilfe Angewiesenen oder auch eines Lernenden ist ein gemischter Status. Auf der einen Seite ist der Klient Subjekt seiner selbst und darin eine eigensinnige Person. Er wehrt sich seiner Haut und nimmt darin die Rechte der Selbstbestimmung für sich in Anspruch. Gleichzeitig gibt es Bezüge, in denen er angewiesen ist auf Vorgaben, auf Unterstützung und Hilfe. Dies auseinander zu halten, beziehungsweise zu vermitteln, auf der einen Seite Respekt vor der Selbstständigkeit und auf der anderen Seite strukturierende Vorgaben in Situationen, die Unterstützung nötig machen, ist das eigentliche Geschäft des pädagogischen Umgangs. Was ich dabei spannend finde ist, dass Menschen, die miteinander in pädagogischen Bezügen zu tun haben, nicht immer pädagogisch agieren. Man erzieht ja nicht immer, Menschen müssen zunächst miteinander auskommen, Erwachsene miteinander, Erwachsene mit Kindern, Kinder untereinander. Der Umgang miteinander auch in pädagogischen Bereichen ist eben mehr als nur pädagogisch. Das Lernen und das Unterstütztwerden ist ein Moment, das eingebettet sein muss in das Insgesamt eines Umgangs des Respekts, wie ihn Sennett formuliert hat. Weil man früher den Status des Angewiesenen, des Lernenden so generalisiert hat, hat er auch so viel Widerstand erzeugt. Für die PädagogInnen war dieser Status nicht nur komfortabel, sondern eben auch ein Machtstatus.

L.B.: Dieses Eingebettetsein des Pädagogischen in einen allgemeinen Umgang des Respekts miteinander ist erst einmal ein Modell einer freien oder Reform-Pädagogik. Die war ja schon immer stärker auf die Interaktionen zwischen Erziehenden und Zöglingen angelegt. Inzwischen aber ist das Element der Kontrolle strukturell stärker geworden. Die Soziale Arbeit war schon immer durch die Spannung von Hilfe und Kontrolle geprägt. Das Kontrollmoment schlug früher, in den direkten pädagogischen Interaktionen, viel stärker durch als heute. Inzwischen hat sich dieses Verhältnis aber verschoben. Während in den sozialpädagogischen Interaktionen versucht wird, ein Verhältnis von Hilfe und Respekt aufzubauen und die Kontrolle in den Hintergrund treten zu lassen, scheint sich die Kontrolle in die gesellschaftliche Struktur verschoben zu haben, dort zu wirken. Nehmen wir einmal zum Beispiel die Lage der Jugendarbeit in den Großstädten. Diese stehen in der ökonomischen und kulturellen Standortkonkurrenz mit anderen Großstädten. Ein wichtiger Faktor in dieser Standortkonkurrenz ist die soziale Befriedung. Man investiert nur an sozial befriedeten Standorten. Also kommt es darauf an, die die Standortqualität „störenden“ Gruppen aus den Innenstädten herauszuhalten. In diesen Segregationsprozessen entstehen soziale Brennpunkte, die dann wiederum sozialpädagogisch betreut und befriedet werden müssen. Dies kann nun mit pädagogischen Mitteln geschehen, in denen die Balance von Hilfe und Respekt durchaus zum Zuge kommen kann und eine entsprechende Sozialpädagogik ihre Spielräume erhält. Aber die gesellschaftliche Kontrolle bleibt oder verstärkt sich sogar, dass diese Gruppen in ihren Zonen bleiben und nicht wieder in die innerstädtischen Zonen einbrechen. Wir erleben also eine Jugendpädagogik, die in den pädagogischen Aktionen offen und demokratisch sein kann, in ihrer Hintergrundstruktur aber Befriedungspädagogik ist. Das scheint mir generell ein neues Problem zu sein, das der Pädagogik und damit auch der pädagogischen Autonomie zu schaffen macht. Das zeigt sich ja auch in den heutigen Schulen. In der Sphäre der Interaktionen erleben wir eine Pädagogik des gegenseitigen Respekts, von den Hintergrundstrukturen her wirkt das Kontrollprinzip der Leistungskonkurrenz, das die pädagogischen Intentionen immer wieder aufweichen kann. Was also bei der Standortkonkurrenz im Sozialen passiert, finden wir auch bei der Bildungskonkurrenz in den Schulen. Da entsteht ja ein neues pädagogisch-professionelles Problem. Du glaubst dich in deinem professionellen Selbstverständnis von den alten hierarchischen Strukturen emanzipiert zu haben, also von den Strukturen, in denen die Kontrolle in die pädagogischen Interaktionen delegiert war, und gleichzeitig wirkt nun ein struktureller Druck, den ich als LehrerIn oder SozialarbeiterIn interaktiv nicht erreichen kann. Ich will jetzt nicht diese neue pädagogische Gegenseitigkeit von Respekt und Hilfe denunzieren, sondern fragen, wie dieses neue und jetzt strukturell asymmetrische pädagogische Verhältnis thematisiert werden kann.

H.T.: Vielleicht müssen wir das pädagogische Verhältnis, das wir anfangs zwischen Lehrenden und Lernenden, SozialarbeiterInnen und KlientInnen sehr eng gefasst haben, noch einmal differenzierter betrachten. Auf der einen Seite stehen die Hilfsbedürftigen und der Respekt, auf der anderen Seite ist der Pädagoge, der sich in dieses vom Respekt her tendenziell symmetrische Verhältnis einlässt, ein Repräsentant der Gesellschaft in ihrer Widersprüchlichkeit. Als solcher ist er von der Hintergrundstruktur seiner pädagogischen Arbeit her in sich gespalten, weil er Erwartungen, Lebensräume und Lebensmöglichkeiten, aber ebenso Zwänge der Gesellschaft repräsentiert. Die Lernenden und die KlientInnen sollen befähigt werden, ein selbstständiges Leben zu führen, sich materiell und sozial zu reproduzieren, an der Gesellschaft teilhaben zu können und mündige Menschen zu werden. Schleiermacher hat diese Doppelaufgabe einmal so formuliert: Pädagogik soll den Menschen befähigen, in die gegebenen gesellschaftlichen Verhältnisse einzutreten und gleichzeitig die weiterführenden Entwicklungen und damit die Möglichkeiten der freien Entfaltung für sich selbst zu erkennen. Dieses Doppelspiel zwischen Notwendigkeit und Möglichkeit macht das pädagogische Geschäft bis heute aus. Von hier aus möchte ich das Muster von Hilfe und Kontrolle differenzieren. In der Kontrolle steckt einmal der Zwang, sich den gesellschaftlichen Verhältnissen anzupassen, gleichzeitig aber zielt sie auch auf die Befähigung, sich in dieser Gesellschaft zu behaupten, und dies enthält ja auch die Möglichkeit, dass Formen der Eigenständigkeit und des Widerstands aufbrechen können.

L.B.: Das ist ein interessanter dialektischer Zugang, den du jetzt aus der Struktur von Hilfe und Kontrolle heraus entwickelt hast. Die Frage aber ist, ob dieser Zugang so für die Lehrenden oder die SozialarbeiterInnen verfügbar ist. Viele verbrauchen ja ihre täglichen Energien damit, dass sie ihr Lehrersein oder Sozialarbeitersein bewältigen müssen, dass sie kaum Surplus haben, um diesen Zugang für sich öffnen zu können. Dann bleibt ja eigentlich nur die Hoffnung – so wie es ja das Resilienzkonzept formuliert –, dass sich die Betroffenen selbst diese Struktur unbewusst zunutze machen.

H.T.: Ich würde das nicht so apodiktisch sehen. Ich sehe es eher als ein Spannungsverhältnis, in dem sich Lehrende und SozialarbeiterInnen mit unterschiedlichem Erfolg bewegen.

L.B.: Das kann man durchaus prinzipiell so sehen, aber man muss aufpassen, dass man das Gesellschaftliche nicht zu sehr von dem Pädagogischen trennt. Wir haben ja immer die Ideologie der pädagogischen Provinz kritisiert, die alle Möglichkeiten im Pädagogischen aufgehoben sah und darin eine Autonomie fernab der Gesellschaft für sich beanspruchte. Die Pädagogik in den öffentlichen Institutionen ist aber heute stärker denn je dem Markt- und Konkurrenzdruck, wie er die Gesellschaft beherrscht, ausgesetzt. Dieser bestimmt inzwischen das Niveau, auf dem sich die pädagogische Freiheit des Verhältnisses von Hilfe und Respekt ausleben kann. Interaktiv ist diese Freiheit gegeben, aber strukturell ist sie eingeschränkt und damit ist sie auch nicht mehr die Freiheit, die interaktiv intendiert ist.

H.T.: Die Gegenthese wäre, dass es ein in sich widersprüchliches Gebilde ist, in dem es auch Gegenbewegungen gibt. Bleiben wir einmal bei der Schule heute: Unbestritten ist wohl, dass die meisten Schülerinnen und Schüler in der Schule etwas lernen, damit sie in der Gesellschaft, die ihnen ja sehr früh heute nahe ist, weiterkommen, sich behaupten und etwas werden können. Aber das Lernen geht darin nicht auf; es kann auch dazu helfen, sich in den eigenen Bedürfnissen zu entwickeln. Es gibt im Lernen Spielräume. Wie ich lerne, kann ganz verschieden sein, es kann ein reines stoffliches Anpassungslernen sein, es kann aber auch ein von Neugier getriebenes, Welt aufschließendes, kreatives, in Projekten fachübergreifend gestaltetes Lernen sein.

L.B.: Ich würde dies als ‚Dialektik der Erweiterung' innerhalb des weiter gewordenen Rahmens Schule bezeichnen. Die Frage ist nur, inwieweit solche kreativen, über den Unterrichtsstoff hinausreichenden Prozesse auf das System Schule zurückwirken können. Die Schule ist sich oft dieser Dialektik der Erweiterung gar nicht bewusst, weil sie sie aus ihrer systemischen Selbstreferenzialität heraus ignorieren ‚muss'. Es könnte ja innere Schulkritik daraus entstehen. Ähnlich ist es ja auch im Betrieb. Innerhalb des ‚Rahmens' Betrieb gibt es ja inzwischen eine Menge kreativer Formen der Arbeitsgestaltung. Sobald es aber um Mitbestimmung geht, um den Sinn dessen, was produziert wird, bleibt der Rahmen geschlossen, macht der Betrieb zu. Und ähnlich ist es ja auch bei der Schule, wenn es darum geht, den Sinn dessen, was gelernt wird, zu hinterfragen, Mitbestimmung einzufordern. Und übrigens: Ich möchte die Sozialadministratoren sehen, denen ihre KlientInnen oder ‚KundInnen' nicht nur als anspruchsversierte, sondern auch verwaltungskritische BürgerInnen entgegentreten.

H.T.: Ich wehre mich aber gegen das Entweder-Oder. Ich sehe Offenheiten und Veränderungen in beiden Dimensionen – im Rahmen und in der Interaktion –, wenn auch in durchaus verschiedenen Formen. Die Schule als Organisation verändert sich, das ist ja zurzeit das Thema vielfältiger Diskussionen, zu Formen, die freieres Lernen möglich machen, bleibt aber in strukturellen Zwängen gebunden. Die Umgangsformen ändern sich stärker und reiben sich oft an den Strukturen; die Zwänge haben sich, so scheint es, in die Strukturen verschoben – ähnlich, wie man es für die Verschiebung zwischen der direkten und der strukturellen Gewalt beschreibt. So sehe ich es – um auf ein anderes Feld zu kommen, in dem ich mich eher zu Hause fühle – auch in der Heimerziehung. Hier gibt es strukturelle Veränderungen, aber natürlich bleibt sie – in einer allgemeinen, strukturellen Sicht – Heimerziehung; trotzdem haben sich die Möglichkeiten in ihr verschoben. Ziel moderner Heimerziehung ist, dass die Kinder lernen, sich in der Gesellschaft zu bewegen. Sie lernen, dass sie Beziehungen durchhalten, dass sie Konflikte bewältigen und Interessen entwickeln können. Und das kann natürlich in verschiedenen Formen geschehen. Man kann es anpassungszentriert hineindrillen oder man kann je individuelle, auf Selbstbestimmung zielende Wege suchen und finden.

L.B.: Aber dies ist doch erst einmal eine Spannung innerhalb des pädagogischen Umgangs. Kann dies in Beziehung zur Hintergrundstruktur gebracht werden? Gibt es eine Wechselwirkung zwischen pädagogischem Handeln und Rahmen, oder braucht dies dann doch eine politische Entscheidung? In der Grundschule können ja wirklich ganz unterschiedliche Formen des Lernens erprobt werden. Aber entscheidend ist doch, wie dann wieder von der Struktur her die Auslesefunktion der Schule und die Frage hervortritt, wie lange die Kinder zusammenbleiben und für wen der Übertritt in weiterführende Schulen möglich wird. Wir haben heute eine hochentwickelte, Kreativität generierende Bildungstechnologie. Ähnlich wie in den Betrieben die Subjektivierung der Arbeit hat nun auch in den Schulen der Prozess der Subjektivierung der Bildung begonnen: Die SchülerInnen als Träger und Eigner ihres Humankapitals, das sie im Rahmen der Schule zu aktivieren und zu optimieren haben. Die LehrerInnen als Optimierungsingenieure von Humankapital? Und in China lernt man – bildungstechnologisch gesehen – doch inzwischen wohl mindestens genauso gut wie in Deutschland, ohne dass das auf die Struktur zurückwirken muss. Ich kann das an folgendem Beispiel verdeutlichen: Auch in der Politischen Bildung in der Schule tragen manche die Idee mit sich herum, das Fach „PISA-fähig“ machen zu können. Wenn man dem entgegenhält, dass diesen Wettbewerb dann wahrscheinlich die Chinesen gewinnen werden, wird mit Unverständnis reagiert. China habe doch keine demokratische Struktur. Für den bildungstechnologischen Leistungswettbewerb spielt das aber keine Rolle.

H.T.: In der traditionellen Pädagogik – zum Beispiel bei Weniger – hat man von der Vorraumfunktion der Pädagogik gesprochen. Und ich würde das, was ich vorhin über die Menschen in pädagogischen Interaktionen gesagt habe, als notwendige Voraussetzung dazu sehen, dass sie Selbstbewusstsein erfahren und lernen, einen Lebensplan entwickeln. Das ist natürlich keine hinreichende Voraussetzung, um sich in der Gesellschaft behaupten zu können, denn die gesellschaftlichen Auseinandersetzungen sind dann noch einmal andere.

L.B.: Aber die SchülerInnen werden doch in der Schule nur so lange respektiert, solange ihre Interpretation der Schülerrolle den gegebenen Rahmen im vorgegebenen Schulsystem nicht übersteigt. Das ist ja im Betrieb ähnlich. In dem Moment, wo es sich gegen das System Schule wendet – das können ja auch ganz unterschiedliche Formen der Selbstbehauptung auch in der Schule sein –, wird es zum abweichenden Verhalten und als solches meist stigmatisiert. Und dann wäre ja die Spannung zwischen Interaktion und Struktur weg. Mobbingprozesse werden vor allem in Übergangssituationen in Schule und Betrieb beobachtet. Dies ist ein Zeichen dafür, dass Konflikte nicht öffentlich in der Schule oder im Betrieb ausgetragen werden, sondern individualisiert, beziehungsweise auf die Gruppen und ihre ausgrenzende Dynamik abgeschoben werden. Insofern bereiten die meisten Schulen zwar auf die Selbstbehauptung in der Gesellschaft vor, aber nicht auf die Konfliktaustragung in der Gesellschaft. Seit dem Streit um die hessischen Rahmenrichtlinien in den 1970er Jahren, wo es ja um diese strukturorientierte Konfliktpädagogik ging, sind inzwischen Jahrzehnte vergangen. Du wirst auf Flexibilität und Mithalten, aber nicht auf Mitbestimmung und Konfliktaustragung in der Gesellschaft vorbereitet. Du hast wenig Chancen – siehe auch das neue modularisierte Bachelor-Studium –, Strukturkritik zu lernen.

H.T.: Ich würde das doch auseinander halten. Es geht um den pädagogischen Raum, in dem die Lernenden mit gesellschaftlichen Erwartungen konfrontiert sind und gleichzeitig die Chance haben sollen, sich selbst zu finden und sich als Subjekt erfahren zu können. Auch das passiert natürlich im pädagogischen Raum. Sich Mühe geben, dass das möglich wird, das ist doch, denke ich, das pädagogische Geschäft. Es ist der Raum des Umgangs zwischen den Generationen und zwischen Menschen mit unterschiedlichen Positionen, Problemen und Bedürfnissen.

L.B.: Aber die Institution wirkt doch in den pädagogischen Raum.

H.T.: Natürlich, die Institution rahmt und strukturiert den pädagogischen Raum. Von daher ist er politisch bestimmt. Das heißt aber nicht, dass er nur ökonomisch und politisch bestimmt ist. Er hat auch seine eigensinnige Sphäre.

L.B.: Diese Eigensinnigkeit muss aber immer in Spannung gesetzt werden zu dem Politischen.

H.T.: Man darf doch aber nicht sagen, weil der pädagogische Raum politisch bestimmt ist, gibt es diese eigensinnigen Möglichkeiten nicht. Die Lehrenden haben ja erst einmal eine Vermittlungsaufgabe und die stellt sich im Kindergarten, in der Schule, in der Erwachsenenbildung und in der Berufsausbildung unterschiedlich dar. Der Kindergarten ist sicher freier in seinen Möglichkeiten als die Schule oder die Berufsausbildung. Wir müssen die Unterschiedlichkeit in den Spielräumen der Vermittlung bestimmen.

L.B.: Das bleibt aber im inneren Rahmen der Erziehungsinstitutionen. Aber: Dürfen LehrerInnen oder SozialarbeiterInnen eigenständig an die Öffentlichkeit, an die Presse gehen?

H.T.: Ich habe hier das Gefühl, dass du das zu starr über einen Leisten schlägst.

L.B.: Das möchte ich eigentlich nicht. Mir geht es vielmehr darum, zu zeigen, dass diese Spannung zwischen dem Pädagogischen und dem Politischen, von der wir bisher geredet haben und in der auch die eigensinnigen Spielräume aufgehoben sind, von denen du sprichst, heute immer mehr droht, abhanden zu kommen. Die Welten des Pädagogischen und die Welten des Politischen driften auseinander. Die strukturelle Leistungs- und Standortkonkurrenz, der die Schulen unterworfen sind, ist vom pädagogischen Interaktionsraum kaum mehr erreichbar, wirkt aber auf diesen massiv zurück. Nicht nur auf den schulischen Raum, sondern auch auf das Verhältnis Schule/Eltern. Ein großer Teil der Familienkonflikte sind heute Schulkonflikte, werden von den Schulen in die Familien hineingetragen. Und in der Sozialarbeit ist es ähnlich: Der Ökonomisierungsprozess wirkt massiv in den Interaktionsraum des Helfens hinein, die Spannung zwischen Sozialarbeit und Sozialpolitik wird ausgedünnt, es haben sich längst hierarchische Druckkonstellationen entwickelt.

H.T.: Aber es bleibt doch eine Spannung, auch wenn sie sich verlagert hat.

L.B.: Sie hat sich oft inzwischen in das Innere, das Psychische der SozialarbeiterInnen und LehrerInnen verlagert.

H.T.: Ich will noch einmal versuchen, gegenzuhalten und auf die Heimerziehung zurückkommen. Die Bonhoeffer-Häuser haben es mit belasteten Kindern zu tun, die sich mit Aufgaben, aber vor allem auch Konflikten und Verbindlichkeiten sehr schwer tun. Gleichzeitig haben sie ein intensives Streben nach Beziehungen, Freundschaften und Zugehörigkeiten. Es sind Kinder mit schrecklichen Gewalterfahrungen und Identitätsstörungen. Diesen wird nun ein Raum geboten, in dem versucht wird, ihnen zu helfen, miteinander undramatisch umzugehen und sich mit Aufgaben auseinander zu setzen, die individuell für sie bestimmt werden. Hier geht es nun um Veränderungen in beiden Dimensionen – im Rahmen und in der Interaktion –, wenn auch in durchaus verschiedenen Formen. Die Umgangsformen ändern sich stärker und reiben sich oft an den Strukturen. Wichtig aber scheint mir, sowohl den Zusammenhang von strukturellen und kommunikativen Veränderungen, also die Spannung zwischen Rahmen und Interaktionsstruktur zu sehen, als auch die jeweils gegebenen unterschiedlichen Freiräume. Also: Nötig sind – zum einen – ganz unterschiedliche Settings, ein Netzwerk differenzierter Angebote von Pflegestellen, Tagespflege, Betreutem Wohnen, Heimgruppe, Tagesgruppe, soziale Gruppenarbeit und so weiter. Es wird jeweils ein Raum gesucht, in dessen Struktur die Kinder nicht überfordert sind, in dem sie aber

Möglichkeiten zur Gestaltung ihres Lebens im Sozialen finden können. Dies bedarf zum anderen aber einer inneren institutionellen Kultur, in der alle in gegenseitiger Achtung miteinander umgehen, in der die Mitarbeiter Freiräume haben, für die AdressatInnen die individuell zugeschnittenen und neuen Wege zu finden und zu entdecken. Schließlich braucht es dann auch noch – das Heim ist ja eingebunden in die Sozial- und Bildungslandschaft – den „Außenverkehr", man muss sich mit dem Jugendamt, das das Geld gibt, verständigen und mit der Schule. Natürlich gibt es da ganz unterschiedliche Beziehungen, bessere oder schlechtere, also zum Beispiel Schwierigkeiten, weil die Schule die Kinder nur als Lernende, in der Schülerrolle sieht und so verkennt, was an individuellen Lebens- und Erfahrungsräumen aufgebaut worden ist, natürlich gibt es inzwischen Schulsozialarbeit. So gesehen bildet dieses differenzierte Netzwerk der Heimerziehung einen pädagogischen Raum, in dem sich trotz der Begrenzungen und Druckkonstellationen von Seiten der Gesellschaft junge Menschen über die Hilfen zur Bewältigung ihrer Lebensschwierigkeiten entwickeln können. Hier hat sich – scheint mir – ein pädagogischer Bereich als gesellschaftlicher Innenbereich entwickelt, der sich seinen Raum in der Gesellschaft und auch im Konflikt mit ihr geschaffen hat. Und wenn wir heute von entgrenzten Verhältnissen reden, so müssen wir doch auch sehen, dass in diesen Entgrenzungen auch Kooperationen und Koalitionen liegen und dass die unterschiedlichen Welten eben nicht so polarisiert sind.

L.B.: Das denke ich auch, dass man Polarisierungen vermeiden und von Spannungen und Entgrenzungen ausgehen muss. Es ist mir auch wichtig, die Möglichkeiten, die in den pädagogischen Räumen sind, nicht zu denunzieren. Dennoch darf die Unterschiedlichkeit dieser beiden Welten, der pädagogischen und der politischen, nicht verwischt werden. Es kommt natürlich auch darauf an, wie die pädagogischen Räume in der Gesellschaft verortet sind. Es gibt pädagogische Räume, die näher beim gesellschaftlichen Zentrum liegen und solche, die entfernter sind. Man sagt ja auch manchmal, die Sonderschulen hätten die bessere Pädagogik. Dasselbe kann man auch für die Soziale Arbeit annehmen. Sie haben es eben mit Gruppen zu tun, denen – so hässlich das auch klingen mag – ein geringerer Wert für die Gesellschaft zugemessen wird. Es geht eher um Orte, wo die Gesellschaft bestimmte zentrale Funktionen durchsetzen will. Natürlich gibt es inzwischen genug Modelle, in denen sich die schulische Pädagogik in das Gemeinwesen hinein öffnet, wo Lernen teilweise in den städtischen Alltag hinein verlagert wird. In Mittelitalien gab es das Modell der „erziehenden Stadt"(città educativa), in dem Unterrichtseinheiten in die Stadt hinein verlagert wurden. Aber in dem Moment, in dem SchülerInnen sich nicht mehr auf den Buchstoff der Sozialkunde beschränkten, sondern Missstände in den Vierteln anprangerten, Dokumentationen machten und an die Öffentlichkeit gehen wollten, war das Projekt gefährdet, weil es die gesellschaftlichen Grenzen der Schule sprengte.

H.T.: Aber die Idee ist doch im pädagogischen Raum weitergetragen worden und hat diesen Raum doch auch wesentlich erweitert.

L.B.: Aber die Schule ist Schule geblieben, sie hat sich wieder auf sich zurückgezogen.

H.T.: Und ist das schlecht, dass sie Schule bleibt? Sie hat doch eine spezifische Aufgabe, die erfüllt werden muss. Sie bleibt es in ihrer Aufgabe und darin in ihrer Grundstruktur, aber die pädagogischen Räume haben sich doch gegenüber der traditionellen hierarchischen Schule auch in die Gesellschaft hinein geöffnet. Und dabei – das ist meine These – wird das System, also die Gestalt, in der Aufgaben erfüllt werden, ein anderes.

L.B.: Das System erweitert sich, bleibt aber doch in seiner Selbstreferenzialität als System bestehen. Aber du hast recht: Vielleicht sollte man es nicht so einlinig sehen, sondern eher die Ambivalenz betrachten. Man kann nicht einfach sagen, die Schule macht jetzt gemeinwesenorientierten Projektunterricht und das läuft der modernen Arbeitswelt in die Arme, die inzwischen auch projektmäßig strukturiert ist und damit Arbeitsbedingungen schafft, die kreativ, aber nicht mehr gesichert sind. Ich habe ja selbst von der Dialektik der Erweiterung gesprochen. Von daher ist deine These, so wie ich sie jetzt verstanden habe, weiterführend: Die Schule ist in ihren konstitutiven Grundprinzipien Schule geblieben, aber die pädagogischen Räume haben sich erweitert.

H.T.: Deshalb ist es auch wichtig, dass man sieht, dass die Schule nicht einfach durch die Gesellschaft bestimmt ist, sondern sich in gesellschaftlicher Abhängigkeit – funktional – als eigenes System herausgebildet hat. Man hat erkannt, dass Schule nur funktionieren kann, wenn sie eine gewisse Eigenständigkeit als System hat. Und in diesem Sinne kann auch die Schule eigene Kulturen ausbilden, in der sich solche Ambivalenzen, wie du es nennst, entwickeln können. Gesellschaftliche Bestimmung und pädagogischer Raum sind nicht einfach deckungsgleich. Und nach außen gesehen, in die Gesellschaft hinein, ist inzwischen ein Druck entstanden, der das System Schule immer mehr zur Öffnung zwingt. Sie kann sich nicht mehr nur kognitiv und stofflich ausrichten, weil die „außerschulischen" Lebensprobleme immer mehr in sie eindringen und sie zunehmend auch Lebenskompetenzen vermitteln muss und in soziale Konflikte hineingezogen wird. Die Schule enthält in sich eigentlich selbst ein zunehmend diffuses Aufgabenspektrum und es ist ganz spannend, dass gleichzeitig die Sozialpädagogik zunehmend eine Bildungsgestalt entwickelt. Das macht auch die Spannung produktiv. Auf der einen Seite werden die Systemgrenzen immer enger, auf der anderen Seite entwickeln sich die Aufgabenfelder von innen heraus über die Systemgrenzen hinweg aufeinander zu. Darauf sollte der Diskurs bezogen sein und nicht auf die Systemgrenzen selbst.

L.B.: Man könnte aber auch sagen: Der Schule bleibt heute nichts anderes übrig, als sich sozial zu öffnen, denn sonst kann die Schule nicht mehr existieren. Das spüren ja vor allem die SchulsozialarbeiterInnen, die darüber klagen, dass ihre Tätigkeit die Schule kaum verändert, sondern, dass sie gebraucht werden, damit die Schule sich weiter als Schule behaupten und ihre sozialen Probleme schon in der Schule auf die Soziale Arbeit delegieren kann. Und genauso könnte man sagen: Das sozialpädagogische Geschehen war doch schon immer ein Bildungsgeschehen. Das haben ja Leute wie Karl Mennicke schon in den 1920er Jahren deutlich gemacht. Mit der Professionalisierung ging aber eine Trennung von Sozialbereich und Bildungsbereich einher. Jetzt entdeckt man, dass diese Trennung der Wirklichkeit nicht mehr standhält. Die Bildungsperspektive in der Sozialpädagogik hat aber ihre eigene Qualität, sie ist keine Trittbrettperspektive, so wie sie heute oft formuliert wird: ‚Wir in der Sozialpädagogik vermitteln doch auch Bildung, informelle Kompetenzen'. Gerade diese begriffliche Trennung von formell und informell aber wertet in der gegebenen bildungspolitischen Situation die Bildungsqualität der Sozialpädagogik nicht unbedingt auf. Und die Schulpädagogik selbst kümmert sich ja – wie gesagt – wenig darum, wie sich die Sozialpädagogik abstrampelt, in den Bildungsbereich hineinzukommen. Dieses Trittbrettfahren-Wollen verhindert ja irgendwie auch, dass die Sozialpädagogik ihre eigene Bildungstheorie stärker formuliert und entwickelt. Eben Lernen über soziale Aneignungs- und Anerkennungsprozesse. Ein Lernen, das dem kognitiven Lernen nicht untergeordnet ist, sondern in Spannung zu ihm steht.

H.T.: Das hat ja der traditionelle Bildungsbegriff im Zusammenhang von Aneignung von Welt und Identitätsbildung gemeint. Von daher denke ich, dass wir uns um die sozialpädagogische Auslegung dieses allgemeinen Bildungsbegriffs bemühen müssen, uns nicht der schulpädagogischen Auslegung einfach anpassen dürfen.

Die sozialpädagogische Auslegung führt uns auch wieder stärker zur Frage des pädagogischen Handelns selbst zurück, das in der heutigen modularisierten Schule sehr stark technologisch geformt ist. Wir sind ja davon ausgegangen, dass im Erziehersein eine strukturelle Asymmetrie steckt. Das ist zwar nur ein Moment, aber ein zentrales Moment des Erzieherberufs. Wir betrachten das oft aber in doppelter Weise idealisch: einmal, weil wir immer nur von Helfen und wenig von Kontrolle reden. Und zweitens, weil meist davon ausgegangen wird, dass die Helfer immer nützlich und unterstützend sind. Hier hat die professionelle Diskussion der letzten dreißig Jahre den Zusammenhang zwischen asymmetrischer Struktur und Macht und der Ausnutzung von Macht in der helfenden Beziehung eher unterschlagen. Und so ist – denke ich – der Eindruck entstanden, dass sich der pädagogische Diskurs an seinem eigenen Wohlwollen vergnügt hat. Man spricht von Fördern und setzt dann hinzu, dass es eben auch mal um Kontrolle geht. Und auch die eigenen Interessen werden dabei verschwiegen: Ich will nur helfen und fördern, von anderem ist nicht die Rede. Und noch weiter: Ich möchte meine eigenen Vorstellungen auf die Heranwachsenden übertragen, mich in ihnen spiegeln, möchte, dass sie das realisieren, was ich nicht konnte. So wie Eltern nach Bernfeld im Kind immer dreierlei reflektieren: das Kind wie es ist, das eigene frühere Kindsein und die Träume, die sie im Kind realisieren möchten.

Ich springe einmal von der allgemeinen Machtproblematik zu den heutigen Konstellationen. Ich denke, weil diese Gewaltstrukturen in unserem allgemeinen Diskurs nicht hinreichend bedacht wurden, drängen sie jetzt mit besonderer Intensität in ihn und umso mehr, wenn sie in den solange verdeckten und unterschlagenen Extremen der Kindsausbeutung und des sexuellen Missbrauchs hochkommen. Deshalb ist es auch für die Professionellen wichtig, zu lernen und zu üben, unbestechlich, selbstkritisch und misstrauisch mit sich selbst umzugehen. Dazu braucht es klare Grenzen, eine neue Kultur der Achtsamkeit und der Selbstbemächtigung der AdressatInnen, damit ihre Stimmen sich artikulieren und einen öffentlichen Raum erhalten, bis hin zur Institutionalisierung von Beschwerdestellen und Ombudsleuten in den Erziehungsbereichen.

L.B.: So wie du das geschildert hast, üben viele PädagogInnen heute eine Art patrimoniale Pädagogik aus: Man will das Gute für die AdressatInnen und ignoriert dabei, dass man es innerhalb einer hierarchischen Struktur tut. Im Professionalisierungsdiskurs ist das versachlicht und rationalisiert. Die Reflexivität am eigenen Selbst wird durch ‚reflexive Fachlichkeit' umgangen. Männer können das besonders gut. So versteckt sich hinter der professionellen Fachlichkeit oft eine patrimoniale pädagogische Struktur. Das gilt aber auch für den Sorgediskurs (care). Sorge als Macht, als Bevormundung wird nur von wenigen im Care-Diskurs thematisiert, indem sie der männlichen Machtwelt entgegengestellt wird, erhält sie die Selbstverständlichkeit des Guten und Besseren.

H.T.: Es ist eine Vermischung von emotionaler Besetzung und funktionaler Überlegung.

L.B.: Die auch in der erzieherischen Interaktion ihre wiederkehrenden Blüten treibt. Die Vermischung von Intimstruktur und Vertragsstruktur kann gerade auch hier besonders problematisch sein. Wenn man SchülerInnen bei schlechten Leistungen nicht erläutern kann, warum das nicht gelungen ist und wie man es besser machen könnte – das wäre die vertragliche Seite des Lehrens –, sondern enttäuscht ist und ihnen diese Enttäuschung emotional aufdrückt, dann werden die Schüler eher hilflos und erst recht in Abwehrhaltungen gedrängt. Ähnliches gilt durchaus auch für die helfende Beziehung in der Sozialen Arbeit.

H.T.: Man kann generell sagen, dass die Professionalisierungsdiskussion die emotionale Seite des pädagogischen Bezugs kaum thematisiert hat. Man tut so, als ob das Erziehungsverhältnis ein reines Vertragsverhältnis wäre, in der Wirklichkeit ist es aber ein eigentümlich gemischtes Verhältnis, von dem ein Sog auf die Erziehenden und die zu Erziehenden ausgeht. Das ist so, weil Erziehung Umgang zwischen Menschen ist; darin liegen ihre Chancen und Risiken. Wenn sich aber die emotionalen und vertraglichen Strukturen in der Erziehung immer wieder vermischen, muss das reflektiert werden. Dieses Mischungsverhältnis ist das Eigentümliche des pädagogischen Umgangs und wenn man es nicht transparent halten kann, läuft man immer wieder in Fallen hinein. Das kann man sicher nicht auflösen, aber man kann es strukturieren. Wenn die Schule stärker Gruppenschule wird, die Peer-Dynamik tief in das schulische Geschehen integriert wäre, könnte das pädagogische Verhältnis auch jugendöffentlicher werden und die Verstrickung von Intim- und Vertragsstrukturen könnte sich auflösen; wobei man berücksichtigen muss, dass nicht nur LehrerInnen auf Intimstrukturen zurückfallen, sondern auch Kinder vor allem in den jüngeren Jahren sie einfordern.

L.B.: Diese Verstrickung haben wir ja in der Sozialen Arbeit vielleicht noch stärker als in der Schule. Während LehrerInnen doch eher auf Rollendistanz gehen können, schlägt die eigene Betroffenheit in der sozialpädagogischen Beziehung immer wieder durch. SozialarbeiterInnen müssen sich dauernd mit Leuten beschäftigen, mit denen sie im Alltag nichts zu tun haben möchten, deren Verhalten sie eigentlich abschreckt und doch müssen sie es „akzeptieren". In diesem ambivalenten emotionalen Prozess der helfenden Beziehung konstituieren sich doch auch handlungsleitende Klientenbilder. Diese emotionale Zwischenebene wird in der Professionstheorie eigentlich übergangen. Dort unterscheidet man in der Regel nur zwischen professionellem Wissen und Alltagstheorien.

H.T.: Ich denke im Begriff der Semiprofessionalität, wie er mit der Sozialen Arbeit lange Zeit verbunden war und wie sie sich in ihm auch selbst gesehen hat, war die Idee einer Distanz zum allgemeinen Professionalisierungsdiskurs enthalten. Es ist so gesehen ein Begriff, in dem die Soziale Arbeit ihre Besonderheit gegenüber der auf Rationalität angelegten Professionalisierungsperspektive betont. Es ist ja interessant, dass man in der neueren Professionalisierungsdiskussion davon abgekommen ist, über die Frage Profession oder Semiprofession zu diskutieren, weil Semiprofessionalität vor allem auch ein Statusproblem war und auch etwas abwertendes hatte; man versucht nun, die Profession Soziale Arbeit in Handlungsvollzügen zu beschreiben und daraus das Profil der Profession zu rekonstruieren.

L.B.: Wenn man jetzt genauer auf die Arbeiten zur Rekonstruktion der Handlungsvollzüge schaut, sieht man, dass auch die Geschlechterseite so gut wie nicht vorkommt und damit wiederum der Zugang zum Emotionalen verbaut ist.

H.T.: Zum Ersten, denke ich, ist es jenseits der Diskussion von Professionalität und Semiprofessionalität wichtig, dass sich die Soziale Arbeit an offenen und lebensweltlichen Konstellationen ausrichtet und dass dies auch professionell – eben im Lebenswelt-, Bewältigungs- und ethnografischen Bezug – ausgedrückt werden kann. Zum Zweiten stimmt es natürlich, dass die Seite der Emotionalität und des Geschlechterbezugs zu kurz kommt. Da nehme ich meine eigenen Arbeiten nicht aus. Aber generell würde ich sagen, dass wir es – ich glaube der Begriff stammt von Fabian Kessl – mit einer hybriden Professionalität zu tun haben, eine Professionalität, die auf wechselnde Situationen und Konstellationen ausgerichtet sein muss, die sie eben nicht von vornherein planen kann, obgleich sie ein Instrumentarium methodischer Zugänge hat. Aber es bleibt die Offenheit als ihre professionelle Besonderheit. Sie arbeitet im Prinzip einer strukturierten Offenheit.

L.B.: Dennoch würde ich nach einem professionellen Schlüssel suchen, der die Arbeitsfelder der Sozialen Arbeit durchzieht und aufschließen kann und in dem das Rational-Kognitive und Emotionale gleichermaßen aufeinander bezogen sind, zueinander in Spannung stehen. Ich meine damit die Sprache und die professionelle Kunst, Menschen dabei zu helfen, dass sie ihre Lebensschwierigkeiten, die sie aus verschiedenen Gründen nicht thematisieren können, zur Sprache bringen können. Die Sprache, die Thematisierung ist ja das zentrale Bewältigungsmittel, das die Soziale Arbeit anbieten kann. Mich wundert immer, wenn ich Handbuchaufsätze zur Beratung lese, dass sie immer viele Konzepte anführen, die professionelle Kunst des „Jemanden-zum-Sprechen-zu-Verhelfen" zwar immer irgendwie vorkommt, aber nicht in dieser Bedeutung expliziert wird. Und im Über-sich-Sprechen-Können liegen ja auch die geschlechtsdifferenten emotionalen Tiefen und Barrieren.

H.T.: Konzepte kann man ja auch leicht modularisieren, während solche Schlüssel, wie du es nennst, also die pädagogische und therapeutische Sprache, einer allgemeinen wissenschaftlichen Fundierung bedürfen. Man plaudert ja nicht einfach mit den KlientInnen, sondern setzt Sprache und zum Sprechen bringen als Instrument ein und demonstriert damit eine Professionalität, die zwar an der alltäglichen Lebenswelt ansetzt, sich aber gleichzeitig reflexiv zu ihr verhält, aus professioneller Distanz neue, alternative oder plausiblere Lesarten eröffnet.

L.B.: Sprache in der helfenden Beziehung ist aber mehr: Zum einen Konstruktion des Biografischen, genauso aber – verdeckt und oft gegenläufig – tiefenpsychisch rückgebundenes Medium der Bewältigung und gleichzeitig professionell zu standardisierender Zugang. Das verweist auf eine in sich ambivalente Professionalität. Da bringt das Modewort ‚hybrid' wenig.

H.T.: Ich denke, gerade der Fortschritt, den die Professionalisierung, beziehungsweise ein Strang in ihr, in den letzten vierzig Jahren gebracht hat, liegt darin, dass man diese Offenheit und Situationsbezogenheit wissenschaftlich fundiert hat. Die Ambivalenz der Professionalität in der Sozialpädagogik besteht ja darin, dass die Fähigkeit zur Distanz nur das Eine ist, denn gleichzeitig braucht es auch die Fähigkeit, sich auf die Lebenswelt der anderen einzulassen. Hier finde ich die Formulierung von Franz Hamburger von der transzendierenden Professionalität geschickt, weil sie diese Ambivalenz und Gleichzeitigkeit von Distanz und Sich-Einlassen auf den Begriff zu bringen versucht. Pädagogik sei als Transzendieren ein Dabeisein und gleichzeitig ein Darüberhinauskommen, ein Sich-Einlassen in die Lebenswelt der Kinder und Jugendlichen und gleichzeitig ein Prüfen, ob, und ein darauf Hinarbeiten, dass sie geöffnet und erweitert werden kann. So ähnlich hat es wohl auch schon Carl Mennicke formuliert. Die Spannung, die in diesen Bezügen deutlich wird, wird dort unterlaufen und unterhöhlt, wo die Vorgänge modularisiert und nur wirkungsorientiert und nicht zugangsorientiert praktiziert und evaluiert werden. So werden sie im Grunde wieder auf den alten Status von verwaltungsausführenden und methodisierenden Konzepten gebracht.

Pädagogisches Handeln kann überdies nicht allgemein bestimmt werden, es wird in spezifischen Rollen praktiziert und bedeutet darin etwas je unterschiedliches. Wie unterscheiden sich die im Alltag erziehenden Eltern, ArbeitskollegInnen, Vorgesetzten und Nachbarn etc. von den professionellen ErzieherInnen, also von den ErzieherInnen, den LehrerInnen, den SozialpädagogInnen, den GruppenleiterInnen im Sport etc. Und liegen in den unterschiedlichen Zugängen auch unterschiedliche Chancen?

L.B.: Bei der Familie handelt es sich – wie gesagt – um eine Intimstruktur, da geht es um Zuneigung und Abneigung, Sorge und Enttäuschung, Liebe und Hass. In der institutionellen Welt der Erziehung, der Schule, aber auch der Jugendhilfe, der Beratung handelt es sich um Vertragsstrukturen. Das Problem bei den erzieherischen Institutionen ist dabei oft, dass sich Intimstruktur und Vertragsstruktur vermischen. So – wie schon gesagt – wenn der Lehrer von dem Schüler enttäuscht ist, dann fällt er – meist unbewusst – aus der institutionellen Rolle des Vertragsverhältnisses zurück in eine Intimstruktur. Hier hat das pädagogische Problem von Nähe und Distanz seine besondere Ausformung.

Und dabei gibt es immer wieder spezifische Verstrickungen. Nehmen wir noch einmal die Rolle des Lehrers. Diese ist durch die Institution Schule und ihre Funktionsstruktur – Leistungskonkurrenz, Auslese – bestimmt. Daraus ergeben sich auch die Erwartungen an die Schüler. Der Lehrer kann also – institutionell – die Schüler nicht als Persönlichkeiten, er muss sie als Rollenträger wahrnehmen, die die funktionalen Erwartungen der Schule erfüllen. Sonst könnte er eine Klasse mit zwanzig bis fünfundzwanzig SchülerInnen ja gar nicht steuern. Wenn er sich auf die einzelnen Persönlichkeiten einlassen würde, müsste er zum Beispiel die unterschiedlichen Bildungsmilieus, aus denen die SchülerInnen kommen, in die Bewertung einbeziehen. So müsste er einem Schüler, der aus belasteten häuslichen Verhältnissen kommt, aber trotzdem eine passable Arbeit schreibt, eine ebenso gute Note geben, wie einer Schülerin, die aus einem gehobenen Bildungsmilieu kommt und zu Hause unterstützt wird, die eine sehr gute Arbeit schreibt. Das geht aber nicht, denn die schulische Leistungsbewertung läuft ja über die Rollenleistungen und nicht die Persönlichkeitsleistungen. Die Problematik geht aber noch weiter. Denn die Schüler – besonders in der Pubertät, wo sie Konflikte mit ihren Vätern und Müttern haben – fordern die LehrerInnen ja auch als Persönlichkeiten heraus. Gerade diese Verstrickungen – Nähe/Distanz, Rolle/Persönlichkeit, Übertragungen – signalisieren auch in der Schule, dass pädagogisches Handeln mehr ist als die Organisation von Lernprozessen.

H.T.: Das sind Beispiele dafür, dass pädagogisches Handeln nicht getrennt von den Institutionen und Rollen, in denen es stattfindet, behandelt werden kann. In privaten pädagogischen Kontexten wiederum, also in der Familie, in Freundschaften und in quasifamilialen Umgebungen, wie der Heimerziehung, geht es mehr um die Persönlichkeit, um das Lebenlernen, um das Miteinanderauskommen. Es sind – um in den Kategorien von Parsons zu sprechen – diffuse Verhaltensmuster oder Lebensarrangements. Es geht um Alltagskompetenzen und – modern gesprochen – um informelles Lernen, das sich von dem formalisierten Lernen der schulischen Institutionen unterscheidet, aber nie ganz abhebt. Die Unterscheidungen sind prinzipiell, im Konkreten ergeben sich Überlappungen. Auch in den informellen Settings stecken curriculare Elemente, genauso wie im formalisierten Lernen informelle Momente und Persönlichkeitsbeziehungen eine Rolle spielen. Man kann den Lehrer nicht einfach auf Programme reduzieren, er hat es mit jungen Leuten, mit Menschen zu tun, und da spielen Identifikationen und Konflikte immer mit. Das eine wie das andere scheint immer durch. Das Spannende ist, dass die Akzente unterschiedlich sind. Ich habe mir das immer an der Jugendarbeit klar gemacht, in der der Pädagoge eine andere pädagogische Rolle braucht, als sie in der Familie, der Schule oder der Ausbildung gebraucht wird. Jugendarbeit steht in Kontrast zu den anderen pädagogischen Rollen.

L.B.: Einen solchen Kontrast sehen wir zum Beispiel darin, dass JugendarbeiterInnen in den Augen der Jugendlichen „andere Erwachsene“ sein können, aus der Hierarchie, in der Eltern, LehrerInnen und AusbilderInnen stehen, herausfallen, den Jugendlichen offen gegenübertreten können. Gleichzeitig aber können wir diesen besonderen pädagogischen Bezug nicht eindeutig bestimmen. Ähnlich wie bei der Bindungstheorie können wir annehmen, dass sich Bindungsmodelle entwickeln, aber wir können sie nicht curricularisieren. Man ist Vorbild, kann aber nicht selbst bestimmen, wie und wann man es ist.

H.T.: Man kann es noch weitertreiben. Wenn es Aufgabe des Pädagogischen ist, Kultur zu tradieren und Lebensformen, in die die Kinder und Jugendlichen hineinwachsen sollen, zu repräsentieren, sei es durch Vorgaben, sei es durch Bestärken oder Nichtbestärken des Handelns, sei es durch bestimmte Arrangements, – also, wenn das so ist, dann ist dabei das Aufregende, dass das Kind von vornherein einen ganz eigenen Willen hat, sich mit der Welt auseinander zu setzen. Schon die ganz kleinen Kinder entwickeln eine eigene Lebenslinie bezogen auf das, was sie verstehen und nicht verstehen, was sie sich holen und nicht holen.

L.B.: Tilman Moser hat vor Jahren einmal vom „listenreichen Säugling“ gesprochen.

H.T.: So haben wir in der Pädagogik die Situation, dass die PädagogInnen für sich eine bestimmte Orientierungsfunktion in Anspruch nehmen, dabei aber auf andere Orientierungsmuster treffen, die bei den Kindern und Jugendlichen schon da sind oder sich entwickeln. Dies ist wohl auch der Grund dafür, dass in der Pädagogik immer wieder versucht worden ist, diese Eigenwilligkeit mit Macht zu unterdrücken, oder gerade umgekehrt, wie es heute oft geschieht, sich der pädagogischen Orientierungsfunktion nicht bewusst zu sein, sondern abzuwarten, was und wie sich bei dem Kinde oder Jugendlichen entwickelt. Das ist ein Problem, das schon Theodor Litt mit seinem „Führen und wachsen lassen“ prinzipiell geklärt hat, das wir aber heute unter den Bedingungen unübersichtlicher und entgrenzter Verhältnisse neu fassen müssen. Das Prinzip bleibt: Es ist ein Handeln im Offenen. Und ich denke, da kommt zweierlei zusammen: Das eine ist, dass alles Handeln in der Pädagogik nur ein Vorschlag ist, mit dem sich die AdressatInnen erst auseinander setzen müssen. Und das andere ist, dass in der heutigen Ungewissheit von Gesellschaft und Zukunft die PädagogInnen selbst im Ungewissen, in die Ungewissheit der Zukunft der Kinder und Jugendlichen hinein handeln. Solche Offenheit aber allein reicht nicht; die Kinder und Jugendlichen brauchen im Prozess des Heranwachsens einen verlässlichen Raum, in dem sie sich orientieren und abarbeiten, sich finden und erfahren können. Erziehung ist also beides: Risiko in der Offenheit und immer wieder Vorgabe von Struktur und Suche nach Struktur, und damit nach Verlässlichkeit, von der aus sich die Heranwachsenden auf das Wagnis des Offenen einlassen können.

L.B.: Das ist ein Idealtypus. Wichtig aber scheint mir die Spannung, die darin steckt.

H.T.: Die Spannung zwischen der Notwendigkeit, sich auf die Kinder und Jugendlichen einzulassen, so wie sie sind, auf ihre Bildsamkeit zu vertrauen und sie darin zu respektieren, den Lebenswillen und die Lebenslinien der Kinder anzuerkennen und gleichzeitig einen Raum mit Strukturen zu bieten, mit denen das Kind sich auseinander setzen, in denen das Kind sich in neuen Lebensmustern und Aufgaben finden und erfahren kann. Dieser Raum muss so strukturiert sein, dass das Kind einen eigenen Weg ins Offene finden kann – obwohl beide, der Erzieher und die Heranwachsenden nicht wissen, wo es hingeht.

L.B.: Im Grunde ist das eine dialektische Spannung. Es kommt immer etwas Drittes heraus, das man pädagogisch eben nicht linear planen kann. Und das sieht in sozialpädagogischen Arbeitsfeldern ganz unterschiedlich aus. Nehmen wir einmal die Straßensozialarbeit: Streetworker, die ich kenne, weisen es immer zurück, wenn man von Erziehung redet. Im Grunde sind wir doch für die Jugendlichen, mit denen wir es zu tun haben, nicht Erzieher, sondern Begleiter, die verhindern, dass sie in dieser ihrer riskanten Jugendzeit nicht kriminell werden, dass sie einigermaßen sozial über die Runden kommen. Ich sage ihnen dann immer, wenn die Jugendlichen sich später als Erwachsene an euch erinnern, dann werden sie viel davon zu erzählen haben, was sie von euch gelernt, wie sie sich an euch orientiert haben. Damit kommen wir zu dem Phänomen der biografischen Nachhaltigkeit, über das wir das Pädagogische noch anders beleuchten können. Die Zwischenbilanz der Biografie, wie sie Erwachsene später immer wieder versuchen, schließt dann irgendwie das Offene, mit dem sich die PädagogInnen in der Zeit davor konfrontiert sahen. Dann bewerten 25-Jährige etwas, was sie als Jugendliche in der Jugendarbeit erlebt haben ganz anders, als sie es damals aufgenommen haben. Da werden Konflikte mit den JugendarbeiterInnen, über die man sich als Jugendlicher beklagt hat, nun zu wichtigen Erfahrungs- und Wendepunkten in der biografischen Rückschau. Plötzlich ist es ein Glück, dass man damals diese Erfahrungen machen konnte. Das bedeutet doch, dass sich Erziehung erst in der Zeit konstituiert, und nicht schon im pädagogischen Akt. Und das ist ja heute das Problem, dass man der Pädagogik diese Zeit und diese Umwege nicht lässt, dass man gleich den pädagogischen Akt – evidence based – bewerten will. Der Erziehungsakt aber sagt oft nichts über die biografischen Erziehungswirkungen aus, verdeckt eher die Sicht darauf.

H.T.: Ich will hier ein paar Dinge herausgreifen. Streetwork ist ja ein pädagogischer Extremfall, in dem die PädagogInnen erst einmal darauf schauen müssen, dass sie als solche akzeptiert werden, da sie es mit Jugendlichen zu tun haben, die meist mit der Pädagogik schlechte Erfahrungen gemacht haben. Es ist eine eigene Welt, in die PädagogInnen hineingezogen werden, in der vieles pädagogisch aussichtslos scheint. Aber gerade dies ist ein gutes Beispiel für die pädagogische Spannung, die im Umgang miteinander immer wieder erzeugt wird. Es sieht ja in der Tat so aus, dass PädagogInnen permanent um Anerkennung und Vertrauen kämpfen müssen, damit die anderen mitgehen, dass sie aber nicht so richtig an sie herankommen. Wenn man aber sieht, wie bedeutsam es sein kann, dass man sich gegenseitig aushält, dass die PädagogInnen Begegnungen inszenieren, dass sie dabei auch immer wieder Wege aufzeigen, die den Jugendlichen Anlässe zu Alternativen oder Optionen verschaffen, so liegen darin sehr dichte pädagogische Momente, die – wie du das ja jetzt gezeigt hast – vielen der Jugendlichen erst später bewusst werden. Dieses Öffnen, Erweitern und Darüber-hinaus-Kommen, dieses Transzendieren, um noch einmal Franz Hamburger anzuführen, ist der Horizont, vor dem sich die PädagogInnen orientieren.

L.B.: Hat sich Pädagogik dadurch mehr von der Beziehung in die Struktur verlagert? Also in die Perspektive der Ermöglichung von Gelegenheitsstrukturen, funktionalen Äquivalenten, über die die pädagogische Beziehung als solche entlastet wird? Zumindest in der Sozialpädagogik?

H.T.: Hamburger meint ja – so wie ich ihn verstehe – mit dem Transzendieren, dass man andere Verhältnisse im Kopf hat, in die der Klient gebracht werden könnte. Insofern trifft sich das mit der praktischen Idee der anderen Gelegenheitsstrukturen und funktionalen Äquivalente. Natürlich ist der pädagogische Bezug wichtig für uns, um sozusagen ins Geschäft zu kommen. Aber das Arrangieren von Verhältnissen, aus denen der andere etwas machen kann, ist wohl das Entscheidende in der sozialpädagogischen Arbeit. Ich denke, dass man in der sozialpädagogischen Tradition den pädagogischen Bezug überbewertet hat, als ob er es allein schaffen könnte. In ähnliche Richtung weisen ja auch psychoanalytische Konzepte, wenn sie sehr eindeutig auf die Arbeit in der Beziehung setzen. Die KlientInnen müssen aber Dinge – Personen, Interessen, „Welt" – entdecken können, die für sie passender sind, als die, in denen sie gerade drinstecken. Deshalb, so wichtig, ja unverzichtbar er ist, muss der pädagogische Bezug immer auf etwas Drittes – auf andere Gelegenheiten, andere Optionen – geöffnet werden.

L.B.: Es geht um Gelegenheiten, die nicht aus der pädagogischen Beziehung als solche hervorgehen, aber über sie vermittelt sind. Damit tritt ein dialektisches Moment in das pädagogische Handeln. Nach dem dialektischen Prinzip entsteht aus zwei entgegengesetzten Positionen etwas Drittes, ohne dass dabei die Positionen in ihrer Grundstruktur verschwinden müssen. Pädagogisch transformiert hieße dies, dass wir in der Beziehung mit dem Klienten nach etwas Drittem streben, dabei aber den Respekt vor seinem So-geworden-Sein behalten. So wie du bist, trittst du mir gegenüber. Ich mache dir Vorschläge, aber wie du dich mit ihnen und über sie entwickelst, kann ich im Vorhinein nicht festlegen, aber ich bin von der Zuversicht auf das Dritte geleitet. Hier spielt wieder die biografische Nachhaltigkeit hinein, auf die man in der Pädagogik vertrauen kann.

H.T.: Voraussetzung aber ist, dass ich mit dem Klienten zurechtkomme. Erst wenn das gelingt, kann ich Vorschläge machen. Ich bin auf den Begriff „Vorschläge“ gekommen, weil ich dabei an den Grabstein von Bert Brecht denke, auf dem steht, dass er Vorschläge gemacht hat. Das ist ja etwas genuin Pädagogisches in unserem Sinne.

L.B.: Es gibt ja in der Sozialarbeit ganz paradoxe Situationen. Da ist zum Beispiel ein Jugendlicher, der aus einem autoritären Elternhaus kommt, nie mit sich selbst zum Zuge kommt, immer unter dem Druck von Erwartungen steht und sich duckt. In der Schule bleibt er erst unauffällig, wird später auffällig, weil er das Fehlen an Anerkennung nicht mehr aushält und kommt in eine Einrichtung der Jugendhilfe. Da tritt ihm ein Sozialarbeiter oder eine Sozialarbeiterin entgegen, die sich ihm öffnen, auf ihn zugehen, ihn ermuntern wollen, das herauszulassen, was er immer unterdrücken musste. Er ist bisher nur autoritäre Bezugspersonen – Eltern, LehrerInnen – gewohnt und auf dieses neue Gegenüber nicht vorbereitet, empfindet das Hilfeangebot eher als Bedrohung, die Hilflosigkeit erzeugt, diese spaltet er – unbewusst – auf die SozialarbeiterInnen ab, die von dieser Aggressivität geschockt sind. Sie wollten ihm Hilfe anbieten und erfahren Ablehnung. Die pädagogische Intention ist also leer gelaufen.

H.T.: Das ist eine gute Beschreibung von dem, was es heißt, in eine pädagogische Beziehung zu kommen. Und zwar mit vollkommen unterschiedlichen Voraussetzungen. Man sieht daran, dass es, wenn man ins pädagogische Geschäft kommen will, sehr viel mehr braucht, als wenn man in pädagogischen Alltagsreden Vertrauen als Voraussetzung benennt. Es ist nämlich zunächst einmal eine Situation des Konflikts, vielleicht sogar des Kampfes, auf den man sich einlassen muss. Die SozialpädagogInnen denken immer, die anderen seien froh, wenn sie ihnen helfen wollen. Für die KlientInnen aber ist es oft eine Situation, der sie nicht gewachsen sind, oder eine Situation, in der sie sich überwinden müssen, sich helfen zu lassen, weil sie doch im Grunde bisher stolz waren, irgendwie mit sich selbst zurecht zu kommen. Das zeigt sich oft auch bei Familien, die mit ihren Kindern Schwierigkeiten haben und denen sie deshalb „weggenommen“ und ins Heim gebracht werden; sie hatten gedacht, sie kämen mit ihnen zurecht, auch wenn es nach außen dauernd Probleme gab. Auch der Junge oder das Mädchen möchte gerne zu Hause bleiben, und sieht nicht ein, warum er oder sie nun weg soll. Das bedeutet, dass es am Anfang immer wieder große Widerstände geben kann, wenn man in ein pädagogisches Verhältnis eintreten will und dass es mühsame Arbeit und Umwege braucht, eben auch wieder andere Gelegenheitsstrukturen, um das Vertrauen, das nötig ist, um sich aufeinander einzulassen, erst zu erwerben. Denken wir nur an die Proben, auf die SozialarbeiterInnen von ihren KlientInnen gestellt werden, um zu testen, ob das, was sie ihnen anbieten, auch echt und verlässlich ist. Gerade bei Menschen, die mit sich selbst nicht zurechtkommen, bei Menschen mit zum Beispiel Identitätsdiffusionen, sind das unglaublich lange schwierige Kämpfe, in denen der Pädagoge bisweilen auch über seine Möglichkeiten hinaus getestet wird, ob er jemand ist, auf den man sich einlassen kann oder besser nicht einlässt. Dass dies alles in der Fachliteratur oft nicht hinreichend beschrieben wird, ist ein großes Manko. Ich ärgere mich immer über die Beratungs- und Methodenbücher, wenn es heißt, dass da jemand mit einem Problem ist, dem ich eine lösungsorientierte Hilfe anbiete, dem ich ein „Angebot" mache, das er annehmen oder eben auch ablehnen kann. Man geht von der Selbstverständlichkeit der „passgenauen" Lösungen aus und dabei geht es doch für den Adressaten erst einmal darum, dass er sich mit jemandem darüber auseinander setzen muss, ob er sich auf ihn einlässt.

L.B.: Dabei ist aber wichtig hervorzuheben, dass dieser Konflikt, diese Auseinandersetzung eine Wissensbasis hat und haben muss. Die SozialarbeiterInnen gehen ja nicht unvorbereitet in diese Auseinandersetzung, sondern sie wissen ja – beziehungsweise sie sollten wissen – um die Gesetzmäßigkeiten, die dem widersprüchlichen, aggressiven und abwehrenden Verhalten der KlientInnen zugrunde liegen. Erst über dieses Wissen kann auch das Dritte, die Öffnung der Hilfe, gesucht werden.

H.T.: Das ist das, was ich immer das „Prä" nenne, mit dem die SozialarbeiterInnen eine Hilfebeziehung eingehen. Es schafft die Distanz, die aus Erfahrung und Wissen stammt und die sie dieses Verhältnis erst verstehen lässt. Wenn sie sich nur auf den Clinch einlassen, sind sie verloren.

L.B.: Da treten sofort Schuld- und Versagensgefühle auf.

H.T.: Das Schwierige ist, dass der Sozialarbeiter sich trotz des Wissens oder gerade auch wegen des Wissens auf den realen Kampf einlassen muss. Nur wenn er sich einlässt, kann er den anderen gewinnen. Er handelt vor dem Horizont dieses Wissens in der Struktur und Dynamik der Situation.

L.B.: Deshalb müssen wir fragen: Was setzen solche Konflikte für situative Konstellationen frei? Auf die muss ich immer wieder gefasst sein und auf die muss ich mich auch professionell beziehen können. Es gibt ja in der Sozialpädagogik keine linearen Lösungswege. Es verläuft meist eher in der Form, wie sie in der Grounded Theory dargestellt ist: Wir bewegen uns zwischen Praxis und Theorie weiter, nehmen neue Konstellationen auf und konfrontieren unser Wissen damit. In der

Dynamik der Hilfebeziehung verändert sich mein Wissen. Nehmen wir das Beispiel der desorganisierten Familie, mit der es die Familienhilfe zu tun bekommt. Ausgangspunkt ist die Anzeige der Desorganisation. Indem ich mich auf die Familie einlasse, merke ich aber, dass sie Stärken hat, dass sie es über Jahre geschafft hat, trotz aller Widrigkeiten einigermaßen durchzukommen. Das verändert mein Wissen, schafft einen neuen Bezug, verlangt nach anderen Rahmungen.

H.T.: Hier beschreibst du konkret etwas, was für jeden pädagogischen Prozess wichtig ist. Es gibt ja Psychoanalytiker, die sagen, dass jede konkrete Therapie eine neue Theorie konstituiert. Man arbeitet in einem vorgefassten Theorierahmen, in dem sich ein Spiel von Vorgabe und Widerlegung, Abtasten und Bewährung so ergibt, dass sich eine konkrete Theorie für den individuellen Fall entwickelt. Ich fand dieses Konzept immer spannend, weil es deutlich macht, dass das theoretische und das praktische Denken eine gleiche Struktur haben, nämlich eine tentative, tastende Struktur; ich schlage vor, korrigiere, erweitere, lasse mich also auf einen Prozess des immer wieder neuen Versuchs ein. Es ist ein offenes Handlungsmodell. Von hier aus wird dann noch einmal deutlich, wie falsch das zurzeit gängige technologische Handlungsmodell ist – ich habe ein Problem, ich habe ein Ziel und ich versuche, es strikt lösungsorientiert zu erreichen.

L.B.: Das Wichtige dabei ist, dass in der sozialpädagogischen Hilfebeziehung zwei eigenwillige Personen aufeinander treffen. Und dies kann alles Wissen um die Gesetzmäßigkeiten überschatten, ja destruieren. Nehmen wir einmal das Extrembeispiel jugendlicher Gewalttäter. Von meinem Wissen her ist mir klar, was hinter ihrem Verhalten steckt, ich kann die biografisch aufgestaute Hilflosigkeit rekonstruieren, die zu solchen gewaltförmigen Abspaltungen geführt hat. Aber ich bin nicht darauf gefasst, dass sie stolz sind, dass sie sich ihrer Taten nicht schämen, dass sie sie öffentlich präsentieren, zur Schau stellen. Zwar kann ich wieder mein vorgängiges Wissen anbieten, indem ich analysiere, dass sie, die nie Anerkennung bekommen haben, nun Anerkennung durch Auffälligkeit suchen. Aber ich kann schlecht damit umgehen, dass sie stolz darauf sind, weil ich ja selbst, als Person – jenseits meines Wissens – ihre Taten verabscheue. Hier ist eine Barriere aufgebaut, die ich nicht durch Wissen niederreißen kann, wo ich Umwege suchen muss, eben solche „funktionalen Äquivalente“, von denen wir immer wieder sprechen. Ich muss den Klienten in neue Gelegenheitskonstellationen bringen, in denen er Selbstwert und Anerkennung erfährt und dabei spürt, dass er nicht mehr auf Gewalt angewiesen ist, wenn er Selbstwert und Anerkennung sucht. Erst dann kann ich eine emotionale Beziehung zu ihm aufbauen.

H.T.: Von meinem alltagstheoretischen Verständnis her zeigt sich, dass die Tatsache, dass er stolz auf sein Verhalten ist und dass er in diesem Stolz akzeptiert wird, elementar ist für das menschliche Verhalten. Wenn er sich damit brüstet, zeigt es uns, dass er diese Akzeptanz fast zwanghaft sucht. Das ist ja so irritierend in den medialen Inszenierungen der Blogs und Realityshows, dass Menschen ungeniert zur Schau stellen, wie egoman, brutal, pervers und unverschämt sie sein können. Sie insistieren geradezu darauf, darzustellen, wie sie in solchen Situationen, die wir als abweichend klassifizieren, sich gegen alle Zuschreibung verhalten haben. Es drängt sie, ihre Stärke und ihre Lust daran zu demonstrieren. Solche scheinbar paradoxen Inszenierungen zeigen sich oft auch im sozialpädagogischen Alltag. Und hier ist es wichtig, die Konstellation zu öffnen und zwar so, dass in der Öffnung alternative Erfahrungs- und Handlungsmöglichkeiten deutlich werden. Ich muss auf diesem Weg der Öffnung sagen können: Das was du willst, kannst du auch anders, beziehungsweise es gibt eine Möglichkeit, dass du es anders machen könntest und dir dabei Nebenfolgen ersparst, die letztendlich doch für dich biografisch schmerzlich und für die Gesellschaft unzumutbar sind.

L.B.: Ich kann seinen Stolz nicht einfach verändern, ich kann ihn aber anders rahmen.

H.T.: Hier sind wir auch wieder bei der vorhin gestellten grundsätzlichen Frage, ob es bei der Pädagogik vornehmlich um die pädagogischen Akte oder um ihre Einbettung in den biografischen Prozess geht. Erst in der Öffnung hin zum biografischen Prozess erhalten pädagogische Akte – Unterstützung, Bestärkung, Grenzen setzen – ihren Sinn als Hilfen zur Lebensbewältigung. Ich brauche ein pädagogisches Handlungsrepertoire zwischen Normsetzung und Anerkennung, aber dieses reicht für sich nicht aus, es muss eingebettet sein in die Biografie, auf die ich mich einlasse. Pädagogische Akte sind nach meinem Verständnis Impulse in einem Prozess, der nur als Biografie gilt.

L.B.: Deshalb plädiere ich ja auch für das sozialpädagogische Evaluationsmodell der biografischen Nachhaltigkeit. Wir haben dies in Dresden entwickelt und zum ersten Mal bei einer Befragung von Ehemaligen aus Maßnahmen des Betreuten Wohnens erprobt. Später auch bei Ehemaligen aus der Jugendverbandsarbeit, der Politischen Bildung und dem Zivildienst. Hier hat sich ganz deutlich gezeigt, dass die Erlebnisse, Erfahrungen und Konflikte, die man damals im Betreuten Wohnen oder in der Jugendarbeit machte, im Nachhinein in der biografischen Entwicklung teilweise ganz anders gewertet wurden als sie den Leuten damals erschienen. Hatte man sich zum Beispiel damals in nervige Konflikte mit dem Jugendarbeiter verhakt, so erschien nun

– in biografischer Distanz – die Erfahrung dieser Konflikte ganz wichtig für die spätere Entwicklung. Als wir den SozialarbeiterInnen diese Ergebnisse vorstellten, waren sie ganz begeistert: Endlich haben wir eine Möglichkeit zu zeigen, was unsere Arbeit wert ist, denn im pädagogischen Alltag reiben wir uns ja immer wieder in der Spannung zwischen Hilfe und Kontrolle auf. In der Biografie aber können wir unsere Arbeit erkennen und verorten. Die Pädagogik erkennt sich also – um einen Begriff von Peter Alheit zu gebrauchen – im Prozess der Biografizität.

H.T.: Und sie hat die Chance, immer wieder Impulse in den Prozess der Entwicklung von Biografizität hineinzusetzen, und die können erweiternd aber auch blockierend sein.

L.B.: Die Pädagogik wirkt in der Biografie gleichsam ohne die PädagogInnen weiter.

H.T.: Das erklärt vielleicht auch, warum man in Autobiografien so wenig über PädagogInnen findet, was mich immer irritiert, weil doch die pädagogischen Inszenierungen so einen breiten Raum in der Lebenszeit einnehmen – und das ja zunehmend in den letzten Jahrzehnten. Es hängt aber sicher auch damit zusammen – das sollte nicht unterschlagen werden –, dass Lernen, wie die Neurobiologen wissen, vor allem im Unbewussten geschieht. Diese Unbewusstheit des Lernens macht dann aber auch deutlich, dass Anregungen, Steuerungen, Herausforderungen, Begrenzungen, wie sie von der Pädagogik ausgehen, in den biografischen Prozess hineingenommen und darin dann ganz eigen interpretiert werden.

L.B.: Wir merken das immer bei den Interviews zur biografischen Nachhaltigkeit – wie zuletzt in der Zivildienststudie –, dass die befragten jungen Erwachsenen erst im Interview darauf kommen, dass damals mit ihnen etwas pädagogisch passiert ist. Es war also längst in der Biografie verwoben und dieser zugerechnet.

H.T.: Man fragt ja heute auch nicht mehr so einfach in sozialpädagogischen Untersuchungen, was zum Beispiel Kinder in einer einzelnen pädagogischen Institution erfahren, sondern man fragt biografisch und damit ausholender, wie sich Lebenserfahrungen und Lernerfahrungen im Durchlauf durch die Institutionen entwickelt haben. Untersuchungen von Margarete Finkl, Maren Zeller oder Matthias Hamberger verfolgen die biografische Linie, die sich zwischen der Familie und den verschiedenen pädagogischen Institutionen ausbildet. Wenn man das jetzt zurückbeziehen wollte auf die einzelnen pädagogischen Situationen und Handlungsrepertoires, so wird schnell deutlich, dass es sich hier um einen Kranz von Anregungen und Impulsen, aber auch Bremsungen handelt, mit denen sich die Menschen in ihrer Entwicklung auseinandersetzen, die sie prägen, bestimmen und belasten, und die nur im Zusammenspiel, in der Verwobenheit gegenseitiger Wirkungen – oder besser – Relationierungen oder Resonanzen – wie es Maren Zeller formuliert – gesehen werden können. Es ist die Kette von Erfahrungen, in denen sich – oft in Umwegen und großen Mühen – ein eigener Lebensweg bildet.

L.B.: Wichtig sind da vor allem auch Wendepunkte, die erst später erkannt werden.

H.T.: Die Rekonstruktion des pädagogischen Geschehens ist kompliziert und kann nur von der Biografie her versucht werden. Natürlich aber muss das, was als biografische Nachhaltigkeit erfahren wird, auch immer wieder kritisch gesehen werden, denn es hängt von dem jeweiligen späteren biografischen Standort ab, von dem aus das damalige Geschehen gesehen wird. Nietzsche hat ja pointiert formuliert, dass die Erinnerung sagt, wie es gewesen ist, das Gewissen aber, wie es hätte sein müssen – und das siegt über die Erinnerung. Wir haben immer wieder bei Interviews mit ehemaligen Heimkindern mit Erstaunen gesehen, wie sie über frühere Zustände biografisch Gnade walten ließen. Das äußert sich dann ganz unterschiedlich, sei es, dass sie vergessen, sei es, dass sie die Gewichte – und vor allem die eigenen Anteile – im Geschehen verschieben, dass sie zum Beispiel beschreiben, wie sie sich selbst geholfen haben oder – gerade umgekehrt –, wie sie unverständlich in ein tiefes Loch gefallen und seitdem nicht mehr auf die Füße gekommen sind.

L.B.: In solchen Erzählungen aus finden sich auch immer wieder Abrechnungen mit dem pädagogischen Geschehen oder Urteile, die es als biografisch negativ und nichtig qualifizieren.

H.T.: Das bringt mich noch auf eine andere Frage: Ein Problem im pädagogischen Geschehen ist die Repräsentanz von Kultur, von Normen und Erwartungen; das bedeutet ja aber immer auch Herausforderung, Auseinandersetzung und Konfrontation. Aber wir haben bisher immer nur vom Erziehen geredet, vielleicht noch vom Grenzen-Setzen, aber eigentlich nie vom Strafen.

L.B.: Das ist ja auch ein Erziehungsvorgang. Ich erinnere nur an den Baseler Kriminologen Heinrich Meng, der in den 1930er Jahren in seinem Buch „Strafen und Erziehen“[5] deutlich gemacht hat, dass Strafe nur erzieherisch wirksam ist, wenn sie den Menschen trotz seiner Tat weiter anerkennt und ihm eine Öffnung, eine Option für das weitere Leben ermöglicht. Du bist zwar Täter und die Tat blockiert dich jetzt,

5 Meng, H. (1935/1970): Strafen und Erziehen. München.

zwängt dich ein, aber für dich als Mensch muss das Leben weitergehen, im offenen Fluss bleiben.

H.T.: Du bist ja einer der wenigen in der Zunft, der dieses Thema aufgreift. Auch in unserem Handbuch, da geniere ich mich, kommt Strafe nur im Zusammenhang mit der Jugendgerichtshilfe vor. Die Pädagogik hat die Strafe gleichsam an die Justiz abgegeben und das ist problematisch. Ich denke, dass in der Strafe dreierlei steckt: Zum einen wird mit einer gewissen Unbedingtheit gesagt, dass es eine Norm gibt. Das Zweite ist die Feststellung, dass du diese Norm verletzt hast. Und das Dritte ist die Perspektive, dass, auch wenn du diese Norm verletzt hast, dir in der Sanktion Chancen für das weitere Leben gegeben werden müssen. Ich überlege mir in diesem Zusammenhang, wo eigentlich die Strafe in der Pädagogik geblieben ist, ich glaube im Konfliktmanagement. In ihm aber fällt der Anspruch weg, dass es eine Norm gibt, die nicht verletzt werden darf. Dies zu erfahren aber ist wichtig. Deshalb finde ich es schwierig, dass dieses Moment, das in der Strafe steckt, heute nicht hinreichend diskutiert wird. Man kann das mit der Stigmatheorie zusammenbringen. Viele Täter suchen nach Neutralisierungsstrategien, um sich aus der Normverletzung herauszureden. Ich denke aber, es ist ein Panzer, durch den hindurchgegangen werden muss, weil ich mir die Möglichkeiten einer Veränderung selbst erkämpfen muss. Ich fand es immer in den Gefängnisuntersuchungen von Wolffersdorff so aufregend, dass die jungen Gefangenen wie in einem Wolkenkuckucksheim saßen und so taten, als seien sie nur durch Zufall ins Gefängnis gekommen. Sie ersparten sich somit die Konfrontation mit sich selbst. Man konnte ihnen nicht deutlich machen, dass sie „im Stand der Strafe" leben und dass ihnen die Gesellschaft demonstriert hat, dass sie gültige Normen verletzt haben und dass sie sich damit auseinander setzen müssen. Erst durch diese Auseinandersetzung kann es zur Veränderung kommen. Dass und wie eine solche Auseinandersetzung im Gefängnis nicht befördert, sondern verhindert wird, will ich hier – so drängend gerade solche Fragen sind – nicht verfolgen; es geht ums Prinzip. Also: Dass Auseinandersetzung nötig ist, denkt auch die Konfrontationspädagogik, die zurzeit en vogue ist, aber ihr Ansatz wird – scheint mir – dem Problem nicht gerecht. Denn sie vermittelt ja nicht die Öffnung für das weitere Leben, in der die pädagogische Dimension der Strafe allein gesehen werden kann. Man geht hier mit Formen der Härte, Bloßstellung und Vernichtung vor, die meiner Ansicht nach Sekundärfolgen der Demütigung, Verletzung und Selbstverachtung erzeugen. Eine andere – und wie mir scheint angemessenere – Form ist der Täter-Opfer-Ausgleich, der den Täter nötigt, sich seinem „Opfer" und damit der

Wirkung seiner Tat zu stellen. – Das ist ja ungeheuer strapaziös – der Strafvollzug „erspart" das dem Täter.

L.B.: Nun stellt sich aber auch der Täter-Opfer-Ausgleich schwieriger und komplexer dar, als er programmatisch präsentiert wird. Vor allem dann, wenn wir es mit Tätern zu tun haben, die keinen Bezug zu ihrem Opfer haben. Die ihre Hilflosigkeit und ihren Frust an den ihnen unbekannten Opfern ausgelassen, auf sie abgespalten, das Opfer zur Projektion der eigenen Hilflosigkeit gemacht haben. Das Opfer diente ihnen als Mittel zur Erreichung eines subjektiv positiv gefühlten Selbstwerterlebnisses. Die negativen Folgen am Opfer bleiben ausgeblendet. Es muss also wieder ein Umwegprozess initiiert werden, in dem der Täter spüren und erfahren kann, dass er auf solche Taten nicht angewiesen ist, um Selbstwert und Anerkennung zu erreichen. Erst dann ist es möglich, ihn mit der Tat und auch dem Opfer so zu konfrontieren, dass er fähig und bereit ist, eine Sühnebeziehung einzugehen. Natürlich kann das die Sozialpädagogik nicht allein leisten. Es gibt ja inzwischen Modelle der Zusammenarbeit zwischen Justiz und Sozialpädagogik, die vor den Täter-Opfer-Ausgleich eine Krisenintervention setzen: Der Täter wird gestellt und damit in eine kritische Situation gebracht, die dann von den SozialpädagogInnen, die im Umfeld der Justiz arbeiten, mit Beziehungs- und Projektangeboten geöffnet wird. Erst wenn der Täter spüren kann, dass er Gewalt nicht braucht, kann er sich von der Gewalt distanzieren, ihre Negativität auch selbst spüren. Kognitive Aufklärungen helfen da meist nicht weiter. Dann kann es auch zu dieser Konfrontation kommen, kann sich Unrechtsbewusstsein in der nun ertragbaren Scham einstellen.

H.T.: Ich muss mir die Konfrontation leisten können, weil sie mich sonst vernichtet. Viele Jugendgefängnisse sind in ihrer Grundstruktur immer noch so organisiert, dass die Absperrung im Vordergrund steht und die Ansätze von funktionalen Äquivalenten, die in den Gefängnissen organisiert werden, kommen dann gegen diese Absperrung nicht an. So ist es kein Wunder, dass die Jugendlichen permanent nach Neutralisierungstechniken suchen, solange ihre Tat für sie als subjektiv funktional nacherlebt wird.

Die Absperrung führt ja dann auch dazu, dass es in ihr – so wie von Goffman beschrieben – zu subkulturellen Prozessen kommt, in denen es dann um gemeinschaftliche Strategien des Überstehens geht. Alternative Lernprozesse können da gar nicht in Gang kommen.

L.B.: Hier sind wir ja auch bei den institutionellen Rahmungen pädagogischen Handelns. Wir haben bisher immer nur die interaktive Seite betrachtet, von Konflikt und Kampf als oft übergangene Weisen der pädagogischen Beziehungen geredet. Wir haben eine Diskussion geführt, die gegenwärtig aus der institutionellen und professionellen Rahmung pädagogischen Handelns weitgehend ausgeklammert wird.

H.T.: Und das müssen wir festhalten: Das Konflikthafte des pädagogischen Handelns liegt darin, dass es offen und riskant ist und dass es in der Pädagogik darum geht, diesen Konflikt auszutragen und darin zu einem dritten, weiterführenden zu kommen. Hier schließt sich ein Kreis unserer Diskussion zum pädagogischen Handeln.

Aber, wir müssen noch einmal zurück zum allgemeinen pädagogischen Handeln kommen. Hier wird neuerdings viel von Kompetenzen geredet, Kompetenzen als Möglichkeit, den ja sehr komplexen Begriff des pädagogischen Handelns transparent zu machen, Kompetenzen als die konkreten Handlungsformen oder Fähigkeiten, in denen sich der Pädagoge ausweist. Es wird von Kompetenzen geredet, die man gliedert – Wissenskompetenz, Methodenkompetenz, Sozialkompetenz, Beziehungskompetenz – und nicht mehr von den emotionalen Tiefen und Verwerfungen, die im pädagogischen Handeln stecken. Das was am pädagogischen Handeln das Dramatische ist, kommt überhaupt nicht mehr zum Vorschein.

L.B.: Dies geht einher mit den neueren Evidence-based-Strategien. Indem Wenn-dann-Programme favorisiert werden, braucht es entsprechende Handlungsstrategien, mit denen die Wenn-dann-Elemente aus der Komplexität des pädagogischen Geschehens herausgelöst werden können. Die KlientInnen werden Verfahren unterworfen, in denen sie für Ressourcen- und Interventionskataloge passfähig gemacht werden. Was sie dabei spüren, was sie selbst erfahren und wie sie sich mit sich selbst konfrontieren können – wie wir das bei den funktionalen Äquivalenten erhoffen –, spielt dabei eigentlich keine Rolle. Diese Psychotechnologisierung des Pädagogischen ist ein Trend, dem sich ja vor allem die neueren Bildungswissenschaften verschrieben haben. Kompetenzzentrierte ‚Ressourcenaktivierung am Individuum' steht vor der pädagogischen Beziehung.

H.T.: Kompetenzen sind doch erst einmal nichts Falsches. Dass man weiß, was man kann und was einem fehlt, ist wichtig für die Selbsteinschätzung auf beiden Seiten der Interaktion.

L.B.: Allerdings müssen wir gerade in der Pädagogik den Kompetenzbegriff kritisch gebrauchen. Er ist ja nicht umsonst in der ökonomischen und gesellschaftlichen Erwartungsdynamik des neuen Kapitalismus wieder freigesetzt worden. Pädagogisch attraktiv ist er erst einmal, weil er ein ganzheitlicher Begriff ist. Er geht über den Qualifikationsbegriff hinaus und meint das umfassende Vermögen eines Menschen, auch in der sozialen, kulturellen und emotionalen Dimension. In dem Zusammenhang wird er in der neueren Bildungsdebatte gebraucht und darin kommt der Kompetenzbegriff unserem sozialpädagogischen Selbstverständnis entgegen. Aber es kommt doch auf den Kontext an, auf den er bezogen ist. Also: Vor dem Hintergrund der Verwertungsinteressen der neuen Ökonomie meint der Kompetenzbegriff die Erwartung an die Individuen, sich selbst hinsichtlich ihrer Chancen und Risiken zu organisieren, sich am Arbeitsmarkt selbst zu platzieren und in den ökonomischen Rhythmus einzupassen. Der Begriff der Selbstorganisation, der im Kompetenzbegriff enthalten ist, meint etwas anderes als die Autonomievorstellung des traditionellen Bildungsbegriffes. Der kritische Impuls fehlt. Es geht um die Passung, um die Marktfähigkeit des Individuums.

H.T.: Darf ich da mal zurückfragen. Ich habe gelernt, dass der Kompetenzbegriff von Weinert kam. Damals ging es ja um die empirische Operationalisierung von Bildung und das war vor der Humankapitaldebatte, in die der Kompetenzbegriff der neuen Ökonomie gerutscht ist. Kann man deshalb nicht erst einmal sagen: Kompetenz ist die Operationalisierung eines ganzheitlichen Vermögens.

L.B.: Das ist und bleibt ja auch die begriffliche Basis. Aber wir haben auch hier das Problem wie bei vielen Begriffen, die zu bestimmten Zeiten unterschiedlich gehandhabt werden. Ich denke schon, dass wir uns an die gegenwärtige Kompetenzdebatte halten müssen, wie sie im Kontext der Humankapitaldiskussion angestoßen und von der Berufspädagogik operationalisiert worden ist. Die Verbindung von Kompetenz- und Humankapitalperspektive hat vor allem Gero Lenhard herausgearbeitet. Der Humankapitalbegriff hatte auch in den 1970er Jahren schon Konjunktur, aber auch damals eine andere Konnotation und war stärker – wie der traditionelle Bildungsbegriff – am autonomen Humanvermögen orientiert und nicht primär an der marktfähigen Verwertbarkeit wie heute.

H.T.: Könnte man doch nicht die beiden Ebenen unterscheiden: Dass man zum einen den Kompetenzbegriff in dem Sinne benutzt, dass man verschiedene Vermögen des Menschen für sich unterscheidet und auf einer anderen Ebene dann auf den Humankapitalrahmen hinweist, in dem er heute gebraucht wird. Man könnte sich vielleicht darauf einigen, dass dort, wo man den Begriff gesellschaftlich diskutiert, die Humankapitalperspektive als Rahmung herangezogen werden muss, wenn man aber pädagogisches Handeln empirisch differenziert, dann könnte man es bei seiner deskriptiven Bedeutung belassen. Könnten wir uns denn nicht darauf verständigen, dass man den Kompetenzbegriff pädagogisch so bestimmen kann, dass er nicht in der Humankapitalperspektive aufgeht. Das wäre doch auch ein kritischer Ansatz für die Pädagogik. Denn wir brauchen ja einen Begriff dafür, dass unterschiedliche Fähigkeiten pädagogischen Handelns – vom Sich-Einlassen bis zum Vorschläge-Machen – ausdifferenziert aber gleichzeitig in einem ganzheitlichen Begriff – zum Beispiel dem Kompetenzbegriff – zusammengeführt werden.

L.B.: Das würde schon Sinn machen, aber man muss das dann auch theoretisch absetzen. Denn so, wie der Kompetenzbegriff in der Humankapital-Diskussion gehandhabt wird, beinhaltet er ja auch bestimmte Zuschreibungen für pädagogisches Handeln. Und das betrifft ja die Sozialarbeit. Du sollst Kompetenzen zur Selbstorganisation erwerben, dabei hilft dir das öffentliche Bildungswesen, aber du musst dann selbst schauen, um nicht nur mit deinen Chancen, sondern vor allem auch mit den Risiken zurechtzukommen. In dieser Kompetenztheorie steckt ja auch die Privatisierung der Risiken und damit ein potenzieller Exklusionseffekt. Und so einfach kann man die beiden Ebenen auch nicht auseinander halten. Wenn wir – im Sinne einer kritischen Pädagogik – Autonomie meinen und darin Konfliktfähigkeit, so macht das eben ökonomische Verwertungsinteresse Flexibilität daraus.

H.T.: Davon unbeschadet bleibt aber doch die Notwendigkeit des Unterscheidens. Ich brauche unterschiedliches Wissen, wenn ich pädagogisches Handeln strukturieren und organisieren will. Ich brauche unterschiedliche Fähigkeiten, um mich einzulassen, um mich zurückzunehmen. Ich brauche Wissen, um aus der Situation heraus Theorien weiterzuentwickeln. Ich brauche Wissen über die Eigenarten der Lebenswelt und Besonderheiten der Lebensbewältigung bei den KlientInnen. Es gibt eben pädagogische Diskussionsstränge, in denen Kompetenzen in dieser differenzierenden Art – oder wie du sagst formal-deskriptiven Art – verwendet werden.

L.B.: Es bleibt aber die Kritik, dass es gerade heute das Problem der Pädagogik ist, dass sie sich zu wenig auf den ökonomisch-gesellschaftlichen Hintergrund bezieht, vor dem auch die ihr vertrauten Begriffe eine andere Verwertungsgestalt erhalten haben. Viele der PädagogInnen, nicht nur der älteren auch der mittleren Generation, gehen heute oft einfach davon aus, dass Begriffe, die in den 1960er und 1970er Jahren kritisch gefüllt und pädagogisch verfügbar waren, heute noch so der Pädagogik gehören.

H.T.: Du meinst also, dass ein Begriff unschuldig benutzt wird, der nicht mehr unschuldig ist.

L.B.: Mir geht es eigentlich darum, dass wir in der Pädagogik wieder stärker sehen, dass wir Begriffe im Kontext gesellschaftlicher Ideologie- und Verwertungszusammenhänge kritisch prüfen müssen.

H.T.: In der PISA-Diskussion sagt man doch aber, dass es ein Fortschritt ist, dass man nicht nur Stoffwissen abfragt, sondern kompetenzorientiert fragt, wie man mit diesem Wissen umgeht. Und inzwischen gibt es ja Kataloge in Bezug auf Umgangswissen und Aneignungsfähigkeiten.

L.B.: Natürlich ist es für sich ein Fortschritt, wenn man die bisherige stoffzentrierte Vermittlung in unseren Schulen anschaut. Aber das hat ja auch der – inzwischen traditionelle – emanzipatorische Bildungsbegriff an der Schule immer kritisiert. Die Reformpädagogik hat sich ja immer um diese Frage des Umgangs mit Wissen und darin mit sich selbst bemüht. Aber aus einem kritischen Impuls heraus. Schaut man sich die PISA-Diskussion an, dann steht ja nicht der kritische Impuls im Vordergrund, sondern die Frage, wie die Kinder und Jugendlichen sich mit diesem Wissen einmal platzieren können. Der PISA-Wettbewerb ist ja nicht umsonst ein multinationaler Wettbewerb der Bildungs- und Standortkonkurrenz. Die neuen Ökonomien brauchen neue Formen des Lernens, das ist unbestreitbar. Das darf auch nicht weggewischt werden, aber es muss auch immer wieder auf die Rahmung verwiesen werden, in der dieser Fortschritt des Lernens steht oder in den er geraten kann. Und das ist doch die Aufgabe kritischer Pädagogik. Und in diesem Sinne müssen wir doch auch fragen, welche Qualität eine, so würde ich sagen, moderne sozialtechnologische Form des Lernens für pädagogische Interaktionen hat, wie wir sie oben für die Sozialpädagogik entwickelt haben.

H.T.: Dann würde ich sagen: Wir können die Kompetenzorientierung als eine Art Taxonomie, als eine differenzierende Gliederung gebrauchen, die aber von uns dahingehend kritisch gehandhabt wird, dass sie auf einen Rahmen bezogen werden muss, in dem sich unser sozialpädagogisches Handeln zu legitimieren hat.

L.B.: Thomas Höhne hat in seiner Theorie der Wissensgesellschaft postuliert, dass in der neokapitalistischen Bildungs- und Kompetenzdiskussion der Markt sozusagen in das Innere des Menschen verlegt wird. Wenn wir das auf das pädagogische Handeln übertragen, würde das ja bedeuten, die PädagogInnen schaffen nur Bedingungen, aber intervenieren nicht mehr. So wie der aktivierende Staat, der Bedingungen schafft, es aber dann doch den Subjekten überlässt beziehungsweise abfordert, wie sie mit diesen Bedingungen zurechtkommen. Auf das pädagogische Handeln übertragen hieße das zugespitzt: Du bist dein eigener Pädagoge. Alle Aspekte des pädagogischen Handelns, die wir bisher genannt haben – dass sich KlientInnen darauf verlassen können, dass sie jemand aushält, dass sie sich in jemandem spiegeln können, dass sie aufgefangen werden etc. –, all dies wäre jetzt ins Innere verlegt, von dem Individuum selbst verlangt. Da ist ja auch die Spannung herausgenommen, die so wichtig ist für die Pädagogik. Wenn wir zurück zur Kompetenzdiskussion gehen, so wie sie im berufssoziologischen und berufspädagogischen Bereich geführt wurde, so finden wir dort Begriffe, die zeigen, wie diese Spannung weggenommen wird: Wir finden dort den Begriff des „Arbeitskraft-Unternehmers", der aus der Spannung von Arbeit und Kapital, also aus dem gesellschaftlichen Konflikt herausgenommen ist. Wäre der Vergleich zu weit gegriffen, wenn ich jetzt sagen würde, dass in diesem Verständnis das Individuum nicht nur sein eigener Unternehmer, sondern auch sein eigener Pädagoge wäre?

H.T.: Einig sind wir uns wohl darin, dass eine sozialtechnologische und ökonomisch benutzte Ausrichtung zunehmend von der pädagogischen Interaktion abstrahiert und pädagogische Verantwortung eher in das Innere des Menschen verlegt. Gleichzeitig suggeriert eine solche sozialtechnologische Ausrichtung des pädagogischen Handelns so etwas wie Sicherheit, wenn ich mich ihrer bediene. Da möchte ich an Galuske erinnern, der gesagt hat, die Methodisierung des pädagogischen Handelns fördert nicht unbedingt seine Qualifizierung, aber sie gibt Sicherheit und in dieser Sicherheit die Illusion, dass man richtig handelt. Der Effekt der Methode liegt also eher darin, dass sich jemand sicher fühlt, als dass er etwas bewirkt. Eine solche Durchdeklinierung und Modularisierung des Handelns hat den Effekt, dass man dem offenen Charakter pädagogischen Handelns, seinen Ambivalenzen und Unvorhersehbarkeiten scheinbar entgehen kann.

L.B.: Und wichtig ist dabei, dass diese Methodisierung des pädagogischen Handelns als Technisierung die Verantwortung für die Erreichung pädagogischer Ziele in den zu Erziehenden selbst verlegt. Wenn die Methode nicht greift, die ja Sicherheit verspricht, kann es nur bei der Person liegen, auf die man die Methode angewandt hat. Entweder passt die Methode nicht und man muss nach einer anderen suchen, den KlientInnen weiterreichen – wie das früher institutionell passiert ist –, man sagt einfach: Diese KlientInnen fallen durch das Methodenraster. Damit ist auch der Konflikt ausgeschaltet, der ja – wie wir diskutiert haben – für pädagogisches Handeln konstitutiv ist.

„Ich muss es haben, als hätte ich es nicht" – zum Theorie-Methodenverhältnis in der Sozialen Arbeit

Für diese Thematik hatten wir zwei Kolleginnen eingeladen, um mit ihnen die Probleme der Vermittlung unserer beiden Konzepte – Lebensweltorientierung und Lebensbewältigung – in den Anwendungsbereich der Methoden zu diskutieren: Sabine Schneider von der Hochschule in Esslingen und

Angelika Iser von der Hochschule München in Pasing. Wir skizzieren im Folgenden anders als in den anderen Gesprächen, einige Punkte aus dem Gang der Diskussion.

Ausgangspunkt war die Frage, ob unsere Konzepte, die einen offenen Rahmen für das sozialpädagogische Handeln vorgeben, gegenüber strukturierten Methoden sperrig seien und ob dies fatale Folgen habe. Wenn PraktikerInnen ihre Arbeit lebensweltorientiert begründen, bleibt dies oft äußerlich, nur der allgemeine Vorspann. In ihrer Arbeit sind die einen dann durch Alltagswissen, also biografische Prägungen oder Erfahrungen aus der bisherigen Praxis bestimmt; anderen wiederum bedienen sich eines Methodenarsenals, das nicht mit dem theoretischen Konzept verbunden und darauf bezogen ist. Es scheint, dass in dem Maße, wie heute in der Ausbildung und vor allem auch in der Fortbildung Methoden gelehrt werden, die Methoden sich zu verselbstständigen drohen und die Distanz zu den Theoriekonzepten größer geworden ist. Man eilt von Methode zu Methode. Wenn aber Methoden sich verselbstständigen, erzeugen sie eine gewisse Hermetik. Man spaziert wie in spanischen Stiefeln und sieht nicht mehr, dass die KlientInnen keine Möglichkeit mehr haben, ihre eigene Erfahrung einzubringen. Es fehlt der Raum, um Erwartungen und Hoffnungen, um Zögerlichkeiten und Widerständigkeiten zu artikulieren und damit eigene Lösungsvorstellungen einbringen zu können; die KlientInnen verstummen und fügen sich in eine Ordnung, die gegen die eigenen Befindlichkeiten geht.

Um dieser Polarisierung zwischen Alltagsbeliebigkeit auf der einen und von vornherein festgelegter Methode auf der anderen Seite zu entgehen, müssten wir unsere Konzepte methodisch anwendbar darstellen, also die methodischen Konsequenzen deutlich machen. Nur wenn es gelingt, über die Frage der Vermittlung zwischen Theorie und Methode hinaus schon im theoretischen Konzept eine methodische Qualität herauszustellen, werde das theoretische Konzept für die PraktikerInnen und die Studierenden verstehbar und benutzbar. Ohne konkrete Handlungsperspektiven brechen Theorie und Praxis auseinander. Für SoziologInnen würde sich die Problematik so nicht stellen. Wir in der Sozialpädagogik aber müssen dieses Theorie-Praxis-Verhältnis als zentrale Aufgabe auch für Theoriekonzepte annehmen. Das erweist und bestätigt sich in der Hochschule, in der Weiterbildung und in der Praxis immer wieder. Sozialpädagogik und Sozialarbeit sind – verallgemeinert formuliert – Handlungswissenschaften und diese Handlungsorientierung müsste schon im theoretischen Konzept nicht nur paradigmatisch, sondern auch als methodisch-praktischer Ansatz erkennbar sein. Gerade die Konzepte der Lebensweltorientierung und der Lebensbewältigung sind handlungsorientiert angelegt und hätten letztendlich das Ziel, Praxis zu verändern. Wenn sie auf einer relativ allgemeinen Ebene der

Formulierung bleiben, müsse man fragen, ob dahinter die Angst stehe, zu technologisch zu werden, weil man dem Teufel nicht den kleinen Finger geben wolle. Das aber sei ein Moment im typischen Theorie-Praxis-Problem der Sozialen Arbeit, das angegangen und geklärt werden müsse.

Es geht – noch einmal verallgemeinert formuliert – darum, die Balance zwischen gestaltloser Offenheit und methodischer Kolonisierung zu finden. Das Konzept Lebensweltorientierung hat dies in der Figur der strukturierten Offenheit zu fassen versucht. Die damit verlangte Balance ist heikel, weil sie sich ja auf den inneren Gegensatz bezieht, dass man methodisch arbeiten muss, ohne die vom theoretischen Konzept vorgegebene Offenheit zu verlieren. Es handelt sich also um ein methodologisches Dilemma, das man vielleicht in Analogie zum Bibelwort, „dass man es haben müsse, als hätte man es nicht", verstehen könnte; man muss sich auf Methoden einlassen, dazu gibt es keine Alternative, aber man muss sich der Offenheit der Situation aussetzen, als hätte man keine Methoden.

In der Frage nach Konzept und Methoden müssen zunächst – so wurde deutlich – unterschiedliche Abstraktionsebenen unterschieden werden. Die Konzepte der Lebensweltorientierung und der Lebensbewältigung verstünden sich eher als Konzepte einer allgemeinen Sozialpädagogik; es sei aber das Problem der Sozialen Arbeit, dass sie sich in einer Vielfalt von Handlungsfeldern darstelle. Man könnte deshalb auch von einer Vielzuständigkeit der Sozialen Arbeit sprechen, die unterschiedliche Methoden braucht. Deshalb sollten Theoriekonzepte offen sein, es kommt darauf an, dass sie Zugänge zu dieser methodischen Vielfalt ermöglichen.

Der Begriff des *Zugangs* erschien uns in dieser Frage weiterführend. Der Zugang, den das theoretische Konzept eröffnet, entscheidet über die Wahl der Methode. Man könnte das als methodologisches Zwischenstück zwischen Theorie und methodischer Praxis bezeichnen. Dieser Zwischenschritt ist insofern bedeutend, als er über den Einschluss und über den Ausschluss unterschiedlicher Methoden im weiteren Vorgehen entscheidet. Eine diesbezügliche Klärung ist heute umso notwendiger, weil als Methoden zunehmend Wenn-dann-Konzepte verlangt werden, die in ihrer engen Selbstbezüglichkeit im Grunde Barrieren für das Nachdenken über Zugänge darstellen. Theoriekonzepte strukturierter Offenheit, wie sie für unsere Ansätze charakteristisch sind, brauchen hingegen methodische Zugänge, die Umwege ermöglichen, die Raum für die Strukturierung von Prozessen verlangen und die Diskussionen über die in diesen Prozessen auftretenden nichtintendierten Nebenfolgen zulassen. Am Bewältigungskonzept kann man zum Beispiel zeigen, wie es in seinem spezifischen Zugang das methodische Handeln bestimmt; es schließt rein kognitive Verfahren erst einmal aus und fordert die Methodik der funktionalen Äquivalente. Den KlientInnen, die in ihrem abweichenden Verhalten die einzige Möglichkeit spüren, um auf sich aufmerksam zu machen, kann man dieses Verhalten nicht einfach ausreden. Man muss ihnen Räume und Beziehungen anbieten, in denen sie erfahren können, dass sie auf dieses Verhalten nicht mehr angewiesen sind, wenn sie nach Selbstwert und Selbstwirksamkeit streben.

Aber kann Offenheit – so wurde zurückgefragt – so gegen Wenn-dann-Beziehungen ausgelegt werden? In der Sozialen Arbeit müsse ja auch von Wirkungen ausgegangen werden. Wenn das nicht bei aller Offenheit aus dem theoretischen Konzept heraus vermittelt werden kann, werden sich die PraktikerInnen – und mit ihnen die PolitikerInnen – zwangsläufig an den Methoden der Intervention und Evaluation orientieren, die „direkte" Wirkungen verheißen und in einer entsprechend formulierten Wenn-dann-Wirkungskette aufgebaut sind.

Unsere Konzepte, so denken wir, lassen die Frage der Wirkung nicht außer Acht. Im Lebenswelt- und Bewältigungskonzept ist die These enthalten, dass angestrebte Wirkungen als Veränderungen und Ermöglichungen nur dann nachhaltig sein können, wenn sie in die Lebenswelt und Befindlichkeit der KlientInnen hinein vermittelt sind. Dies bedeutet aber, dass die Perspektive des lebensweltlichen, offen strukturierten Prozesses vor der Festlegung auf die Wirkung stehen muss; Wirkung kann nur in diesem Horizont gesehen und dann bestimmt werden; in ihm aber muss sie ausgewiesen werden.

Den Begriff der strukturierten, also theoretisch und methodisch kontrollierten Offenheit haben wir am Beispiel der Bedeutung der Kategorie Geschlecht in psychosozialen Prozessen weiter zu verdeutlichen versucht. Wenn wir in der theoretischen Hypothesenbildung von der empirisch rückgebundenen Evidenz ausgehen, dass Männer und Frauen in der mehrheitlichen Tendenz in kritischen Lebenssituationen unterschiedliche lebensweltliche Befindlichkeiten und Bewältigungsmuster zeigen, dann muss ich im methodischen Zugang auf der Kontrollvariable Gender insistieren. Wenn ich – wie zum Beispiel in der Beratung – Zugang zu den KlientInnen finden will, muss ich wissen, dass das Geschlecht immer mitspielt. Ohne diese *Geschlechterreflexivität* ist keine professionelle Beratung möglich. Ich darf also nicht darauf warten, ob und wie die Kategorie Geschlecht im Vordergrund der Erzählung ausdrücklich vorkommt, sondern muss sie auch in ihren Verdeckungen interpretieren können.

Aber noch einmal zur allgemeinen Frage der Vermittlung zurückgehend wurde weiter gefragt, ob man das Problem der Vermittlung zwischen theoretischen Konzepten und methodisch-praktischer Anwendung nicht dadurch besser angehbar machen könne, dass man die in den Konzepten von Lebenswelt und Bewältigung steckenden handlungsbezogenen Impulse akzentuiert und verdeutlicht, da sie in der Abstraktheit der Konzepte oft nicht erkannt werden. So läge doch in der alles Handeln begründenden

Rekonstruktion von Alltag ein Modell, das ebenso die konkrete Diagnose wie die daraus zu folgernden Unterstützungen und Interventionen prägt: also die Strukturierung des Alltags im Zusammenspiel von Raum, Zeit und Beziehungen – und eben nicht nur von Beziehungen –, das Wissen um die Bedeutung und Notwendigkeit von Pragmatik und Routinen, von besonderen Erlebnissen und Erfahrungen im Umgang mit Dingen und Situationen und hier gerade auch den unauffälligen. Ebenso geht es um das Wissen um die Konfliktstruktur im Alltag und den Kampf um Stolz und Anerkennung besonders auch in problematischen Bewältigungsanstrengungen. Und analog muss das Modell des Bewältigungskonzeptes – innere Hilflosigkeit – Verlust der Handlungsfähigkeit – Abspaltung – Notwendigkeit funktionaler Äquivalente – deutlicher ins Konkrete hinein ausgelegt werden.

Sind solche Konkretisierungen aber, so wurde dann weiter überlegt, nicht zu unspezifisch, gehen sie nicht ohne ersichtliche Vermittlung in üblichen Methoden auf – zum Beispiel in der des Empowerments. Dem aber wurde widersprochen, es gehe ja nicht darum, die guten Intentionen der vorhandenen Methoden zu verwerfen, sondern die Methoden lebenswelt- und bewältigungsorientiert zu reformulieren. Die Stärken bei den KlientInnen zu suchen und sie zu AkteurInnen im Hilfeprozess werden zu lassen, sei Grundprinzip moderner Sozialer Arbeit. Die spezifische Aufgabe sei es, auf der einen Seite, Ressourcen im Horizont der breiten lebensweltlichen Erfahrungen zu suchen und die darin liegenden Potentiale zu aktivieren und auf der anderen Seite am Schwachpunkt des gängigen Empowermentprozesses anzusetzen und diese Lücke bewältigungstheoretisch zu füllen. Gängige Empowermentkonzepte setzen ein Subjekt und seine Ressourcen voraus und gehen davon aus, dass das Subjekt über sie verfügen kann. Das Bewältigungskonzept verweist auf die Tücke des Subjekts, auf die sich die SozialarbeiterInnen einstellen können müssen. Wir haben ja oben schon einmal thematisiert, dass wir nicht einfach davon ausgehen können, dass die KlientInnen von vornherein mit den sozialpädagogischen Hilfeangeboten einverstanden sind, sich meist aber fügen müssen. Und das verbaut ja gerade die Aktivierung der Stärken, auch wenn dies nicht so gemeint ist.

Die Unterhaltung kam noch einmal auf die für unsere Überlegung zentrale Frage nach Vermittlung und Zugang zurück. Dieser Zwischenschritt muss – so schien es – genauer im Kontext der Theoriebildung bestimmt werden. Es geht ja nicht um die Methode selbst, sondern um ein darüber hinausgehendes methodologisches Problem: Es geht – so hieß es oben – um die Frage, welche Zugänge zur Wirklichkeit des Handelns der jeweilige *Rahmen* eröffnet und welche ausgeschlossen werden müssen. Damit ist der Zugang entschieden, aber noch nicht die Methode selbst. Bevor ich jemanden zum Erzählen bringe, muss ich begründet fragen können, ob er überhaupt sprechen kann. Dazu ist es nötig, dass der Rahmen geklärt wird, in dem sich KlientInnen und SozialarbeiterInnen begegnen. Dabei muss vor allem gefragt werden, ob und wie jemand willens ist, sich helfen zu lassen. Dies ist der Reflexionshintergrund, vor dem ich dann weiß, dass bestimmte methodische Vorgehensweisen keinen Zweck haben. Erst dann kann ich der Frage näher kommen, was in den Fallerzählungen wichtig und nicht wichtig wird. Diese Schritte sind auch deshalb notwendig, weil ich ja klären muss, wie ich jemanden dazu bringe zu sprechen. Sprache ist das elementare Medium sozialpädagogischen Handelns. Zu der zentralen Erkenntnis des Bewältigungsansatzes gehört es – auch das haben wir schon angesprochen – , dass viele der KlientInnen erst über ihre Lebensschwierigkeiten und ihr Verhalten sprechen können, wenn sie sich über funktionale Äquivalente von ihren Abhängigkeiten lösen können.

Im Zusammenhang der Frage nach Vermittlung und Zugang wurde dann überlegt, ob man die beiden Konzepte stärker professionstheoretisch erweitern könne und müsse. Da die sozialpädagogische Professionstheorie selbst das Problem habe, dass sie stark soziologisch orientiert ist und Gefahr läuft, sich selbst gegenüber dem methodischen und praktischen Handeln zu verselbstständigen, sei es wichtig, eine eigene Begrifflichkeit für diese Vermittlung zu finden. Hier wurde der Begriff der *fachlichen Haltung* ins Spiel gebracht. Wenn ich in eine Beratung gehe, dann darf ich nicht vorgefasste Lösungsperspektiven in den Vordergrund stellen, sondern muss mich damit aus einer selbstkritisch-reflexiven Position heraus im Hintergrund halten. Das bedeutet, dass ich mir auch über meine Rahmenbedingungen bewusst bin, also über die Probleme, die mit dem Rahmen gegeben sind, in dem ich arbeite. Es handelt sich hier um die Widersprüchlichkeit, dass ich ein institutionenbezogenes Interesse verfolgen soll, institutionenbezogene spezifische Möglichkeiten habe, aber darin auch Beschränkungen unterliege und dass ich mich trotzdem offen auf die Situation und Befindlichkeit des Adressaten einlassen soll. Haltung ist also erst einmal eine Einstellung, die sich dieser Widersprüchlichkeit soweit aussetzt, dass ich in der Lage bin, das Institutionelle und das Adressatenspezifische – möglichst im Rahmen der Wahrung professioneller Handlungsfähigkeit – zu relativieren. Man gehe – so hieß es – in die Hilfesituation mit fachlichem Wissen hinein und es komme nun darauf an, wie ich mich in dieser professionellen Situation mit diesem Wissen verhalte. Ich brauche eine selbstkritische Haltung. Man müsste eigentlich von einer „gerichteten Haltung" sprechen. Und sie müsste, in methodischer Absicht, für das Lebenswelt- und Bewältigungskonzept konkretisiert werden. Natürlich sei Haltung nur eine Kategorie im methodischen Zugang. Ich brauche mehr, ich brauche auch mein fachliches Wissen, ich brauche mein Erfahrungswissen, ich muss aber vor allem darüber reflektieren, mit welcher Einstellung ich in eine Situation hineingehe. Nur eine solche selbstkritische Haltung könne einen davor bewahren, dass man den Fallen des professionellen Handelns und dem Drang zur fachlichen Typisierung erliege, dass man also zum Beispiel davon ausgeht, dass Männer in der Beratung immer so, Frauen aber im Prinzip immer anders sind. So wichtig es natürlich ist, im Allgemeinen zunächst Probleme in verallgemeinerter Form zu strukturieren, so notwendig ist es auch, den Zugang zu den individuell-biografischen Besonderheiten offen zu halten.

In der Professionalisierungsdiskussion wird das Problem der Haltung zu selten thematisiert. Deswegen müssen wir uns ihm in Zukunft stärker widmen und dabei vor allem den Begriff der Haltung operationalisieren, um ihn vor der Alltagsbeliebigkeit absichern zu können; die Schwierigkeit besteht dann darin, dass man einen emotional geladenen Begriff fachlich vermitteln muss.

In diesem Zusammenhang der Professionalisierung muss man auch das *Sicherheitsbedürfnis* diskutieren, dessen Befriedigung die PraktikerInnen im methodischen Handeln suchen. Michael Galuske hat ja gerade auf dieses Sicherheitsbedürfnis hingewiesen, das dazu führen kann, dass die KlientInnen gar nicht lebensweltlich erreicht werden. Es gibt immer eine Spannung zwischen selbstkritischer Einstellung und Sicherheitsbedürfnis; das äußert sich vor allem auch im Streben nach klaren, eindeutigen methodischen Verfahren und nach Rezeptwissen. Wir leben ja in einer Zeit, in der der Drang nach diesem Rezeptwissen freigesetzt wird: Institutionell wird Eindeutigkeit erwartet, werden – davon war eingangs die Rede – Wenn-dann-Modelle favorisiert und möglichst geschlossene Wirkungsketten verlangt. Das muss als Ausdruck des Sicherheitsbedürfnisses erst einmal kritisch akzeptiert werden, um dann, von da aus, alternative Verfahren anbieten zu können, die aus dieser selbstkritischen Offenheit heraus zu operationalisieren sind. Ich kann nicht eine kritisch-reflexive Sozialarbeit nur fordern und dabei stehen bleiben. Dann erreiche ich die Praxis nicht.

Wir wollen dieses Problem noch einmal über einem Umweg verdeutlichen. Sicherheitsdenken ist wichtig, auch bei den KlientInnen. Nehmen wir das Beispiel Beratung: Wir erfahren zum Beispiel, dass Frauen ihre Abhängigkeit und die damit verbundenen Lebensschwierigkeiten auch dem Umstand verdanken, dass sie in traditionellen Geschlechterbildern gefangen sind. Gleichzeitig geben ihnen diese Geschlechterbilder auch so etwas wie Sicherheit, ist es für sie schwierig, aus ihnen auszubrechen. Wenn nun SozialarbeiterInnen gar nicht versuchen, über Methoden nachzudenken, um ihnen dieses Ausbrechen zu ermöglichen und zum Beispiel deshalb vom Geschlecht abstrahieren und Methoden einsetzen, die über diese geschlechtliche Befindlichkeit hinweggehen, erreichen sie die AdressatInnen nie. Deshalb braucht es – so hatten wir gesagt – das Angebot alternativer, ihnen aber zugänglicher Settings.

Eine ähnliche Konstellation zeigt sich nun auch bei den PraktikerInnen,

Es ist ja meist so, dass sie nach der Ausbildung in die Praxis geworfen werden und zunächst vor dem Problem stehen, wie sie ihr im Studium erworbenes Wissen in der konkreten Situation überhaupt methodisch umsetzen können. Man muss also fragen, welche Sicherheit können PraktikerInnen erhalten, wenn sie die Perspektive einer lebensweltlich- und bewältigungsorientierten Methodik einnehmen sollen.

Wir sehen also – und das ist ein meist übergangener Reflexionsschritt –, dass wir dasselbe, was wir für die KlientInnen diskutieren, auch für die Professionellen diskutieren müssen. Auch sie brauchen immer wieder funktionale Äquivalente für ihr Sicherheitsbedürfnis, die es ihnen möglich machen, auf die falsche Stütze durch schematische Methoden oder Rezeptwissen zu verzichten, und in denen sie erfahren können, wie es ist, wenn sie sich – zumindest zeitweise – von institutionellen Abhängigkeiten lösen und welche Perspektiven das eröffnet. Da es ja in der Sozialen Arbeit darauf ankommt, in offenen Situationen zu agieren, braucht es Sicherheit im Offenen. Das kann Praxisberatung oder Supervision ermöglichen, wenn sie in der Lage sind, Handlungssicherheit im Offenen zu vermitteln, also in der Reflexion der Arbeitssituation und des Methodeneinsatzes ein funktionales Äquivalent zum Sicherheitsbedürfnis zu organisieren; das kann vor allem auch das Milieu außerhalb der professionellen Tätigkeit leisten, in dem man sich engagiert und die Chance hat, seine Erfahrung über die Abhängigkeiten der KlientInnen genauso wie über die eigenen Abhängigkeiten zu thematisieren und zu politisieren. Allerdings macht diese Forderung, dass man das, was man dem Klienten anbieten soll, auch für sich selbst einfordern muss, uns ja gerade wieder auf die innere, strukturelle Widersprüchlichkeit sozialpädagogischen Handelns aufmerksam. Und schließlich: Neben solchen Formen der kritischen Selbstreflexion der Professionellen untereinander – das wurde sehr betont – braucht es neben der Sicherung von Partizipation und Mitgestaltung auch die Sicherung der Einspruchsrechte der Klientel, zum Beispiel in unabhängigen Ombudsstellen. Ihre Möglichkeiten müssen in Spannung gesetzt werden zu den Rahmungen des eigenen professionellen Handelns und zur Reflexion der Handlungsaufgaben.

Ein solches Konzept der Institutionalisierung von Reflexivität in ganz verschiedenen Formen müssen wir vom Ansatz des Lebenswelt- und Bewältigungkonzepts denen entgegensetzen, die es so nicht machen oder es zu machen nicht für notwendig halten. Während Systemiker zum Beispiel nach Indices suchen, so steht für uns erst einmal im Vordergrund, wie es gelingt, dass die KlientInnen Zugänge zu den eigenen Erfahrungen im Alltag und zu den daraus erwachsenden Ressourcen und Potentialen zu seiner Bewältigung und Organisation finden können. Oder wenn es um die Klärung von Kompetenzen geht, dann steht für uns zur Diskussion, wie diese Kompetenzen geschlechtsspezifisch artikuliert und rückgebunden sind.

Wenn der zentrale sozialpädagogische Gedanke der Selbstbestimmung der KlientInnen leitend ist, dann geht es um Zugänge und Methoden, in denen das berücksichtigt werden kann; sie müssen denen vorgezogen werden, in denen das nicht möglich ist.

Von hier aus – so scheint es – können wir das methodische Arbeiten in die aufeinander bezogenen Ebenen von Zugang, Rahmung, Haltung, Methode und Techniken der Methode gliedern. Haltung, Rahmung und Zugang entscheiden dabei über Einschluss und Ausschluss von Methoden.

Dieses Ineinanderspiel der Ebenen kann und muss in konkreten Entscheidungssituationen kasuistisch, also an Beispielen verdeutlicht werden. Eines stammt von Astrid Woog: Die Familienhelferin kommt in eine Familie und ihr wird Kaffee aus einer ungespülten Tasse angeboten. Wenn man diese Szene im Studium im Seminar zur Diskussion stellt, dann zeigen sich sehr unterschiedliche Entscheidungen; die einen sagen, man solle aus der ungespülten Tasse trinken, die anderen, dass man das nicht dürfe. Die Entscheidungen sind meist aus dem Alltagsverständnis heraus begründet. Man muss jetzt deutlich machen, dass diese Entscheidungen nicht von ihrem eigenen Alltag und Milieu her und nicht nach einer starren Regel her getroffen werden dürfen, sondern sozialpädagogisch in den verschiedenen Ebenen der Handlungsaspekte begründet werden müssen. Und wenn es darum geht, Selbstbestimmung und Stärken der KlientInnen zu fördern, dann darf man – um im Beispiel zu bleiben – nicht einfach von der spontanen eigenen empfindlichen Wahrnehmung der nicht gespülten Tasse aus weiter fragen, was hier alles nicht in der Familie funktioniert, sondern muss danach suchen, was trotz der ungespülten Tasse gut und stabil ist und wo sich von da aus Anfänge, Ansätze ergeben, von denen aus weitergearbeitet werden kann. Dann mag es – wie es sich in der realen Fallgeschichte ergab – plausibel und gut begründet sein, zunächst aus der ungespülten Tasse zu trinken, aber es wird wichtig, im weiteren Verlauf, wenn die Familie Anerkennung in anderen Ressourcen gefunden hat, zu vermitteln, dass man einem Besuch eine gespülte Tasse vorsetzen sollte. – Ein anderes Beispiel: In einer Krisenberatung geht es darum, jemanden zu betreuen, der kurzfristig aus dem Gefängnis entlassen worden ist und keine Wohnung findet. Meine Wohnung ist die nächsten zwei Wochen frei. Soll ich nun dem Klienten diese Wohnung anbieten oder nicht. Wieder sind es einige der Studierenden, die aus der Alltagserfahrung heraus dies bejahen, weil man ja in Notsituationen helfen solle und weil hier SozialarbeiterInnen ein besonderes Beispiel geben sollten. Man muss aber deutlich machen, dass das eigene Alltagsverständnis hier nicht ausreicht und dass es einer professionellen Risikoabwägung bedarf. Man muss also die Kluft zwischen der Entscheidung aus dem Alltagsverständnis und der sozialpädagogischen Klärung, in der man Gründe gegeneinander setzt, ebenso aufzeigen wie im Horizont der ganzen Geschichte prüfen, welche Methoden der Kommunikation oder der Intervention angemessen sein könnten.

Solche Beispiele braucht es – so wurde betont – für unterschiedliche Arbeitsfelder: In der Heimerziehung ergeben sich andere Konstellationen als in der Familienhilfe. Heimerziehung, in der es um das gemeinsame Leben in einem geteilten Alltag geht, erfordert einen anderen Zugang als Beratung, zumal hier schon vorher eine Akte da ist, in der diagnostische Verhandlungen über den Jugendlichen dokumentiert sind, während man in der Beratung ja erst – gemeinsam – den Prozess beginnt.

Die Strukturprinzipien, die das Lebenswelt- und Bewältigungskonzept kennzeichnen, müssen also bis in die Perspektiven methodischer Entscheidung und methodischen Handelns hinein durchdekliniert und kasuistisch aufgeschlossen werden. Es braucht die reflexive Spannung, um die Prinzipien kritisch anzuwenden, die im Lebenswelt- und Bewältigungskonzept vorhanden sind und für die konkreten Anforderungen deutlich betont und ausgelegt werden können und müssen. Die Frage der Handlungssicherheit ist in dieser Vermittlung begründet zwischen dem Verstehen der theoretischen Prinzipien und dem Entscheiden-Müssen nach diesen Prinzipien in der konkreten Situation. Ich muss erst fragen, was hinter den Lebensschwierigkeiten oder dem Verhalten an Botschaften steckt: Angst um Sicherheit, beschädigter Stolz, beschädigter Selbstwert, fehlende Anerkennung etc. Aber ich muss dies in die praktische Entscheidungssituation, und das heißt dann auch in die Sprache des methodischen Vorgehens übersetzen und darin durchsetzen.

Vielleicht kann man die Schwierigkeit und die Chance in diesem Anspruch an Vermittlung mit einem Bild verdeutlichen, nämlich mit dem Unterschied zwischen einem Richter und einem Rechtspfleger. Der Richter entscheidet im Rahmen der Gesetze, der Rechtspfleger wendet gegebene Gesetze an. Der Richter hat die Entscheidung zu verantworten, in seiner Entscheidung aber steht ihm eine ausgearbeitete Kasuistik in Form von Modellurteilen zur Verfügung. Die steht uns in der Sozialen Arbeit so nicht zur Verfügung. Dieses Defizit wurde mit Nachdruck betont; ebenso wie die hier liegenden Versäumnisse und Defizite in der Aus- und Weiterbildung beklagt und neue und intensive Anstrengungen eingefordert wurden. Wir müssten mehr kasuistische Modelle haben, und vor allem auch feldspezifisch konkrete, also etwa zum obigen Kaffeetassen-Beispiel drei oder vier durchgespielte Modelle der Begründung unterschiedlicher Entscheidungen. Die Bedeutung der theoretisch-konzeptionellen Prinzipien unter konkreten Anwendungsbedingungen müsste darin modellhaft variiert und eingefangen werden.

Solche Modelle müssten vor allem den Prozessverlauf verfolgen. Ich entscheide nicht allein über die Methode von den Prinzipien und dem entsprechenden Zugang her, sondern auch und immer neu von dem Wissen her, das sich im methodischen Verlauf entwickelt und entwickeln könnte. Wir brauchen kasuistische Modelle als methodische Prozessmodelle, in denen die unterschiedlichen Einflussgrößen dargestellt sind, die im Verlauf des sich entwickelnden Geschehens auftreten können. Am Beispiel verdeutlicht: Man steht vor der Entscheidung, einen notorisch auffälligen Schüler in die Beratung zum Schulpsychologen zu überweisen. Es könnte aber sein, dass durch diese Überweisung der Junge erst recht stigmatisiert und aus der Peerkultur ausgeschlossen ist. Eine Alternative zur Entscheidung wäre dann vielleicht die, dass man ein Gruppenprojekt organisiert, in das der Junge mit einbezogen wird, in dem er eine neue Rolle findet, einen Status und darüber Anerkennung und Selbstwirksamkeit, die er vorher so nicht mehr hatte, was immer wieder dazu geführt hat, dass er die Erfahrung seiner Ohnmacht in Auffälligkeit abgespalten hat. Hier verbindet sich in der Kasuistik das lebensweltliche (Ohnmacht) und bewältigungstheoretische Wissen (Abspaltung) mit der Abschätzung unterschiedlicher möglicher Folgewirkungen im Verlauf methodischer Prozesse.

Und hier spielt natürlich dann auch – und das müssten solche Modelle ausweisen – die in den anderen Gesprächen gestellte Frage nach der *Gerechtigkeit* wieder hinein. Was kann ich den KlientInnen zumuten, was kann ich selbst aushalten. Wo sind die Grenzen einer Intervention, durch die die KlientInnen durch das sozialpädagogische Eingreifen selbst wieder in ihrer Handlungsfähigkeit gefährdet sind. Das wäre ein wesentliches Moment des inneren Gerechtigkeitsdiskurses, der im methodischen Vorgehen zu führen ist. Aber auch das gesellschaftliche Problem der Gerechtigkeit tangiert das methodische Vorgehen. Führt die eingeführte Methode dazu, dass die Lebensschwierigkeiten der KlientInnen individualisiert werden, oder bleibt Raum genug, um sie von ihren eigenen Schuldzuschreibungen zu entlasten und dabei zu stärken, also: Wie öffne ich die Methode aus der dyadischen Hilfebeziehung ins Soziale hinein? Wie können die KlientInnen erfahren, dass es nicht nur ihnen, sondern auch anderen so geht, dass in ihrer Geschichte sich auch soziale und gesellschaftliche Bedingungen repräsentieren?

Das alles soll aber nicht die Offenheit des Zugangs überformen, die der Alltag selbst immer wieder anbietet. Nehmen wir das Beispiel Alter. Die Selbstmordraten im Altersbereich der 75-Jährigen sind wesentlich höher als die im Bereich der 45-Jährigen. Nun könnte man sagen, dass im Alter die Endlichkeit des Lebens spürbar wird und jeder frei ist, seine Entscheidung über sein Leben zu treffen. Dass dabei aber die Altersverzweiflung, die aus der Lage des Alters in unseren Gesellschaften stammt, übergangen wird, wird so nicht thematisiert, das lässt das Problem der Altersverzweiflung als gesellschaftliches erst gar nicht aufkommen. So gesehen, ist nicht das Suizidproblem, sondern das Problem der Isolation entscheidend für die Rahmung und den Zugang. Astrid Woog bringt auch hier ein unmittelbar plausibles Beispiel: Ein alter Mann ist immer mehr isoliert und lebt verstummt und ganz vergrämt in sich zurückgezogen, nur seinen Vogel versorgt er noch. Nun aber konnte er dazu gebracht werden, auch für die Nachbarn, wenn sie einmal fort, zum Beispiel in den Ferien waren, die Vögel zu versorgen und hat so wieder in Kontakte und Aufgaben hineingefunden und ist aus seiner perspektivlosen Isolierung herausgekommen. Wir sehen also, wie notwendig es ist, den Zugang offen zu halten, um herausfinden zu können, wo und wie man methodisch ansetzen muss. Gerade in dieser Offenheit kann deutlich werden, dass in dem zunächst Gegebenen (in der Pseudokonkretheit des Alltags) noch nicht alle Ressourcen ausgeschöpft sind, dass man neue Lebensperspektiven entwickeln kann. Die strukturierte Offenheit des Zugangs verlangt, dass ich ein Wissen habe über den Zusammenhang von Raum, Zeit und Sinn, dass ich die Situation biografisch konkretisieren kann. Ich suche also die Lebensschwierigkeiten nicht nur in der Person selbst, sondern genauso in den sie umgebenden Bedingungen. Man muss fragen können, welche gesellschaftlichen Probleme sich im konkreten Fall spiegeln.

Exkurs Thiersch: Pädagogische Leidenschaft

„… wohltätig ist des Feuers Macht, wenn sie der Mensch bezähmt, bewacht, doch wehe, wenn sie losgelassen …“ (Schiller)

Eine Erörterung von pädagogischer Leidenschaft ist in der derzeitigen Sozialen Arbeit nicht nur ungewöhnlich, sondern könnte als geradezu fahrlässig und falsch erscheinen. Das Thema scheint angesichts der Diskussion zu den Missbrauchs-Skandalen und der darin liegenden Gefährlichkeit, ja Ruchlosigkeit in der Berufung auf Leidenschaft erledigt – es ist, wie man sagen könnte, verbrannt. Damit aber setzt sich eine Tendenz durch, die sich in der neueren fachlichen Diskussion seit langem abzeichnete. Wir reden von Professionalität, von Fachlichkeit, wir betonen die Distanz als Charakteristikum der Professionalität und diskutieren über messbare Effektivität, Leidenschaft ist tabu.

Also: Was soll die Frage nach und die Rede von Leidenschaft. Mich verfolgt es, ob wir in dieser Vermeidung nicht ein Moment verdrängen, das für das pädagogische Tun elementar und notwendig ist, und gerade, weil es in sich auch „gefährlich“ und hoch riskant ist, nicht verdrängt werden darf, sondern bewusst gemacht werden muss, um gestaltet werden zu können.

Ich versuche mich anzunähern.

Natürlich. Leidenschaft: Das ist zunächst gefährlich, überwältigend, obsessiv. Leidenschaft in der Liebe – etwa verkörpert in der unbedingten Liebe zwischen

Romeo und Julia oder in der seine Frau und sich selbst zerstörenden Eifersucht von Othello – hat Shakespeare in die unmittelbare Nähe von Wahnsinn gerückt. Liebe als Leidenschaft und Wahnsinn. – Oder: Leidenschaft in Bezug auf Recht und Unrecht, das ist – noch einmal bei Shakespeare – der Händler Shylock, der um seines Rechtes willen darauf besteht, dass seinem Gegner das Fleisch aus lebendiger Brust geschnitten wird, das ist Michael Kohlhaas in der Dichtung von Kleist, der sich, um des Rechts willen selbst ruiniert. Und schließlich und vor allem, Leidenschaft in der Politik: Das ist die Anfälligkeit für Ideologie, das war und ist Nationalismus und nationales Sendungsbewusstsein, das ist ebenso religiöser Fanatismus, der exzessive Kriege und Zerstörungen begründet und auslöst. Wir in unseren politischen Verhältnissen sind froh, inzwischen in einem gemäßigteren Klima zu leben. (Man hat den Erfolg der sogenannten Bonner Republik ja gerade in dieser Leidenschaftslosigkeit begründet.)
Also: Leidenschaft, das meint Unbedingtheit, Hemmungslosigkeit, intensive Einseitigkeit, – das meint eine Gefühlsintensität, die sich nicht mehr begründet oder rechtfertigt, sondern sich in ihrer Intensität, ihrer selbst sicher ist und sich durch alle Schwierigkeiten und Widrigkeiten hindurch behauptet. Leidenschaft immunisiert sich gegen eine Klärung durch Vernunft, gegen Alternativen, sie setzt auf entschiedenes Ja oder Nein, auf Durchsetzung, auf Kampf. Leidenschaft ist bedrohlich, ist riskant, ist die Hemmungslosigkeit, um ihrer selbst willen andere und sich selbst zu ruinieren.
Aber ist damit schon abgedeckt, was Leidenschaft meint? Sind diese so intensiven und dramatischen Zuspitzungen nicht eher die Spitze eines Eisbergs, der in andere und lebbarere Gefilde hinabreicht? Gibt es Leidenschaft nicht auch in weniger dramatisch verhängnisvoller Weise, in abgemilderter Form? Leidenschaft – so jedenfalls meine Überlegungen – meint auch etwas anderes, gemäßigteres, in der Struktur gleiches, aber nicht so hoch und explosiv aufgeladenes. Leidenschaft meint die Stärke, die Intensität von Gefühlen, von Emotionen, meint eine Vitalität und Kraft von Gefühlen, die sich mit der Realisierung von Sachaufgaben oder Beziehungen zu Personen verbinden kann und muss, wenn sie gelebt werden sollen; meint eine Kraft der Vitalität von Gefühlen und Emotionen, die notwendig ist, damit Sachaufgaben erledigt und Beziehungen gelebt werden können. Leidenschaft, so gesehen, meint eine Intensität des Sach- und Personenbezugs eher im Sinne einer Hingabe an solche Aufgaben. – Leidenschaft meint – fachlich geredet – das Antriebspotenzial, die starke libidinöse Besetzung in Aufgaben und Beziehungen. So verstandene Leidenschaft agiert jenseits des exzessiven Selbstanspruchs und seiner Ausschließlichkeit des Begehrens und sieht sich als Antrieb eines Handelns, in dem es um ausweisbare, oft auch vernünftig begründete Vorhaben geht, ein Handeln, dessen jeweilige Ziele im Feld auch anderer Interessen und Möglichkeiten realisiert werden. Die zunächst gegebenen Beispiele zu Leidenschaft sind – noch einmal anders formuliert – die ins Exzessive gesteigerten, verabsolutierten Formen der durch Gefühle bestimmten Qualität alles Handelns. Um diesen Unterschied festzuhalten, benütze ich im Weiteren vor allem auch den

Terminus Passion, obwohl diese Trennung sich im Sprachgebrauch nicht durchhalten lässt.

Solche Passion als befeuernde Hingabe in Beziehungen und an Sachen gibt es nun überall im Leben, und erst vor dem Hintergrund dieses Wissens, gewinnt die Frage nach der Abstinenz in der Sozialen Arbeit (und der Pädagogik) ihre eigentümliche Bedeutung und Brisanz.

Es gibt den Automechaniker, den jeder Fehler im Auto ebenso reizt wie er sich über neue Modelle begeistert, es gibt den Computerspezialisten, es gibt den leidenschaftlichen Arzt, Politiker oder Modelleisenbahnbauer oder den Sport- und vor allem den Fußballfan.

Solche Hingabe ist hoch kenntnisreich, versessen auf die Klärung von Schwierigkeiten oder Details, aber hartnäckig auf einer einmal gefundenen Spur bleibend. Solche Passion aber hat ihren Preis, – sie ist empfindlich gegen Einwände, geht also mit Einseitigkeit, mit Monomanie, mit dem Ausblenden anderer Interessen und Möglichkeiten einher, investiert und zahlt viel für sich und vernachlässigt anderes. Solche Leidenschaft ist eine in der Gesellschaft gegebene Selbstverständlichkeit und jeweils Voraussetzung dafür, dass die Beziehungen kräftig sind und Leistungen zustande kommen – es gibt sie, sie ist konstitutiv für das Leben, sonst wird es fade und langweilig. Aber es muss zwischen Leistung und Kosten vermittelt werden; Passion ist aushaltbar, wenn sie bestimmend für das Lebensprofil des Menschen ist, gleichsam konstitutives Merkmal seines Lebensentwurfs, wenn sie sich auf vernünftige oder zumindest sozial akzeptierte Ziele bezieht oder auf Ziele, die wenigstens unschädlich sind, sie ist aushaltbar, wenn sie sozial eingebunden und abgefedert ist, wenn die Freunde, die Verwandtschaft, die Partner sie aushalten, oder doch zumindest in ihre Unvermeintlichkeit einwilligen oder sich mit ihr im Rahmen eines weiteren Arrangements abfinden. Ich formuliere das mit Bedacht so vorsichtig, weil es immer ein schwieriger Balanceakt bleibt, das Ungebärdige der Passion in die Ordnung des sozialen Lebens einzugliedern, besser wohl, zu bändigen. Es bleibt bei Offenheiten, unklaren Grenzen, Grenzüberschreitungen, riskanten Situationen.

Wenn Leidenschaft aber in das Lebensrepertoire hinein gehört, ist die Annahme naheliegend, ja eigentlich trivial, dass auch PädagogInnen von ihren Aufgaben eingenommen sind, dass auch PädagogInnen von den Lebenssichten und Lebensaufgaben der Heranwachsenden und AdressatInnen und den Widerfahrnissen und Möglichkeiten ihres Geschäfts okkupiert sind. Warum aber tun sich PädagogInnen so schwer, davon zu reden?

Fünf Momente scheinen mir dafür ausschlaggebend, wenn ich die derzeitige Situation bedenke, aber auch über sie historisch und strukturell herausgreife.

Leidenschaft und Passion bestimmten in der alten Form der Liebe oder Barmherzigkeit in religiösen Kreisen das soziale Tun; diese Leidenschaft war als Gottesdienst Pflicht, sie wollte keinen Lohn und durfte keinen wollen, denn der kam allein von Gott. „Mein Lohn ist, dass ich darf." Das wurde nicht nur rigoros ausgenutzt, sondern verdeckte in seinem Anspruch alle vernünftigen Klärungen in der pädagogischen Realität.

Leidenschaft als unbedingte Hingabe ist auch in der Reformpädagogik benutzt worden und hat dazu gedient, pädagogisches Handeln mit einem elitären Glanz zu versehen, als ein ausgezeichnetes, besonderes, charismatisches Können, dass sich in sich selbst begründet und unterscheidet von einer Pädagogik, die nur professionell, nach Regeln und als Brotberuf getätigt wird. Wie sich gerade im Blankoscheck eines solchen Konzepts im Deckmantel der Leidenschaft auch sexuelle Übergriffigkeiten und Gewalttätigkeiten verbargen, hat die jüngste Diskussion erschreckend deutlich werden lassen.

Leidenschaft in der Pädagogik aber muss jenseits der zeitbezogenen Einbettungen vor allem auch als strukturelles Problem in der Pädagogik gesehen werden. Pädagogik und Soziale Arbeit handeln von Beziehungen; aller Liberalisierung, aller so großen und erfolgreichen Anstrengungen um einen herrschaftsfreien Umgang zum Trotz, haben solche Beziehungen strukturell in sich immer auch ein Verantwortungs- und Machtgefälle und darin die Verführung, Macht auszunutzen. – Wird darin nun aber mit Leidenschaftlichkeit agiert, dann wird die Macht okkupierend, der andere kann sich schlecht gegen sie wehren und sich ihr entziehen. Es braucht Eindämmung, Selbst- und Fremdkontrolle, sodass sie sich in der in ihr steckenden Vitalität nicht auswirken, nicht den anderen übermächtigen kann. Es braucht Raum für Gestaltungsmöglichkeiten der Vernunft. Diese Gefahr der in der pädagogischen Position liegenden Einschränkung ist – um darauf noch einmal zurückzukommen – in der letzten Zeit besonders drastisch geworden im Kontext sexueller Übergriffigkeit, Nötigung und Vergewaltigung. Leidenschaft, die nicht durch ein unbedingtes, pädagogisches Inzestverbot beschränkt wird, ist pädagogisch (und strafrechtlich) ein Verbrechen.

Und schließlich: Leidenschaft setzt in ihrer Gefühlsbesetztheit auf schwer Kalkulierbares, Planbares, das und die darin liegenden Gefahren zu vermeiden, ist Ziel der Professionalisierung; sie betont Distanz und zielt auf Arbeitsverhältnisse, die überschaubar und verlässlich sind. In die eine gleiche Richtung, aber mit anderen Begründungen weist die Entwicklung zum Jobbewusstsein, so wie es sich zurzeit ja nicht nur in der Pädagogik, sondern generell durchsetzt und durch die neuere Struktur des Arbeitsmarktes nahegelegt, ja erzwungen wird. Passion scheint graue, versunkene Vorzeit.

Gewiss, das sind gute Gründe, den Terminus Leidenschaft zu vermeiden; sie basieren aber – wenn ich sie recht verstehe – auf dem Ineinander des absoluten Selbstanspruchs im Gefühl, des exzessiven Gefühls als Leidenschaft mit der allgemeinen belebenden Kraft des Gefühls, der Passion, sie werden genährt aus der Angst, in der Passion dem Teufel der Leidenschaft den kleinen Finger zu reichen, den er dann gleich als ganze Hand nimmt, von der Gewalt der Leidenschaft hingerissen. Diese Angst – so meine von hier aus konkretisierte These von der Notwendigkeit, sich auf Passion einzulassen – darf nicht die Diskussion bestimmen. Passion als Hingabe an eine Sache, die man vermitteln möchte, und als Hingabe an Personen, mit denen zusammen man handelt und lebt, an denen einem liegt, mit denen man gemeinsam in Aktionen verwickelt ist, ist unverzichtbar für ein lebendiges pädagogisches Handeln – so wie es in anderen Berufen und Aufgaben unserer Gesellschaft unverzichtbar für die Lebendigkeit der Geschäfte ist. Passion im Pädagogischen muss aber – so wie es überall gilt (davon war oben ja die Rede) – verbunden sein mit den ja allgemein skizzierten Bedingungen ihrer Zielbestimmung und ihrer sozialen Verträglichkeit. Es kann nicht um das „Das", sondern nur um das „Wie" gehen. Es kann nicht sein, dass wir Pädagogen, die wir in besonderer und ausgezeichneter Weise im Medium des Umgangs mit Menschen zu tun haben, und mit Menschen, die auf unsere Beziehungsfähigkeit und -bereitschaft in besonderer Weise angewiesen sind, uns in diesen Beziehungen abdimmen und verkürzen, sie sozusagen – und im Unterschied zu anderen Sphären des menschlichen Lebens – nur in halber Kraft leben, in einer Lebensform ohne die Kraft der Vitalität, die nur aus Passion stammen kann.

Die in Leidenschaft und Passion angelegten Gefährdungen aber müssen dazu führen, die Möglichkeiten und Grenzen eines gegen solche Extreme abgesicherten passionierten pädagogischen Handelns genauer zu bestimmen.

Pädagogisches Handeln muss in der Vitalität seiner Leidenschaftlichkeit bezogen sein auf die spezifisch pädagogische Aufgabe, auf das Interesse an Kindern und Heranwachsenden oder an Menschen in Schwierigkeiten. Es muss bezogen sein auf das Interesse an deren Sosein, deren Lebensfiguren und Lebensschwierigkeiten, deren Bewältigungsanstrengungen, mit Schwierigkeiten zurande zu kommen, deren Versuche und Scheitern in ihren Lebensaufgaben – es muss bezogen sein darauf, dass PädagogInnen sich herein ziehen lassen in die Sicht, in die Frustrationen, Möglichkeiten und Träume derer, mit denen sie zu tun haben, sie müssen – sehr trivial geredet – Anteil nehmen, sich für sie interessieren, mit ihnen zittern und hoffen. Man will wissen, was Sache ist, – will sich kundig machen, man erwartet von sich, dass man kundig und gekonnt handelt. – Pädagogische Passion bedeutet also, dass man Menschen zugleich in ihrem Sosein und im Horizont ihrer Möglichkeiten sieht – Micha Brumlik hat dies advokatorische Ethik genannt, Nohl, in für uns heute seltsam altmodischer Formulierung, eine im gegenseitigen Vertrauen begründete hebende Liebe, Franz Hamburger hat es als das für alle Pädagogik elementare Transzendieren interpretiert, in dem PädagogInnen die gegebenen Möglichkeiten übersetzen, weiterführen und transformieren in Möglichkeiten, die im Menschen stecken und die ihnen im Horizont sozialer Gerechtigkeit erschlossen werden, die psychoanalytische Professionstheorie betont das Medium solchen Transzendierens in Übertragung und Gegenübertragung und das in ihnen begründete von wechselseitigen Gefühlen getragene Arbeitsbündnis; ich habe diese Doppelaufgabe als Interesse an einem gelingenderen Alltag formuliert, also an Verhältnissen, die in und aus der alltäglichen Lebens- und Bewältigungspraxis so entwickelt werden müssen, dass Menschen nicht gegenseitig und aneinander leiden und sich als unterdrückt erfahren. Pädagogische Passion also ist – abgekürzt noch einmal anders formuliert – interessiert am Werden der anderen, an ihren Entwicklungen, ihren Plänen, ihren Veränderungsambitionen, ihren Hoffnungen und Erwartungen an ein gelingenderes Leben. Pädagogisches Handeln braucht Authentizität des Pädagogen im Handeln. Solche Passion wird umso bedeutsamer, je schwieriger die Verhältnisse sind – Menschen geschlagen oder entmutigt sind oder auf schwierigen Plänen und Absichten insistieren –, je mehr es also in Verhältnissen darauf ankommt, dass gegenseitige Anteilnahme, Interesse, Möglichkeiten der Identifikation und des Sich-Abarbeitens am anderen gegebenen sind; nur so können Anerkennung und Selbstachtung und Lebenszutrauen wachsen. – Und: Passion braucht es in solcher Arbeit auch, um sie gegenüber anderen Interessen zu behaupten, die sich der Jugendlichen bedienen und die in der Gesellschaft dominant sind, also um durch Widerstände nicht entmutigt zu werden, sich ihnen im Namen der AdressatInnen entgegen zu setzen, nicht zu verzagen, durchzuhalten.

Solche Passion aber muss in der Pädagogik geformt, strukturiert und geprägt sein durch Professionalität, also durch Wissen, durch ausgewiesenes Können, durch Transparenz in dem, was sie tut, den AdressatInnen ebenso wie den KollegInnen und der Öffentlichkeit gegenüber, geprägt vor allem auch durch den Hintergrund wissenschaftlicher Klärung und Ausgewiesenheit. Pädagogische Passion kann nur im Medium einer kritisch-selbstkritischen Reflexivität gewagt und realisiert werden. Passion also ist, so gesehen, Antrieb und Vitalität, ein Feuer, das das professionell ausgewiesene und gekonnte Handeln belebt, vorantreibt, nicht erlahmen lässt.

Nun ist so zu reden zwar notwendig, um die Rahmenbedingungen und Zielorientierungen zu markieren, aber es ist wohl auch missverständlich, weil es allzu vernünftig klingen kann und darin unterschlagen wird, dass Leidenschaft immer auch Einseitigkeit, Bestimmtheit, Ungeduld – und bisweilen auch Skurilität bedeutet. Pädagogische Passion hat ihren Preis wie alle Passionen: Man sieht nur die eigene Aufgabe, wird anderen gegenüber ungerecht, einseitig und borniert.

Ich möchte hier eine Zwischenbemerkung machen. Passioniertheit im Handeln ist häufig auch aus eigenen biografischen Erfahrungen heraus erwachsen, aus Kränkungen anderer, die man wieder gut machen möchte, aus Verletzungen, die man anderen ersparen will, aus der Suche nach sinnvollen Aufgaben. Solche aus der Kraft des eigenen Erlebens verbürgten Erfahrungen sind gefährdet zur Einseitigkeit, zum Ausblenden anderer Möglichkeiten, zur Okkupation der Situation der anderen. Es braucht die Nutzung und die Aufklärung der biografischen Hintergründe, es kommt aber darauf an, die in solchen Erlebnissen steckenden Antriebskräfte zu nutzen, ohne sich von ihnen zur Einseitigkeit und Monomanie verführen zu lassen. Ich verdeutliche dies Problem mit dem Hinweis auf Schmidbauer und andere, die den biografischen Hintergrund von PädagogInnen daraufhin analysieren, ob darin Kränkungen und Frustrationen stecken, die nun an den Heranwachsenden als wehrlosen Opfern kompensiert und abgearbeitet werden; natürlich gibt es Kränkungen und Prägungen, die Menschen dazu bringen, sich in der Pädagogik für andere Menschen zu engagieren. Dass das so ist, ist nicht verwerflich, – es ist – einmal respektlos geredet – das Mistbeet, in dem die Pflanzen unseres Geschäfts gedeihen; würde man es leugnen wollen, hieße es, den Ast abzusägen, auf dem PädagogInnen häufig sitzen. Gefährlich, ja ruinös aber ist es, wenn dies zu einer Obsession

wird und die anderen zum Zweck solcher Kompensation und nicht in ihrem Eigensinn gesehen und ernst genommen werden.
Also: pädagogische Passion als ein Moment der Identifikation mit dem Geschäft, als Intensität des fachlich ausgewiesenen und beherrschten Handelns. Dass die hier nötige Abgrenzung und Balance zwischen der fachlich gestalteten Passion und der dahinter antreibenden Leidenschaft nicht immer einfach ist, habe ich oben betont. Ich will die Gefährlichkeit der Übergänge noch einmal verdeutlichen an der in der Diskussion immer wieder beigezogenen Geschichte aus Makarenkos Gorki-Kolonie. In der Aufbauphase des Kollektivs waren die jungen Männer unwillig, gereizt und verweigerten jede Mitarbeit; dies steigerte sich zur offensiven Aufmüpfigkeit. Makarenko warb und bat, schließlich war er am Ende seiner Fassung; wieder einmal provoziert, griff er nach einem Schürhaken, um einen Jungen zu schlagen, ein anderer fiel ihm noch gerade in den Arm. Als dann nachmittags alle zusammen mit Äxten in den Wald zogen, dachte Makarenko ängstlich, dass sie ja nun alle Äxte hatten und dass er da nun allein unter den anderen war; es passierte nichts, es war unerwartet konzentriert und irgendwie ängstlich friedlich. – Die Diskussion der Geschichte ist schwierig: Deutlich ist, dass solches Verhalten nicht hingenommen werden kann, dass Makarenko eigentlich, wie es seine Kollegen auch wollten, sofort und ohne Umstände hätte entlassen werden müssen. Trotzdem bleibt, dass hier etwas deutlich wird, was im professionellen Handeln bewahrt bleiben muss: die unbedingte, leidenschaftliche, sich selbst in bestimmten Situationen und Herausforderungen aufs Spiel setzende Passion im Handeln mit den anderen.
Die Frage nach der Bedeutung von Passion und Pädagogik hat noch einen anderen Aspekt. Pädagogik bezieht sich nicht nur auf den Umgang mit Menschen, sie bezieht sich auch auf Konzepte, die das Handeln bestimmen, auf Institutionen und Organisationen. Darin braucht sie Entwicklungen, Neuansätze, die gegen die Macht von Traditionen und Besitzstandswahrung, gegen eingefahrene Muster und die in ihnen verbürgten Sicherheiten entworfen und erkämpft werden müssen. Die Geschichte der Pädagogik ist auch bestimmt von solchen Neuansätzen, deren Protagonisten oft die Intensität ihres Einsatzes gegen Zeit und Establishment mit allen Einseitigkeiten und Absonderlichkeiten im Handeln und Denken bezahlt haben, wie es mit Passionen einhergeht. Sie brauchten eine besondere Leidenschaft in der Überzeugung dessen, was notwendig ist. Sie brauchten sie gegen die in allem pädagogischen Handeln immer wieder erwartete Anpassung der Heranwachsenden an gesellschaftliche Normen, die der Selbstbetätigung der Herrschaftsverhältnisse in der Gesellschaft dienen und die individuellen Entwicklungsmöglichkeiten, über sie hinweggehend, ruinieren.
Ich erinnere an Pestalozzi und seine Verwunderlichkeiten und Hartnäckigkeit, sich für Kinder und gegen das Kollegium zu engagieren. Ich erinnere an Hermann Gmeiner, dessen Schwierigkeiten mit Erwachsenen in so krassen Gegensatz zu seiner Fähigkeit, sich auf Kinder einzulassen und seiner faszinierenden Hartnäckigkeit in der Durchsetzung seiner SOS-Kinderdörfer stand. Ich erinnere an Bettelheim.

Auch dies ist nicht nur in der Pädagogik und Sozialen Arbeit so, es ist ein allgemeiner Modus, in dem Neuerungen durchgesetzt werden – im Lebensstil, in der Wirtschaft, in der Philosophie oder in den schönen Künsten. Gegen die Zeit, gegen die herrschenden Machtverhältnisse braucht es besondere, leidenschaftliche Energie, für die gezahlt werden muss.

Sozialpädagogisch inspirierte Erkundungen: Goffman, Simmel, Dahrendorf/Coser, Lazarsfeld, Winnicott, Fromm und Bloch

Mit den Erkundungen wollen wir – gemäß dem interdisziplinären Anspruch der Sozialpädagogik/Sozialarbeit – sozialwissenschaftliche Klassiker, aber auch inzwischen „vergessene" Persönlichkeiten für das sozialpädagogische Denken neu beleben. Sie können uns in unterschiedlicher Weise von ihren besonderen Zugängen und Deutungen her inspirieren und so sozialpädagogische Reflexivität erweitern. Die Erkundungen zu Goffman, Simmel und Dahrendorf/Coser haben wir gemeinsam unternommen. Fromm und Bloch werden von Hans Thiersch, Lazarsfeld und Winnicott von Lothar Böhnisch eingeführt.

Mit Erving Goffman den Zugang zur Wirklichkeit suchen

Sich heute über Erving Goffman (1922–1982) zu unterhalten bedeutet auch, sich zurückzubesinnen, wie sich die Sozialpädagogik als Sozialwissenschaft in den 1960er und 1970er Jahren reformuliert hat. Da war Goffman ohne Zweifel einer der herausforderndsten und erregendsten Inspiratoren für die Theoriediskussion. Hans Thiersch, erinnert sich: Er saß über einem Aufsatz zum Thema Verwahrlosung und kam damit überhaupt nicht zurecht, da geriet ihm zufällig – es lag auf einer Bibliotheksablage – Goffmans „Stigma"[6] in die Hände. Er konnte drei Tage vor Erregung nicht schlafen. Er wusste, dass dies der Ansatz war, der die zentralen Themen artikulierbar und verhandelbar machte, an denen wir dauernd verhandelten, aber nicht weiterkamen. Es gab damals noch eine andere Entwicklung in der Sozialpädagogik, für die Goffmans Inspiration entscheidend war: In der Heimkampagne ging es um die radikale Kritik an den inhumanen Erziehungsformen und die Organisationsform Erziehungsheim, um ihr Aufsprengen und Auf-

6 Goffman, E. (1967): Stigma. Frankfurt am Main.

brechen; Goffmans „totale Institution“[7] bot die konzeptuelle, theoretische Möglichkeit, die Zustände und das Grundmuster aufzuklären und zu reformulieren. Wir sahen Heime als eine Institution, die Menschen aus ihrer Lebenswelt herausnimmt und an einen anderen Ort bringt, der institutionell so auf sich bezogen ist, dass nur noch ihr Selbstzweck den Alltag bestimmt und sie so zu einer Kontrollwelt im Orwell'schen Sinne werden lässt, als einen Ort, der entpersonalisiert, Goffman nennt es in seiner Beschreibung einer moralischen Karriere in der totalen Institution „Depersonalisation“. Und sehr spannend fanden wir damals das, was Goffman das Unterleben in einer solchen Institution nennt, also die von den Insassen geschaffene eigene, abgeschottete, subversive Welt der Selbstbehauptung und internen Auseinandersetzungen.

Dieses subkulturelle Unterleben aber ist nicht eindeutig subversiv, sondern bewegt sich immer wieder zwischen Zurechtkommen und Subversität und dem Aufbau interner Machtstrukturen, die die Probleme des Lebens im Heim oder im Gefängnis noch komplizieren. Dazu kommt auch, was Goffman das „kollusive Verhalten“ nennt: Ein Gefangener kann sich im Gefängnis nur einigermaßen erträglich bewegen und halten, wenn er auf die Gefängniswärter eingeht, zu ihnen ein Gleichgewicht herstellt. Wenn er im Gefängnis noch dauernd behauptet, er sei unschuldig, dann liegt das quer zu dem Berufsverständnis der Gefängniswärter, die ja wie selbstverständlich davon ausgehen müssen, dass derjenige, den sie bewachen, schuldig sein muss. Sonst entsteht ja bei ihnen ein Ungleichgewicht. Um im Gefängnis zu überleben, übernimmt der Gefangene mit der Zeit die Definition des Gefängniswärters, er verhält sich entsprechend, es kann zu Veränderungen der Identität kommen. Hier hat Goffman einen Beitrag zur Sozialisation in totalen Institutionen gegeben, auch wenn er es nicht so systematisch angelegt und verstanden hat.

Er hatte es auch schwer in der soziologischen Disziplin, dort war er eigentlich immer ein Außenseiter. Er hat ziemlich unsystematisch gearbeitet. Er zieht für seine Studien ganz unterschiedliche Materialien, Zeitungsartikel, Untersuchungen, andere publizistische Materialien, Filme und Romane heran. Man findet bei ihm nur teilnehmende Beobachtungen und keine Sozialstatistiken. Er hat sich wohl von der Absicht leiten lassen, alle Materialien des Alltags zusammenzuführen, obwohl er keine Alltagstheorie hat.

Für uns in der Sozialpädagogik ist vor allem diese Unbekümmertheit interessant, mit der er an das Material herangeht. Goffman erinnert darin an das Prinzip des Pädagogen Schleiermacher, der seine Vorlesungen mit dem Satz begann: „Was Erziehung ist, ist als bekannt vorauszusetzen ...“. Dem

---

7 Goffman, E. (1973): Asyle. Frankfurt am Main.

entsprechend geht auch Goffman vor, wenn er davon ausgeht, dass Stigmaprozesse und Identitätsbildungsprozesse erst einmal überall vorfindbar sind. Worauf es ankommt ist dann aber, dass man die Beobachtungen und Befunde sammelt, zusammenführt, vergleicht und unterscheidet und so auf den Begriff bringt. Er ist dabei völlig frei von phänomenologischen Grundsätzen, ist aber dann aus seiner praktischen Phänomenologie heraus theoretisch interessiert. Es entstehen Konzepte unterer bis mittlerer Reichweite, mit denen er die Phänomene ordnet und Strukturen deutlich machen kann.

Man könnte dies eine dichte Beschreibung nennen, die in ihrer Verdichtung Strukturen erkennen lässt. Es ist keine Grounded Theory, denn er konfrontiert das erhobene Material nur selten mit bestehenden theoretischen Ansätzen, er versucht es, in der Art und Weise seiner Aufarbeitung selbst sprechen zu lassen.

Sein Vorgehen liegt quer zu den heutigen sehr systematischen ethnografischen Methoden. Im Kontrast dazu ist er eine Art nachdenkender Beobachter. Goffman fragt nie explizit nach der gesellschaftlichen Verortung und den sozialen Funktionen der von ihm beobachteten Phänomene, wie zum Beispiel der totalen Institution. Deswegen findet man bei ihm auch wenig über die Ambivalenz dieser Phänomene.

Die kritische Sozialpsychologie, zum Beispiel Erich Fromms, zeigt, dass eine Gesellschaft solche abgeschlossenen Räume wie die totalen Institutionen im Abseits organisiert, um Abweichler abzudrängen und damit Normalität zu stabilisieren, auch durch die Angst, ebenso abgedrängt zu werden. Goffman interessiert nur die Frage, welche Wirkungen das auf die Abgeschobenen hat. Ganz aufregend ist diese spezifische Sicht bei der Stigmatisierung, die er in ihren inneren Prozessen subtil beschreibt, während ihn die Funktion von Stigmatisierung, das Zusammenspiel von Normalität und Abweichung auf der gesellschaftlichen Ebene kaum interessiert. Auch bei der Rahmenanalyse fragt er danach nicht, er scheint sich dessen sogar bewusst zu sein, dass sie nicht gesellschaftlich ist. Ihn interessieren diese mikrosoziologischen Prozesse der Interaktion, er beobachtet die Menschen, das war sein Thema, das war ihm genug.

Ähnlich ist auch sein Buch über Geschlecht und Werbung angelegt. Hier zeigt er in den Geschlechterbildern, wie Frauen und Männer unterschiedlich dargestellt werden. Frauen mehr liegend, Männer mehr aufrecht, Frauen mehr lachend und erzählend, Männer mehr wortkarg. Er diskutiert aber nicht die geschlechtshierarchische Arbeitsteilung, die dahintersteht. Er zeigt die Symbolisierung dieser Geschlechterordnung, er zeigt, wie diese Geschlechterordnung immer wieder reproduziert wird, er beschreibt, was passiert. Er läuft auch nicht in die Falle des radikalen Konstruktivismus, er bleibt Phänomenologe. Dass und wie er diesen phänomenologischen Kosmos verdichtet und ordnet, ist wichtig für uns, zum Beispiel für die sozialpädagogische Beratung, in der wir ja mit Alltagserzählungen konfrontiert sind, die mit den KlientInnen geordnet und strukturiert werden müssen. Die Beratungsmethodik scheint uns dagegen viel zu rasch in Systemen zu denken, statt in den Bezügen der Goffman'schen Rekonstruktionen.

Goffman fängt mit den direkten Interaktionen an. Dabei ist ihm wichtig, dass eine Interaktion nicht aus sich selbst heraus verstanden werden kann, sondern aus dem Rahmen[8] heraus, in dem sie passiert, also aus der situativen Vorgegebenheit. Personen agieren in der Struktur. Goffman stellt das Agieren in den Vordergrund, aber es bleibt bezogen auf Struktur, man kann Agieren und Struktur nicht voneinander trennen. Sein Begriff des Rahmens ist erst einmal nicht sehr scharf. Rahmen kann sehr viel sein. Er kann zum Beispiel bedeuten, dass wir beide hier sitzen und uns über eine sozialpädagogische Inspiration durch Goffman'sche Konzeptionen unterhalten. Rahmen kann aber auch sein, dass Menschen sich in der Familie, in der Nachbarschaft oder in einer Freundschaft unterhalten. Rahmen ist also keine Struktur im sozialwissenschaftlichen systematischen Sinne, sondern eine Konstellation, in der für die Beteiligten deutlich wird, was, wie in diesem Interaktionszusammenhang gemeint ist, aber auch, was aus dem Rahmen fällt, was man in der Nachbarschaft, in der Familie und in der Freundschaft oder auf der Straße nicht sagt oder anders sagen würde. Das akademische Gespräch ist ein anderer Kontext als eine Kaufverhandlung oder ein Freizeitspiel. Der Rahmen als Bedeutungszusammenhang, als der Kontext, in dem das, was gesagt wird, verstanden werden kann.

Diese Rahmen müssen nicht starr sein. Zwar gibt ein Universitätsseminar oder eine Vorlesung einen Gesamtrahmen vor, aber in diesem Gesamtrahmen können sich Dynamiken entwickeln – die einen lesen, die anderen unterhalten sich, die Dritten gehen privat ins Internet –, es können sich abweichende Rahmungen herausbilden, die in Spannung zu dem zunächst im Vordergrund stehenden Rahmen stehen. Beispiel dafür sind zum Beispiel Deutschkurse für islamische Frauen an den Volkshochschulen. Der Rahmen heißt Sprachkurs, die meisten kommen aber vor allem hin, um sich untereinander, fern von der Aufsicht ihrer Männer, treffen zu können. Dieser Rahmen steht in Spannung zu dem Rahmen Sprachkurs, verändert ihn, ich muss als Pädagoge schauen, wie ich aus dieser Spannung heraus eine neue Rahmung finden kann. Das gilt zum Beispiel auch für Jugendhäuser, die ihren pädagogischen Rahmen immer wieder angesichts der gruppendynamischen Variabilität unterschiedlicher Jugendgenerationen verändern müssen. Diese Spannungen muss ich im Kopf haben, wenn ich in ein pädagogisches Setting hineingehe. Wichtig ist dabei, dass mit dem Rahmen ein

---

8 Goffman, E. (1977): Rahmenanalyse. Frankfurt am Main.

Konzept gefunden ist, das zeigt, wie Menschen in einem Kontext interagieren, der ihnen oft gar nicht bewusst ist, der ihnen aber selbstverständlich ist. Er fällt auf, wenn er verletzt wird, wenn jemand aus dem Rahmen fällt. Dieses Aus-dem-Rahmen-Fallen für die einen kann aber für die anderen zum Beispiel als gruppendynamischer Prozess wiederum selbstverständlich sein.

Die Variabilität der Rahmungen ist das eine; um vernünftig interagieren zu können, braucht es aber auch eine Übereinkunft über den Rahmen, in dem man sich bewegt. Eine Sprechstunde in der Universität ist dazu da, sich über die Arbeit der Studierenden auseinander zu setzen. Wenn nun ein Studierender in einer persönlichen Krisensituation kommt, kann es passieren, dass sich unter der Hand die Rahmung der Sprechstunde verändert. Das Fachgespräch kann zur Lebensberatung werden, dazu braucht es dann eine neue Verständigung über den Rahmen.

In der Sozialpädagogik ist es immer wieder wichtig, nach den Gründen dafür zu suchen, dass Menschen aus dem Rahmen fallen, zum Beispiel, weil sie sich aus psychischen und sozialen Gründen nicht an den Rahmen halten können, weil er ihnen nicht selbstverständlich sein kann. Das wird wichtig in der Kasuistik, im Fallverstehen. Hörster spricht in seinem kasuistischen Konzept von der Vorderbühne und der Hinterbühne, also von unterschiedlichen Rahmungen der Erzählung und der Fallinterpretation, die in Spannung zueinander stehen; es ist diese Spannung, in der man sich im Zugang zum Fall vergewissern muss.

Goffman systematisiert den Rahmen nicht. Er bringt immer nur Beispiele, die er beobachtet und zusammenführt. Das bedeutet, dass wir in der Falldiagnostik auf der Erfahrung durch Beispiele aufbauen müssen und aus dieser Phänomenologie der eigenen Erfahrung den Rahmen, beziehungsweise die Spannung zwischen unterschiedlichen Rahmungen suchen und finden müssen, statt den Fall in eine vorgegebene Rahmensystematik einordnen zu wollen.

Hier sind Parallelen zur Alltagstheorie von Alfred Schütz naheliegend: Die erste Rahmung, nach der ich suchen muss, liegt im Alltagshandeln, eine andere Rahmung entspringt aus der wissenschaftlich inspirierten Beobachtung. Beide muss ich in Beziehung zueinander setzen. Es sind zwei unterschiedliche Welten, die Wirklichkeit konstituieren. Goffman aber geht noch weiter, indem er in diesen Welten die eher kleinteiligen Prozesse genauer beobachtet und verdichtet, um von da aus zu prüfen, ob es zwei unterschiedliche Welten sind, oder ob sie sich ineinander vermischen und zu einer neuen eigenen Wirklichkeit werden, die man eben in sich nur interaktiv und nicht systematisch erfassen kann.

Man hat Goffman immer wieder vorgeworfen, er sei ein Moralist. Nun, er macht sein Menschenbild nicht explizit, hat aber auch ein bestimmtes Bild davon, wie sich Menschen vernünftig verhalten könnten und dabei auch wohl das Bild des Marktrationalisten im Kopf; er hat sich ja auf ökonomische Spieltheorien bezogen und auch ökonomische Spieltheoretiker greifen manchmal auf Goffman zurück. Entscheidend scheint uns aber doch zu sein, dass er ein Moralist ist, wenn auch sicher implizit. Es geht ihm bei seiner Beobachtung und Beschreibung immer wieder um das Menschenwürdige. Sein Menschenbild ist eng verknüpft mit der Empathie für jene, die unter Entfremdung und Unterdrückung leiden. Im Stigmakonzept zum Beispiel ist die Art und Weise faszinierend, wie er die Selbstdarstellungen der Betroffenen sieht, anerkennt und rekonstruiert. Es geht um Menschen, die in einem Rahmen leben und gleichzeitig spüren, dass sie nicht zu diesem Rahmen gehören; wie benehmen sie sich, wenn sie das merken? Wie versuchen sie, wenn sie merken, dass sie stigmatisiert sind, dass ihnen ein Makel anhaftet, sich entweder anzupassen, oder eigene Bewältigungsstrategien im Umgang zu finden? – Goffman dringt dahin vor, indem er mit extremen Stigmata beginnt und dann in den Alltag hineingehend zeigt, wie sich in der Bewältigung dieser Stigmata Normalität und Abweichung ineinander vermischen. In der Frage des Umgangs mit Stigmata wird immer wieder das Ineinanderfließen von Normalität und Abweichung deutlich, die Abweichung wird aus der Normalität heraus freigesetzt. Deshalb suchen die Betroffenen nach Normalisierungsstrategien. Man kann hier durchaus den Begriff des Normalisierungsmanagements gebrauchen.

Goffman beschreibt unterschiedliche Normalisierungsstrategien diffizil. Er hat das moralische Interesse, dass Menschen mit sich selbst zurande kommen, sodass sie sich selbst achten und anerkannt fühlen können. Dafür rehabilitiert er auch Strategien, die im Sinne der herrschenden Wertenormalität negativ besetzt sind. Lügen ist für ihn eine verstehbare Bewältigungsstrategie. Dass man sich darin verheddert, ist auch verstehbar, dass man übertreibt und täuscht, sind für ihn Strategien, die das betroffene Individuum braucht, um sich anzupassen, um dazu zu gehören. Hier wird deutlich, dass der Alltag eine Art Kampffeld ist, auf dem jeder sehen muss, wie er seine Position erringt und halten kann. Goffman beschreibt nicht das Aushandeln im gängigen Interaktionsmodell, sondern einen Kampf mit allen Tricks des sich Herauswindens und Herausziehens, es geht um Selbstbehauptung.

So steckt in Goffmans Stigmatisierungskonzept die Erkenntnis, dass Normalität ein Kampf um Anerkennung ist und zwar nicht in dem ausgreifenden Sinn, wie das bei Honneth konzipiert ist, sondern als alltäglicher Kleinkrieg, in dem es darum geht, wie ich irgendwie durchkomme und mit allen Mitteln mithalten und mich behaupten kann.

Solche Normalisierungsstrategien können diametral verschieden sein. Da ist zum einen der Clown, der in dieser Rolle seinem Stigma entgehen will; da sind auf der anderen Seite die rechten Hooligans im Stadion, die ihr

Gewalt-Stigma offensiv vor sich hertragen und sich nicht schämen, dadurch ihr Umfeld in eine Spannung zu versetzen, die sie in der Zugehörigkeit in ihrer Gruppe befestigt. Man könnte sie Stigmaaktivisten nennen.

Goffman – um es etwas kühn zu formulieren – glaubt an die Normalität und rehabilitiert alle Anstrengungen, die subjektiv unternommen werden, um Normalität irgendwie zu erreichen. – Dadurch fällt abweichendes Verhalten in den Rahmen der Normalität. Goffman bestätigt von daher die Grundmaxime der kritischen Kriminologen, dass abweichendes Verhalten normal ist. Und Robert Merton hat ja gezeigt, dass die Menschen bei anomischen Konstellationen unterschiedliche Strategien entwickeln, um diese zu bewältigen und zur Normalität zurückzukehren. Abweichendes Verhalten ist eine davon. Also auch hier wieder: Abweichung und Normalität hängen eng zusammen.

Das ist für die Soziale Arbeit herausfordernd. Abweichendes Verhalten als Akt der Selbstbehauptung. Daraus konnten und können in der Sozialen Arbeit Gegenkonzepte zu moralisierenden pädagogischen Strategien entwickelt werden, aber auch zu gesellschaftlichen Vorstellungen, die normales und abweichendes Verhalten strikt voneinander zu trennen versuchen. Allerdings reicht das für die Soziale Arbeit nicht aus. Natürlich kann und muss sie Gewalt als extreme Bewältigungsstrategie verstehen können, gleichzeitig kommt sie nicht umhin, zu konstatieren, dass es sozial destruktiv sein kann und dass es gesellschaftlich notwendig ist, sie sozial zu ächten. Die Frage nach diesem Konflikt stellt sich für Goffman nicht.

Dieser Konflikt aber ist für die sozialpädagogische Arbeit zentral. Ich muss den Gewalttäter in seinem Bewältigungsverhalten verstehen können, gleichzeitig aber wissen, dass dieses Verhalten sozial desintegrativ wirkt. Ich brauche eine sozialpädagogische Intervention. Sie ist aber so schwierig, weil ich mit den Betroffenen einen Zugang über seine Normalität aushandeln muss. Ich brauche ein pädagogisches Setting, also das Verständnis der lebensweltlichen Selbstverständlichkeiten und Intentionen, ich brauche funktionale Äquivalente als Umwegsangebote, in denen die Betroffenen Anerkennung und Selbstwert erfahren und spüren können, dass sie nicht auf das abweichende Verhalten angewiesen sind, um vor anderen und sich etwas wert zu sein.

In Goffmans Werk ist wichtig, dass er den Weg gezeigt hat, wie sich aus der unbefangenen Beobachtung und Beschreibung abweichenden Verhaltens der Rahmen der Normalität herauskristallisiert. Für Goffman steht dabei immer die Rehabilitation der Überlebensstrategien im Mittelpunkt. Sie sind ja auch der Kern der Lebenswelt- und Bewältigungskonzepte; in die psychodynamischen Bereiche, wie sie im Bewältigungskonzept thematisiert werden, dringt er nicht vor; hier hat er seine Grenzen.

Bei Goffman ist der Abweichler immer ein „Normalmensch“, einer der sich in der Spannung zum Normalitätsrahmen zu behaupten versucht. Er ist nicht der, der durch Leiden verhärtet ist und zum Beispiel hilfreiche Unterstützung oder gar Mitleid sucht. Goffman beschreibt faszinierend, wie er versucht, sich zu behaupten. Er sieht ihn darin – so haben wir oben gezeigt – in seinem je gegebenen Rahmen und der darin liegenden Regelhaftigkeit.

Nehmen wir zur Verdeutlichung junge Menschen, die ins Heim kommen. Es sind „normale“ Menschen, die im Rahmen von Heimerziehung diszipliniert und in vielen Fällen auch unterdrückt werden. Goffman fragt aber in diesem Zusammenhang – und das öffnet für die Sozialpädagogik wichtige Perspektiven –, was das für ein Rahmen ist, der den Menschen zumutet, sich so in der Institution zu verhalten und so mit sich und anderen umgehen zu müssen. Und was tun wir, die Pädagogen, wenn wir den Menschen als verwahrlost bezeichnen, welcher Rahmen ist es, der uns ihn so sehen lässt und warum er sich so eigen und so anders verhält, als wir es erwarten. Das führt zu der Frage der kritischen Selbstreflexivität des Professionellen im Umgang mit Jugendlichen.

Was sind nun, wenn wir unsere Überlegungen noch einmal zusammenfassen, die Aspekte, die für uns in der Sozialpädagogik wichtig sind. Es ist zunächst die Unbekümmertheit an etwas heranzugehen. Dabei ist es wichtig, dass ich nicht gleich einen Rahmen setze, sondern das alltägliche Interaktionsgeschehen so minutiös rekonstruiere und verdichte, dass die jeweiligen Rahmungen sichtbar werden; es gibt bei Goffman geradezu eine Versessenheit der Rekonstruktion. Es ist zum anderen die Sensibilität dafür, dass sich Menschen immer wieder im Kampf der eigenen Definitionen mit Definitionen der Gesellschaft befinden. Die Identitätsbalance, die sich bei Mead in der Orientierung am anderen kognitiv und diskursiv einspielt, ist bei ihm das Ergebnis ebenso ungleicher wie anomischer Konfliktkonstellationen. Man könnte sagen, dass er Mead dramatisiert. Und gerade das ist für die Sozialpädagogik so wichtig, weil darin die Phänomene der Selbstbehauptung, auf die wir dauernd treffen, dramatisch rehabilitiert werden.

Für die Sozialpädagogik bedeutsam ist dann die Sensibilisierung für das, was er totale Institutionen nennt und darin das Orwell'sche, das dauernd Beobachtet- und Kontrolliertwerden, das dazu führt, dass die Freiräume hier nicht vorhanden sind, die dem Menschen normalerweise gegeben sind, damit er in ihnen sein Spiel um Anerkennung spielen kann. In der totalen Institution wird ihm verwehrt, dass er seine Auseinandersetzung mit der Normalität managen kann. Alle Lebensbereiche sind in der gleichen Weise und kontrollierbar strukturiert, es gibt keine Zwischenräume. Der Zugriff ist total.

Dabei ist vor allem auch die Erkenntnis für uns so aufschlussreich, dass das Leben in der totalen Institution in ein Unterleben mündet, in Strategien des kollusiven Verhaltens, die wie ein verstecktes Curriculum wirken und die Menschen formen. Es ist ein Unterleben, das für Goffman nicht menschenwürdig ist; in der Sprache des Bewältigungskonzeptes ließe es sich als regressives Bewältigungsverhalten bezeichnen. Auch in diesem stecken Freiheiten und Spielräume, die aber keine wirklichen Freiheiten sind, sondern Flexibilitäten, die von der totalen Institution zugelassen werden, die auch ihre Grenzen bestimmt. Das Unterleben bleibt im System, hat keine systemsprengende Wirkung, nach Revolten werden die Grenzen nur enger gezogen. – Wir haben bei Goffman nicht gefunden, dass diese Sensibilität für die totale Kontrolle auch gesellschaftlich, also in den Orwell'schen Dimensionen der totalen Institution als gläserne Gesellschaft diskutiert wird.

Das Unterleben kann aber – das haben ja die Zusammenbrüche diktatorischer Systeme in den letzten Jahren gezeigt – doch so stark werden, dass solche Systeme gesprengt werden. Das heißt, dass wir das Unterleben in totalen Institutionen nicht nur mit Goffman als Anpassungsverhalten und kollusiven Prozess sehen dürfen, sondern auch daraufhin untersuchen müssen, welche Situationen auch in totalen Institutionen so entstehen können, dass Menschen an ihre Menschlichkeit erinnert werden. In diese Richtung, dass das Unterleben auch zum Widerstand werden kann, treibt es Goffman nicht; Unterleben heißt bei ihm, sich auf komplexe Art arrangieren.

Für die Sozialpädagogik ist auch wichtig, dass bei ihm nicht diskutiert wird, dass es bei aller Gleichheit des Grundmusters unterschiedliche Formen und Funktionen der totalen Institution gibt, je nachdem, wer in ihr mit welcher Intention lebt, zum Beispiel im Gefängnis, in der geschlossenen Psychiatrie, im Erziehungsheim, auf dem Schiff oder im Kloster. Vor diesem Hintergrund ist es sicher unzulänglich, in der Sozialpädagogik alle Heimerziehung umstandslos im depersonalisierenden Muster der totalen Institution zu sehen und zu kritisieren; hier bräuchte es eine eigene und differenzierende Diskussion, die wir in diesem Zusammenhang nicht führen können.

Das Goffman'sche Konzept der totalen Institution aber hat in und gegenüber allen Modernisierungen mit ihren neuen Umgangsformen für die Sozialpädagogik eine unerlässliche und provozierende Wirkung, weil es für das Erkennen von Tendenzen hin zur Depersonalisation, zur totalen Kontrolle in der Abgeschiedenheit eines Sonderraums und für die Formen des Unterlebens, also eines Doppellebens, sensibilisiert; diese können wir ja auch in anderen Arrangements im Alltag der Sozialen Arbeit immer wieder beobachten, also generell im Umgang mit AdressatInnen, wenn wir von Prozessen der Klientelisierung sprechen. Dass aber auch da der Goffman'sche Ansatz für die Soziale Arbeit nicht hin reicht, wollen wir analog zu unseren oben skizzierten Überlegungen zum Verständnis von Stigma noch einmal betonen; er berücksichtigt nicht, dass Klientelisierung ja ein nur pauschalisierender Ausdruck für das sozialpädagogische Arbeitsverständnis ist, das in sich immer ambivalent ist, also auch Aspekte des fördernden Umgangs enthält, weil Menschen in ihrer alltäglichen Welt aus eigener Kraft nicht überlebensfähig sind.

Was aber bleibt, ist Goffmans unbedingt kritischer Anspruch, sowohl was den Forschungsbetrieb als auch was den Umgang mit Menschen betrifft. Und noch eins scheint uns spannend. Es gibt im Stigma-Buch die Kategorie der Weisen. Damit meint Goffman Leute, die sich mit den Krisen- und Bewältigungsproblemen anderer identifizieren und sie zum Ausdruck bringen können, die also für jemanden sprechen können, der selbst dazu nicht in der Lage ist, oder dem es verwehrt ist, und den sie dadurch selbst zum Sprechen bringen können. Goffman stellt dies zum Beispiel für den gesellschaftlichen Umgang mit Homosexualität dar – da haben sich inzwischen die Verhältnisse verschoben –, es gilt aber sicher auch für soziale Berufe. Der Weise im Goffman'schen Sinne wäre – scheint uns – ein Idealkonzept für einen Sozialpädagogen als jemanden, der sich mit der schwierigen Lebenssituation anderer identifiziert, sie artikuliert und dadurch den Betroffenen zur eigenen Sprache hilft.

Mit Georg Simmel das Gesellschaftliche denken, ohne die Subjekte aus dem Blick zu verlieren

Wie Goffman steht Georg Simmel (1858–1918) am Rand der soziologischen Diskussion. Ihn interessieren die Phänomene und weniger die Systeme. Ähnlich wie bei uns in der Sozialpädagogik steht bei Simmel das „Verstehen“ im Mittelpunkt. Über das Verstehen gelangt er zur Struktur des jeweiligen Phänomens. Er nennt es aber nicht Struktur, sondern spricht vom „Wesen“, über dessen Erkenntnis man vom Einzelnen zum Ganzen kommen kann. Im Reichtum der Phänomene können wir das „Wesen“ sozialer Prozesse erschließen. So entwickelte er seine Vorstellung von Interdependenz.

Man kann – so Simmel – das Wesen nicht als Ganzes darstellen. Es ist auch nicht mit dem Systembegriff zu fassen, es muss in immer neuen Zugängen gesucht werden. So kann man Wechselwirkungen, Gegensätze und Interdependenzen im Verhältnis von Individuum und Gesellschaft entdecken. Das ist ähnlich wie bei Goffman. Auch Simmel schaut auf Wechselverhältnisse, die immer wieder im Wandel begriffen sind, er ist nicht auf Typisierungen aus. Hier können wir in der Sozialpädagogik einiges von ihm lernen, wenn es darum geht, tradierte Fallsystematiken zu öffnen.

Von daher lassen sich Simmels Analysen unterschiedlicher Phänomene oder Einzelgegenstände – in der Übernahme des Titels eines Sammelbandes[9] – sowohl als Brücke verstehen als auch als Tor zur Analyse sozialer Phänomene und ihrer inneren Beschaffenheit. Das Bild der Brücke ist aufregend, weil damit Verbindungen gesucht werden; das Bild des Tores schließt das Wesen der Phänomene insofern auf, weil man in die Phänomene hineingehen, aber auch wieder zum Ausgangspunkt des Verstehen-Wollens zurückkehren kann.

Dies ist ein Denken der offenen Reflexivität. Es ist wohl kein Wunder, dass Simmel von der systematischen Soziologie nicht nur disziplinär, sondern auch in Bezug auf seine damaligen Karrierechancen immer wieder geschnitten wurde (er erhielt erst als 55-Jähriger den Ruf nach Straßburg). Leopold von Wiese drückte das in seiner in den 1950er Jahren erschienenen Geschichte der Soziologie wie folgt aus: „Er war … ein wahrhaft geistreicher Anreger voller Ideen und Einfälle, der aber … niemals ein System hat errichten wollen. Frei zu sagen, was er denkt – stets in persönlicher Färbung und ohne Zwang zu einer strengen Folgerichtigkeit der Planlegung – war sein Bestreben" (von Wiese 1967, S. 124 f.).[10] Jürgen Habermas kommt in seiner Charakteristik des Simmel'schen Denkens dem nahe, was wir in der Sozialpädagogik meinen, von Simmel lernen zu können. Danach finden wir bei ihm „eine Mentalität, die gekennzeichnet ist durch ein empfindliches Sensorium für zeittypische Reize, für ästhetische Neuerungen, für geistige Tendenzwenden und Orientierungsumschwünge im großstädtisch konzentrierten Lebensgefühl, für subpolitische Einstellungsänderungen und schwer greifbare, diffuse, aber verräterische Alltagsphänomene" (Habermas 1968, S. 8).[11]

Es ist diese Unabgeschlossenheit und Offenheit, die wir durchaus als Prinzip bei Simmel erkennen können. Er setzt sich ab von Grenzziehungen, weil er wohl fürchtet, damit von tieferen Erkenntnissen abgeschnitten zu werden. Er ist offen für produktive Relativierungen. Man könnte ihn auch als „Bewegungsphilosoph" bezeichnen. Wichtig erscheint in dem Zusammenhang, dass er in seiner Soziologie nicht den Begriff der Gesellschaft, sondern den der „Vergesellschaftung" wählt. Vergesellschaftung meint dabei einen Prozess, der durch Wechselwirkungen bestimmt ist, durch Wechselwirkungen zwischen Inhalt und Form, das heißt zwischen den einzelnen Phänomenen des menschlichen Verhaltens in der Wechselwir-

9 Simmel, G. (1957): Brücke und Tor. Essays des Philosophen zur Geschichte, Religion, Kunst und Gesellschaft. Im Verein mit Margarete Susman herausgegeben von Michael Landmann. Stuttgart.

10 von Wiese, L. (1967): Geschichte der Soziologie. Berlin.

11 Habermas, J. (1968): Thesen zur Theorie der Sozialisation. Frankfurt am Main.

kung zu den dahinterliegenden gesellschaftlichen Formen und darin eben auch den Wechselwirkungen zwischen den Menschen als sozialen Akteuren. Darin bilden sich Strukturen, die sich verselbstständigen können und so auf die einzelnen Menschen zurückwirken. Vor diesem theoretischen Hintergrund waren für Simmel die Menschen genuin soziale Wesen, die in der Spannung zwischen Individualität und gesellschaftlicher Abhängigkeit leben. Während er im Bild des Tores und der Brücke soziale Zugänge über Einzelphänomene eröffnet, erlaubt der Zugang über seine Strukturvorstellung (nicht Strukturbegriff), das Gesellschaftliche zu denken, ohne die Subjekte aus dem Blick zu verlieren. Genau diese Spannung beider Zugänge brauchen wir ja in der Sozialpädagogik, um in den einzelnen Fällen Formen der Vergesellschaftung zu erkennen.

Vor diesem theoretischen Hintergrund Simmels sind einzelne soziale Probleme wichtig, die er beschreibt und die für die Soziale Arbeit relevant sind. Seine Aufsätze über den Armen, den Streit, den Raum, die Großstadt, den Fremden und das Abenteuer scheinen da besonders relevant.

Seine Arbeit über den Armen[12] ruft geradezu nach einer sozialpädagogischen Interpretation vor dem Hintergrund seiner Theorie des Dualismus von Inhalt und Form. Im Inhalt – der Beschreibung des Armen als sich historisch wandelnde Figur in der Fülle von Einzelschicksalen – findet er eine bestimmte moderne Form der Vergesellschaftung von Armut, die sich deutlich von der Vormoderne absetzt. Nach seiner Analyse sorgt sich die moderne Gesellschaft um den Armen, aber nicht um seines Einzelschicksals willen, auch wenn sie ihn alimentiert, sondern um die Armut als riskante Form der Vergesellschaftung, die die soziale Integration einer Gesellschaft gefährden kann. Gesellschaftlich interessiert also nicht der Arme, sondern die Armut als Vergesellschaftungsform. In dem Dualismus steht die Sozialpädagogik bis heute. Sie orientiert sich ja personal an den Armen und ihren Bewältigungsproblemen, spürt aber permanent die gesellschaftliche Aufforderung, die aus der Vergesellschaftungsform Armut resultiert: Die Armen sollen an einen Ort im gesellschaftlichen Raum gebracht werden, in dem sie die Gesellschaft nicht gefährden. Wir würden heute sagen: Den Armen soll geholfen, die Armut aber soll sozial befriedet, so unter Kontrolle gehalten werden, dass die gesellschaftliche Integration nicht auf dem Spiel steht. Hier ist die Grundstruktur von Hilfe und Kontrolle thematisierbar, die wir in der Sozialarbeit bis heute in sich historisch wandelnden Formen der Modernisierung finden.

Eine ähnlich grundlegende Bedeutung für die Sozialpädagogik hat auch Simmels Arbeit über den Streit als Form der Vergemeinschaftung. Es ist

---

12 Simmel, G. (1908): Soziologie. Leipzig.

eine Rehabilitation des Streits, des Konflikts, der – nach dem Prinzip der Wechselwirkung – zu einer „höheren Form“ der Gemeinschaft führen kann.

Das ist ein Bild, das heute in der neokapitalistischen Kultur des Mithaltens, der Tabuisierung von Problemen und der Verdrängungskonkurrenz vielen fremd geworden ist und ja auch in der Sozialpädagogik (zum Beispiel bei Klaus Mollenhauer) immer wieder gegen die dort herrschende Konsenskultur eingeklagt wurde – und das wir deshalb auch in der Fortführung bei Coser und Dahrendorf noch einmal aufnehmen wollen.

Simmel kann zeigen[13], dass soziale Gruppen innere Abgrenzung und Streit brauchen, um sich zu entwickeln und Gegenseitigkeit zu erhalten. Dabei muss sich aber eine Streitkultur entwickeln, in der ein Konsens über die Grundwerte des gemeinschaftlichen Zusammenlebens vorhanden ist. Natürlich braucht es auch einen Konsens darüber, dass der Streit für das soziale Miteinander notwendig ist. So wie wir das heute auch im demokratischen Konflikt als Grundwert unserer Gesellschaft beanspruchen.

Im Streit wird für Simmel die Verquickung des sozialen Handelns mit Gefühlen sichtbar. Im Konflikt brechen psychodynamische Grundströmungen in der Gruppe oder in der Gesellschaft auf, die sonst verborgen bleiben.

Gerade von daher ist der Konflikt ein notwendiges Strukturelement sozialer Arbeit und sozialpädagogischen Handelns. Nahezu jede Hilfebeziehung ist eine Konfliktbeziehung und gelingende Hilfe entwickelt sich nicht in der einseitig hierarchischen Intervention in Vorgaben, sondern in der Wechselwirkung von Positionen und damit der Anerkennung der Befindlichkeit und Eigensinnigkeit des anderen, des Adressaten. Es braucht Zeit und Raum und darin Bedingungen, die es den AdressatInnen ermöglichen, ihre Befindlichkeit als Position darzustellen und einzubringen und darin als wesentlicher Part in der Konfliktbeziehung anerkannt zu werden.

In diesem Kontext wird aber auch deutlich, dass der Abtrünnige das Wesen der Gesellschaft infrage stellt so wie auch der Fremde. Auch hier öffnet Simmel wieder ein Tor, um die Grenzen der Gemeinschaft zu erkennen.

Diese Grenzen hat er sehr deutlich in seiner Arbeit über den Fremden[14] aufgezeigt, die man heute als Grundlektüre für Migrations- und Asylpolitik und die darin gefangene Soziale Arbeit empfehlen kann. Denn wenn Simmel sinngemäß formuliert, dass der Fremde uns nahe ist, wenn er uns fern bleibt, aber fern ist, wenn er uns nahe ist, also in unsere Gesellschaft eintritt, dann haben wir hier die Grundformel für die Kritik an dem Kulturzentris-

---

13 Simmel, G. (1908): Soziologie. Leipzig

14 Simmel, G. (1908): Soziologie. Leipzig.

mus unserer Gesellschaft, der bestimmte Gruppen von Migranten und vor allem auch Asylanten aussperrt, wenn sie ins Land kommen und damit auch nicht als Konfliktpartner anerkennt. Die Soziale Arbeit mit MigrantInnen und AsylbewerberInnen befindet sich dabei oft in einer fast schizophrenen Lage. Auf der einen Seite bezieht sie die MigrantInnen und Asylsuchenden genau wie andere KlientInnen in den Rahmen ihrer Arbeit ein, versucht ihre lebensweltliche Befindlichkeit anzuerkennen und sich auf sie zu beziehen, gleichzeitig arbeitet sie in einer kulturzentristischen Gesellschaft, die sich die Fremden auf Distanz halten will oder von ihnen verlangt, ihre Herkunftskultur aus der verlangten Integrationsperspektive herauszuhalten.

Simmel behandelt soziale Probleme, wie sie sich in der damaligen Zeit und bis heute vor allem in der Großstadt verdichten und kumulieren. Seine Überlegungen zu Großstadt und Mode – übrigens ein Exerzitium Simmel'scher Soziologie was historischen Bezug, Differenzierung und innere Dialektik anbelangt – zeigt, wie wir Oberflächenphänomene durchschauen und begreifen können. Er geht davon aus, dass die großstädtische Welt überschwemmt ist von einer Dichte der Beziehungen, Erlebnisse und Erfahrungen. Das führt zu einem Lebensmuster, das – gegenüber dem in der Kleinstadt – durch die Einseitigkeit der Rationalität im Umgang mit Zeit und die Abstraktheit des allgemeinen Bezugs auf Geld bestimmt ist; das aber geht – so Simmel – einher mit einer „Steigerung des Nervenlebens, das aus dem raschen und ununterbrochenen Wechsel äußerer und innere Eindrücke hervorgeht" (Simmel 1957, S. 228), aus ihm zieht sich der Großstädter in eine Schutzschicht zurück, die Simmel „Blasiertheit" nennt. In dieser Blasiertheit, die in der generellen Gleichgültigkeit den Lebensereignissen und Sachen gegenüber begründet ist, hat der Großstädter zugleich die Chance einer Sicherheit im Mantel von Souveränität, wie er in das Risiko gerät, in der großstädtischen Anonymität unterzugehen. Simmel arbeitet, wie ähnlich in den anderen Themen, mit einem Dreischritt: 1. Der Überschwemmung mit Erlebnissen begegnet der Großstädter mit Abschottung, Blasiertheit, heute würden wir sagen mit Coolness. 2. Gleichzeitig drängt sich ihm damit aber auch die Frage auf, wer er denn eigentlich in dieser Anonymität ist. Der Großstädter sucht deswegen nach Formen der Selbstdarstellung. Es entsteht der Drang zur Selbstinszenierung. 3. Damit er nicht untergeht, muss er im Alltagsleben die kleinen Unterschiede herausstellen. Er sucht deswegen nach Formen der Selbstdarstellung. Eine moderne Form der Selbstdarstellung ist die Mode. In ihr ist die Spannung zwischen Gruppenzugehörigkeit und Individualität, Individualisierung und Standardisierung enthalten. Über Mode kann man sich präsentieren, Mode wechselt und damit werden immer wieder neue Unterscheidungen in der Selbstrepräsentation möglich.

Diese Überlegungen kann man generell auf den Konsum und die darin enthaltenen Wechselwirkungen ausdehnen. In Simmels Überlegungen zu Großstadt und Mode schwingt ja auch schon die Perspektive der Aneignung in der Wechselwirkung mit. Im Mode- und Konsumverhalten stecken Aneignungstätigkeiten der Großstädter, die aus der anonymen Masse und Dichte Buntheit und Vielfältigkeit machen. Simmel hat diese Aneignungsperspektive in seiner Sozialen Theorie des Raumes fundiert. Der territoriale Raum wird erst durch die Aneignungstätigkeit der Menschen zum sozialen Raum. Gleichzeitig vergegenständlicht sich in ihm das Gesellschaftliche. In dieser Wechselwirkung von Mensch, Raum und Gesellschaft vollzieht sich die Entwicklung des Sozialen. Wenn Räume erst ihre soziale Gestalt durch die Aneignungstätigkeit der Menschen in der Spannung zur Gesellschaft erhalten, so liegt es auf der Hand, dass in einem Raum ganz unterschiedliche Aneignungen stattfinden und sich damit unterschiedliche Sozialräume in einem räumlichen Rahmen entwickeln können. Kinder und Jugendliche eignen sich Räume anders an als Erwachsene. Sie entwickeln, erweitern und spiegeln sich in ihnen, während Erwachsene Räume eher funktional betrachten. Gerade dies hat in der neueren Sozialpädagogik – und vor allem auch im Kontext von Lebensweltorientierung und Bewältigung – hohe Bedeutung gewonnen. Wir haben gelernt, zu sehen, wie sich gesellschaftliche Verhältnisse räumlich abbilden, soziale Ungleichheit als Segregation räumlich sichtbar wird und verwehrte Räume bei Jugendlichen zu gewaltförmigen Aneignungen führen können, das Sozialräumliche also in Bewegung bleibt. Man könnte etwas zugespitzt formulieren: Dieses Denken muss sich zwangsläufig sozialräumlichen Container-Vorstellungen gegenüber sperren, wie wir sie häufig in der Sozialpädagogik finden, wenn räumliches Denken, zum Beispiel im Zusammenhang von Organisations- und Verwaltungsräumen, verdinglicht wird. Man könnte auch sagen, Simmel kommt – wie beim Beispiel Großstadt – vom vielfältigen Erscheinungsbild des Lebens im Raum zum Wesen des sozialen Raumes.

Die Spannung und Bewegung, die in diesem Denken liegt, führt Simmel auch zu seinen lebensphilosophischen Akzenten. Hier ist zum Beispiel seine Arbeit zum Abenteuer interessant (Simmel 1923, S. 13–30)[15]:Das Abenteuer – so Simmel – ist ein Ereignis, das „aus dem Zusammenhang des Lebens heraus fällt“, es hat – als subjektives Erlebnis – seine eigene Form wie eine Insel im Leben. Es ist charakterisiert durch die Grundspannung von Verfügenwollen und Nichtbeherrschenkönnen, man agiert in der „Geste des Eroberers“, man plant und bereitet sich mit hohem Aufwand vor, um sicher zu sein, und weiß sich doch dem Risiko des Unabsehbaren ausgesetzt. Im

15 Simmel, G. (1923): Das Abenteuer. In: Simmel, G.: Philosophische Kultur. Potsdam.

Abenteuer setzen die Menschen „auf die schwebende Chance, auf das Schicksal und das Ungefähr ... brechen die Brücken ab, treten in den Nebel, als müsste der Weg unter allen Umständen tragen". Simmel versteht so das Abenteuer in seiner Abgehobenheit zum Alltag als Grundmuster des Lebens, das auch den Alltag bestimmt, aber so oft in seiner geschäftigen Vordergründigkeit verdeckt bleibt. Darin erfüllt Abenteuer auch einen Bildungssinn: die Erfahrung des existenziellen Grundes des Lebens und den Drang nach dieser Erfahrung.

Wenn man diese Überlegungen weiterzieht, dann wird das Problem des Scheiterns in ein anderes als nur defizitäres Licht gerückt. Wir haben es ja in der sozialpädagogischen Arbeit mit unterschiedlichen Formen des Scheiterns zu tun und wenn wir dies unter der Spannung von Verfügenwollen und Nichtbeherrschenkönnen sehen, dann erhalten wir eine den Betroffenen zugewandte Bewältigungsoptik, sehen das Leben, das in ihnen ist, und nicht zuvörderst das gesellschaftlich sanktionierte Resultat.

Hier lassen sich auch Akzente von Simmels schulpädagogischen Überlegungen hinzufügen. Simmel hat ja in Straßburg schulpädagogische Vorlesungen gehalten und sie auch publiziert. Sozialpädagogisch interessant sind vor allem seine Ausführungen zum Strafen[16] in denen er nicht zuerst nach den Delikten, sondern nach der Lebenswirklichkeit der Schüler fragt und den Grundsatz unterstreicht, dass die Strafe nicht das Selbstvertrauen des Schülers zerstören darf. Diese Maxime gilt bis heute für den modernen pädagogischen Strafdiskurs, in dem darauf insistiert wird, zuerst zu fragen, was den Schüler zu diesem Verhalten getrieben hat und welche Bewältigungsproblematik dahintersteckt. Auch zeigt Simmel, dass Strafen immer auch einen Verweis auf die Stärken beinhalten müssen, die im Schüler trotz seiner Verfehlungen stecken. Erziehungs- und Lernprozesse werden bei ihm als Vorgänge der sozialen Verständigung betrachtet, als wechselseitiges Verstehen. Der Lehrerfolg entwickelt sich in Wechselwirkungen nicht nur zwischen LehrerInnen und Schülern, sondern immer auch bezogen auf den gesellschaftlichen Rahmen schulischer Bildung. Hier argumentiert Simmel ähnlich wie in seiner Arbeit über den Armen. Die Schule soll erziehen und bilden, aber der Staat als Institution der Reproduktion von Gesellschaft hat sein primäres Interesse an dieser Reproduktion und „überlässt" die Bildung der Persönlichkeit der pädagogischen Praxis, deren Spielräume aber wiederum durch das staatlich-gesellschaftliche Interesse eingeengt sind. Angesichts des Drucks zur technologisch akzentuierten Humankapitalbildung, dem die Schule gegenwärtig ausgesetzt ist, hat Simmels Beitrag nichts an Aktualität eingebüßt. Ebenso erkennen wir darin auch jene Prinzipien –

16 Simmel, G. (2004): Posthume Veröffentlichungen, Schulpädagogik, Frankfurt/M.

Anerkennung, Suche nach den Stärken, Ermöglichung, Bewältigungsproblematik –, die sozialpädagogisches Handeln heute leiten sollten.

Mit Ralf Dahrendorf und Lewis Coser an den sozialen Konflikt erinnern

In unseren Gesprächen kommen wir immer wieder auf die Bedeutung des sozialen Konflikts als Hintergrundstruktur der Sozialen Arbeit. Es waren Ralf Dahrendorf (1929–2009) und Lewis A. Coser (1913–2003), die die Theoriediskussion zum sozialen Konflikt geprägt haben. Mit ihren Hypothesen können wir das Konfliktgefüge sozialpädagogischer Kontexte aufklären. Dass hier zwei Theoretiker in einem vorgestellt werden, folgt der Gepflogenheit des Soziologiediskurses, in dem beide als eine Art gegenseitiges „Ergänzungspaar" trotz unterschiedlicher theoretischer Herkünfte - hier Marx, dort Simmel - gesehen werden. Dahrendorf sieht im Konflikt eine zentrale Bedingung sozialen Wandels, Coser begreift ihn als Medium gesellschaftlicher Integration. Dass beide Perspektiven zusammengehen, macht nicht nur eine soziologische Faszination der Konzepte aus, sondern trifft auch die Wirklichkeit der Sozialen Arbeit.

Dahrendorf hat seine Konflikttheorie vor allem in dem Buch „Gesellschaft und Freiheit"[17] entwickelt. Ausgehend von der Ubiquität, der historischen und weltweiten Allgegenwart sozialer Konflikte, definiert er sie als strukturelle Gegensatzbeziehungen, deren zentrales Strukturmerkmal soziale Ungleichheit vor dem Hintergrund gesellschaftlicher Macht- und Herrschaftsverhältnisse ist. In der historischen Rekonstruktion erweisen sich Konflikte als zentrale Faktoren sozialen Wandels und der Entwicklung neuer sozialer Strukturen. Soziale Konflikte entzünden sich an der Starre und dem Zwangscharakter etablierter (Macht-)Strukturen und legen die Geschichtlichkeit und damit Wandlungsgesetzlichkeit sozialer Prozesse frei. In diesem Zusammenhang ist Dahrendorfs Unterscheidung zwischen latenten und manifesten Konflikten von Bedeutung: Konflikte sind oft verdeckt, durch Regelungen, Verfahren überformt aber auch durch Macht und Zwang zurückgedrängt, niedergehalten, oder sie brechen auf, werden virulent. Konflikte sind für Dahrendorf nicht Ursachen, sondern Bedingungen sozialen Wandels, das heißt in ihnen können Unterdrückung und soziale Ungleichheit ihre politische Sprache finden. Daraus kann ein für soziale Beziehungen und soziales Handeln zentraler Schluss gezogen werden: Wenn Konflikte nicht thematisiert und ausgetragen werden, dann können

17 Dahrendorf, R. (1965): Gesellschaft und Freiheit. München.

sie bei den Menschen in sozial destruktiven oder auch selbstdestruktiven Formen – von der Gewalt bis zur Depression – ausbrechen. Konflikte können eben nicht aus der Welt geschafft werden. Sie sind struktureller Bestandteil des Sozialen.

Während Dahrendorf in seiner Konflikttheorie vor allem den sozialen Wandel im Auge hatte (das war auch wissenschaftssoziologisch plausibel angesichts der politischen und kulturellen Erstarrung der damaligen Zeit in Westdeutschland) ging Coser[18] der erst einmal der paradox klingenden Frage nach, welchen Beitrag Konflikte – wenn sie schon struktureller Bestandteil des Sozialen sind – für den Zusammenhalt, die Integration einer Gesellschaft und für die Stabilität sozialer Beziehungen überhaupt leisten können. Er orientierte sich an Georg Simmels These vom Streit als Form der Vergemeinschaftung (s.o.) und fragte aber – nun Simmel operational weiterführend –, welche Bedingungen gegeben sein müssen, dass diese Vergesellschaftungseffekte positiv sein können, dass also Konflikte sozialintegrative Wirkungen haben können. Drei Grundvoraussetzungen müssen für ihn in diesem Zusammenhang gegeben sein. Soziale Konflikte müssen zum einen als soziale Interaktionen strukturiert und zum anderen an Zielen und Interessen ausgerichtet sein. Sie wirken – drittens – nur integrativ, wenn die Konfliktparteien beziehungsweise Gegner grundlegende Werte des Zusammenlebens und der menschlichen Integrität auch im Konfliktfall weiter teilen. Diese Bestimmung des sozialen Konflikts als Form sozialer Interaktion, die an (widerstreitenden) Zielen und Interessen ausgerichtet sein muss, ist deshalb wesentlich, weil so der Konflikt von Formen ungerichteter Aggression und Gewalt als „unechten Konflikten“ unterscheidbar ist.

Soziale Konflikte sind struktureller Bestandteil moderner Gesellschaftssysteme, die durch Arbeitsteilung gekennzeichnet sind. Angesichts dieser Ubiquität des Konflikts gehört es zur sozialen Grundkompetenz von Kindern und Jugendlichen, dass sie Konfliktaustragung beherrschen und vor allem lernen, Aggressionen, Frustrationen und Ohnmachtserfahrungen (mit anderen zusammen) in die Interaktionsbahn des sozialen Konflikts zu bringen. Und ein Zweites gehört zum Grundbestand einer sozialen Konfliktlehre: Gesellschaften, Institutionen und Gruppen kann man danach unterscheiden und bewerten, ob und inwieweit sie Konflikte – die ja in ihnen strukturell enthalten sind – zur Austragung zulassen oder Konflikte unterdrücken beziehungsweise abdrängen. Hier sind wir bei der politischen Dimension des Konflikts als Wesen der modernen Demokratie angelangt. Gesellschaften und Institutionen, die Konflikte unterdrücken, werden als autoritär, jene aber, die ihr politisches System auf dem institutionalisierten

18 Coser, L. A. (1965): Theorie sozialer Konflikte. Darmstadt.

Konflikt (Mehrparteiensystem, Wahlen, Tarifstreit etc.) aufbauen und darüber hinaus auch für außerparlamentarische, ungeregelte Konflikte Sensibilität und Toleranz entwickeln können, werden als demokratisch eingestuft. Die demokratische Schule ist demnach eine konfliktsensible und konfliktaustragende und nicht konfliktunterdrückende Schule. Demokratisches Erziehen in Schule und Jugendarbeit zielt deshalb auf die Befähigung zum Erkennen von Konfliktstrukturen und Austragung von Konflikten in sozialer Interaktion ab. Beim demokratischen Konflikt ist aber immer vorausgesetzt, dass die Beteiligten trotz widerstreitender Interessen und Definitionen ein gemeinsames Ergebnis – einen Kompromiss – suchen und finden, in das ihre Interessen auf nun neuer Ebene – meist mit Abstrichen und Modifikationen – eingegangen sind. Das Sich-auf-den-Anderen-Einlassen-Können trotz antagonistischer Interessenausgangslage macht das zentrale Element der sozialen Interaktion im echten Konflikt aus.

Dieses Vorhandensein einer letztendlichen Gemeinsamkeit im Gegensatz entscheidet nach Coser auch darüber, ob ein sozialer Konflikt sozial integrierende oder desintegrierende Wirkungen hat. Die demokratische Konfliktaustragung muss also einen Horizont dort finden, wo es um grundlegende soziale Bestandswerte geht: persönliche Integrität, demokratischer Pluralismus, Menschenrechte. Konflikte ohne Grundwertekonsens führen in der Regel zu Spaltungen. Auch wirken Konflikte vor allem in Institutionen dann desintegrativ, wenn Sinn und Bestand der Institution in Frage gestellt werden. So kann zum Beispiel eine radikale Forderung, wie die nach Abschaffung der Schule, nicht mehr als Konflikt in der Schule oder mit der Schule ausgetragen werden – weil er ja Sinn und Bestand der Schule verneint.

Die Sozialpädagogik ist auf allen Ebenen – gesellschaftlich, institutionell und interaktiv – in Konfliktstrukturen verwoben. Der Sozialstaat, dem sie ihre moderne Existenz verdankt, hat sich aus der Dialektik des Konflikts zwischen Arbeit und Kapital, zwischen dem Sozialen und der Ökonomie entwickelt. Damit waren soziale Konflikte zwar sozialstaatlich befriedet, die Konfliktstruktur sozialer Prozesse ist damit aber nicht aufgehoben. Dies setzt sich in der institutionellen Spannung zwischen Hilfe und Kontrolle in den sozialpädagogischen Organisationen fort und bestimmt auch – manifest wie latent – die Struktur der Hilfebeziehungen. Es stehen sich schließlich in der Regel zwei widersprüchliche Interessenpositionen gegenüber: Das antisoziale oder selbstdestruktive Verhalten der KlientInnen hat für diese – so eine Grunderkenntnis des Bewältigungskonzepts – erst einmal eine aus der subjektiven Sicht der KlientInnen positive Funktion. Diesem steht die sozialpädagogische Interventionsabsicht gegenüber, die das Antisoziale und Selbstzerstörerische des Verhaltens sieht und deshalb negativ bewertet, bewerten muss. Die gemeinsame Perspektive der Konfliktaustragung und schließlich Integration lässt sich aber erst über eine Methodik des Akzeptierens und der Entwicklung von Settings herstellen, in denen die KlientInnen die Chance haben, ihr Erleben einzubringen und sich darin auch ihrer Interessen gewahr zu werden. Erst dann ist es – von der Praxis her gesehen – sinnvoll, sie als echte Ko-Konstrukteure des Hilfeprozesses zu definieren.

Es widerspricht erst einmal der Position professioneller Distanz, die Hilfebeziehung als Machtbeziehung und Konfliktgeschehen, in das man als Helfende(r) unweigerlich hineingezogen ist, zu begreifen. Das muss aber – vor allem kollegial – thematisiert werden, in die professionelle Selbstreflexivität eingehen können, wenn man einen respektvollen Zugang zu den KlientInnen finden will. Anerkennung der Hilfebeziehung als Konflikt und Anerkennung der KlientInnen bedingen einander.

Mit Sofie Lazarsfeld die Wechselwirkung von Tiefenstrukturen und sozialen Prozessen verfolgen

Das Prinzip der Anerkennung der Kinder und Jugendlichen, die benachteiligt und ausgegrenzt sind, stand im Zentrum der Arbeiten von Sofie Lazarsfeld (1882–1976). Hier sind wir auf eine wirklich „Vergessene" gestoßen. Bekannt geblieben sind ihr Sohn, der Soziologe Paul Lazarsfeld, und ihre Schwiegertochter, die Sozialpsychologin Marie Jahoda. Weder die Sozialpädagogik noch die Frauenforschung haben die Bedeutung der Wiener Psychologin und Sozialpädagogin bisher gewürdigt. Sie war es vor allem, die die individualpsychologische Theorie sozialpädagogisch transformierte und die Sozialpädagogik im Netzwerk der disziplin- und institutionenübergreifenden „Wiener Schulreform" repräsentierte. Der Nationalsozialismus liquidierte diese Reformbewegung, die Lazarsfelds und andere mussten ins amerikanische Exil.

Wie viele der Reformbewegungen der damaligen Zeit wurde die Individualpsychologie in der Nachkriegszeit als empirisch gehaltvolle, sozialpädagogisch transformierbare Lehre vergessen – und mit ihr Sofie Lazarsfeld. Zumindest im Bewältigungskonzept wird auch auf sie zurückgegriffen, aber auch sonst stecken in ihren Arbeiten heute noch (oder wieder) genug Impulse für das sozialpädagogische Denken. Menschen, die in ihrem bisherigen Leben nie Anerkennung erfahren haben, weisen – oft verfestigte – Selbstwertstörungen auf. Die psychosoziale Diagnostik müsse sich dementsprechend auf diese biografische Erfahrung der Minderwertigkeit und die scheinbar paradoxen Formen ihrer Kompensation als Versuche der Selbstbehauptung richten. Diese gelten als Antriebskräfte, die hinter den Symptomen der „Verwahrlosung" und „Auffälligkeit" wirken. Der Interventionsansatz ist entsprechend entstigmatisierend angelegt, Biografie und soziales Umfeld als Matrix der misslungenen Bewältigung der Lebensaufgaben werden in der Methode der „social case studies“ aufgeschlossen.

Dies ist in Kürze das diagnostisch-pädagogische Modell das Sofie Lazarsfeld in die Sozialpädagogik einführte. Sie orientierte sich an den Grundlinien der Individualpsychologie Alfred Adlers, die damals zur Leitdisziplin der „Wiener Schulreform“ wurde. Die individualpsychologische Perspektive sollte durchgängig – von der Schule bis hin zur Heimerziehung – zum Tragen kommen. Sie hatte sich bis Ende der 1920er Jahre auch in der deutschen Sozialarbeit, vor allem in den Großstädten, verbreitet. Ein Indiz dafür ist unter anderem, dass im Ehrenausschuss des 5. Kongresses für Individualpsychologie in Berlin 1931 die damals prominentesten VetreterInnen der deutschen Sozialarbeit saßen (zum Beispiel Salomon, Wronsky, Mennecke).

Lazarsfeld wollte damit – nicht nur, aber vor allem – sozial benachteiligte Kinder und Jugendliche erreichen. Denn aus Benachteiligungen heraus können sich starke Gefühle der Minderwertigkeit entwickeln, die dann in sozial- oder selbstdestruktiven Überkompensationen abgespalten werden. Deshalb komme es darauf an, den ganzen Menschen in seiner (sozial gerichteten) Individualität zu betrachten (daher die Fachbezeichnung ‚Individualpsychologie‘), um seine Stärken, die biografisch bisher nicht zum Zuge gekommen sind, herauszufinden und an ihnen mit ihm zu arbeiten. Das gehe aber nur, wenn dieser pädagogische Schritt nicht beim Einzelnen stehen bleibe, sondern mit und in der Gemeinschaft gemacht werde. „Von allen im Kind vorhandenen Fähigkeiten [sind] jene zu fördern, deren Entfaltung nötig ist für seine [sozial] gesunde Entwicklung, die wieder gleichen Schrittes geht mit seiner Einfügung in die menschliche Gemeinschaft, denn nur in der Erfüllung der für diese Gemeinschaft nötigen Erfordernisse kann der Erfolg eines Lebens verankert sein“ (Lazarsfeld 1929, S. 2).[19]

Jede noch so verborgene Fähigkeit sei immer Ausdruck des gesamten Wesens des Menschen und aus dieser Erkenntnis müsse sich auch der pädagogische Optimismus speisen, dass über sie der Mensch insgesamt sich wandeln kann; genauso wie die Beurteilung von Verhaltensproblemen nicht an diesen allein stehenbleiben darf, sondern dahinter der ganze Mensch (in seiner Individualität) gesucht werden muss. Allerdings darf man dabei das gerade beim sozial zurückgedrängten Menschen besonders wirkende Geltungs- und Sicherungsstreben nicht übergehen, mit dem er der offenen pädagogischen Ansprache erst einmal mit Abwehr begegnet. Nicht nur deshalb sei die Erziehung über und in der Gemeinschaft so wichtig, denn die gefühlten Minderwertigkeiten resultieren aus Zuschreibungen aus der

---

19 Lazarsfeld, S. (Hrsg.) (1929): Technik der Erziehung. Leipzig.

Gemeinschaft und können nur wieder über neue Gemeinschaften aufgefangen und aufgelöst werden. Entsprechend müsse die milieubildende Gruppe im Mittelpunkt der sozialpädagogischen Arbeit stehen. „Darum ist es über alles hinaus wichtig, die Erziehung des Kindes von seiner Jugend an so zu leiten, dass es von Anbeginn an den Anspruch auf Geltung in jene Kanäle lenkt, die für den einzelnen wie für die menschliche Gemeinschaft gleichermaßen nutzbringend sind" (ebd. S. 8).

In dem von ihr 1929 herausgegebenen Reader „Technik der Erziehung" lässt sie individualpsychologisch-sozialpädagogische Ansätze zu Kindheit, Jugend und Schule zu Wort kommen. Mit dem Begriff „Technik" meinte sie aber nicht sozialtechnologische Verfahren, sondern die Systematik individualpsychologischer Gesetzmäßigkeiten, die von Sozial- und SchulpädagogInnen gekannt werden müssen, wenn sie Zugang zu den Kindern und Jugendlichen finden wollen. Gleichzeitig müssen die benachteiligenden sozialen Verhältnisse, welche zu einem Minderwertigkeits- und darin gestörten Gemeinschaftsgefühl führen können, wissenschaftlich aufgeklärt werden. Dreh- und Angelpunkte des sozialpädagogischen Zugangs waren die von Sofie Lazarsfeld mitbegründeten Erziehungsberatungsstellen (1929 gab es in Wien 28), von denen aus ein Netzwerk mit Familien, Schulen, offenen Einrichtungen und Heimen aufgebaut und deren empirisches Material für die sozialpädagogische Forschung genutzt werden konnte. Aus diesen Erkenntnissen und Erfahrungen speisten sich auch ihre anderen Arbeiten zur Erziehungs-, Familien- und Sexualberatung und allgemein zur individualpsychologischen Grundlegung der Sozialpädagogik.

Ihre Arbeiten zur Sexualberatung, die sie aus ihrer eigenen Praxis heraus entwickelte, sind bis heute nicht nur für die Genderforschung, sondern auch für eine geschlechterbewusste sozialpädagogische Beratung interessant. Es ging ihr um die Emanzipation der Frau, die sie aber nicht nur über die Aufhebung der geschlechtshierarchischen Arbeitsteilung, sondern – damit untrennbar verbunden – auch über ihre sexuelle Selbstbestimmung erreichen wollte. Sie entwickelte ein in diesem Sinne individualpsychologisch inspiriertes Modell, das an die schon damals in der Sexualforschung diskutierte These anknüpfte, dass sich gerade im Sexualerleben die unsichere männliche Identität spiegele, die im Berufs- und Alltagsleben von vielen Männern demonstrativ überspielt werde. Zusammen mit anderen versuchte sie, dieses männliche Dilemma sowohl tiefenpsychologisch zu erklären als auch gesellschaftlich-politisch zu deuten und in diesem Zusammenhang zu fragen, warum Jungen und Männer seit Urgedenken so drängend und hartnäckig in der Abwertung des Weiblichen und der Idolisierung der männlichen Potenz sind. In ihrem Modell wird die Geschichte des Patriarchats zu einer einzigen Kompensation der männlichen Ohnmacht dem unbeherrschbaren Penis gegenüber und der damit verbundenen männlichen

Minderwertigkeitsangst. Sie, die Männer könnten diese nur überwinden, indem sie sie auf die Frauen abspalten, die Frau zum Minderwertigkeitsobjekt machen und sie entsprechend gesellschaftlich einstufen und behandeln. Für Sofie Lazarsfeld war es deshalb in der Mädchen- und Frauenberatung wichtig – vgl. ihren damaligen (1931) Bestseller „Wie die Frau den Mann erlebt“[20] –, den Frauen das Gefühl ihrer eigentlichen sexuellen Überlegenheit so zu vermitteln, dass die Frau souverän gegenüber dem Mann werden kann. Die gesellschaftliche Emanzipation der Frau und die Entzauberung des Phallus gingen für sie ineinander über. Die Forderung der zeitgenössischen Frauenbewegung nach der Selbstständigkeit der Frau über Bildung und Arbeit, die auch sie betonte, setzte sie zur sexuellen Selbstbestimmung der Frau in eine emanzipatorische Spannung, die auch heute noch trägt. Das Wissen, wie Macht, Abhängigkeit und Sexualität zusammenspielen, bildet inzwischen eine Grundlage der Frauenhausarbeit, sollte aber auch zum sozialpädagogischen Grundwissen überhaupt gehören.

Sexualität war für Lazarsfeld – in Absetzung von der Freud'schen Trieblehre – eine Ausdrucksform, die mehr in sozialen Beziehungs- und Machtverhältnissen unterschiedlich freigesetzt und geformt wird, als dass sie einer triebhaften Eigendynamik unterliegt. „Wenn neue Erziehung, neue Tradition unser Leben soweit gefördert haben, dann wird Sexualität nicht mehr der Tyrann sein, der drohend in unser Leben eingreift, auch nicht die Unterwelt, die sie grollend durchwühlt, sondern [...] eine Melodie, die alle unsere Arbeit und unser Gemeinschaftsleben begleitet“ (Lazarsfeld 1929, S. 325).

Mit Donald Winnicott die Paradoxien antisozialen Verhaltens kennenlernen

Wir bleiben bei der von der Individualpsychologie zutage geförderte Erkenntnis und dem Wissen darüber, dass das, was sich im Inneren der KlientInnen abspielt, vom äußeren Verhalten her nicht so ohne weiteres erschließbar ist. Psychodynamik und Sozialverhalten fallen hier auseinander, hängen aber in oft paradoxer Weise zusammen. So betrachtet kann man die Sozialpädagogik, vor allem wenn sie sich mit Dissozialität und Delinquenz beschäftigt, durchaus auch als Pädagogik der psycho-sozialen Paradoxien bezeichnen. Das bedeutet auch, dass entsprechende psychodynamische Erkenntnisse nicht als „Spezialkenntnisse“ separiert werden, sondern in den handlungswissenschaftlichen Fundus integriert werden müssen. So hat es in

20 Lazarsfeld, S. (1931): Wie die Frau den Mann erlebt. Wien und Leipzig.

unserer Zeit vor allem Wilfried Gottschalch (1929–2006) gehalten, der wie wohl kein anderer Sozialpädagoge es verstanden hat, psychoanalytische und handlungswissenschaftliche Perspektiven miteinander zu verbinden.

Wenn wir in diesem Sinne in der pädagogisch orientierten Psychoanalyse früherer Zeit über die Wiener Individualpsychologie hinaus weitersuchen, so werden wir bei Donald Winnicott (1896–1971) fündig. Aus seinem Werk lässt sich eine Linie herausarbeiten, an der entlang sich ein psychodynamischer Unterbau einer sozialpädagogischen Theorie der Devianz im Kindes- und Jugendalter entwickeln lässt. Dieser Linie soll im weiteren – Winnicott interpretierend – so gefolgt werden, dass die entsprechenden Anschlussmöglichkeiten an die Dimensionen sozialpädagogischen Handelns greifbar werden.

Winnicott hat ein Modell entwickelt, mit dem wir verstehen können, wie der den Menschen innewohnende Aggressions-(Selbstbehauptungs-)trieb in eine „antisoziale Tendenz" umschlagen und damit das Kind in die Zone des abweichenden Verhaltens bringen kann. Aggressive Aktivitäten (als sozial gerichtete Triebimpulse) entwickeln sich dann kreativ, wenn das Kind die soziale Umwelt, auf die sich seine Aktivität richtet, als „unzerstörbar" erfährt. Das heißt, wenn seine (nach außen tendenziell „zerstörerischen") aggressiven Impulse für das Kind selbst nicht gefährlich werden, nicht unvermittelt auf es zurückschlagen, sondern von seiner familialen Umwelt aufgefangen, gebunden werden können. Das Kind kann so mit seinen Aggressionen experimentieren, erfährt dabei Möglichkeiten und Grenzen, entwickelt eine Gewissheit des Selbst, die nicht immer wieder neu aufgebaut werden muss, weil ja in ihm die Erfahrung des „begrenzten" Experimentieren-Könnens gewachsen ist.

Antisoziale Tendenzen hingegen entwickeln und formieren sich dann, wenn das Kind seine Umwelt als zerstörbar erfährt, das heißt, wenn seiner Aggression nichts entgegengesetzt wird, wenn die aggressiven Impulse für das Kind grenzenlos werden und irgendwann – aus einer nicht mehr überschaubaren Umwelt heraus auf ein nicht mehr beherrschbares Selbst – zurückschlagen. Dies ist in der Kind-Familien-Beziehung vor allem dann zu erwarten, wenn das Kind die bisher als unzerstörbar erlebte Umwelt verliert: zum Beispiel beim Auseinanderbrechen der Familie, bei extremer Entfremdung der Eltern, aber auch bei stetig zunehmender Inkonsistenz und Unüberschaubarkeit der Familienabläufe und der dadurch für das Kind entstehenden alltäglichen Überforderungskonstellationen. So büßt das Kind eine familiale Umwelt ein, in der es mit tendenziell zerstörerischen Impulsen experimentieren und so nachhaltige Trieberfahrungen machen konnte.

Das Gefühl des Verlusts einer unzerstörbaren Umwelt kann bei Kindern vor allem dann aufkommen, wenn Ängste und Verwirrungen im Hinblick auf Objektverluste (Bindungsverluste) entstehen. Sie werden belastet, weil sie nun selbst die Kontrolle übernehmen sollen, die für sie vorher in der unzerstörbaren Umwelt gegeben war. In dieser diffusen Überforderung schlagen die Aggressivitätsantriebe auf das Kind zurück: sowohl als Ängste angesichts des Kontrollverlusts als auch als Erfahrung der schutzlosen Preisgabe des Selbst, da die Aggression von sich aus nicht mehr bewältigbar erscheint. Das so *vernachlässigte* (das heißt auf sich gestellte) Kind traut sich nichts mehr zu, es passt sich der Umwelt an, es ist „hoffnungslos unglücklich und wird (erst einmal) nicht auffällig" (Winnicott zit. n. Davis/Wallbridge 1983, S. 127).[21] Verbessern sich die Umweltbedingungen, dann – so Winnicott – „gewinnt das Kind wieder Zuversicht und organisiert hoffnungsvoll antisoziale Handlungen" (ebd.). „Die antisoziale Tendenz ist ein Hinweis auf Hoffnung" (Winnicott 1988, S. 161).[22] Durch Delikte, wie vor allem das Stehlen (aus der Selbstbehauptung des Sich-auch-etwas-Nehmens heraus oder durch Zerstörung als Akt der negativen Aneignung), sucht es die Anteilnahme anderer, will auf sich aufmerksam machen oder begeht destruktive Handlungen – Gewalt an Sachen, gegenüber anderen Kindern etc. –, um die Umwelt beziehungsweise deren entschiedenes Handeln und ihre Stärke herauszufordern (um dadurch Zuneigung zu erlangen). Dieses scheinbare Paradox – hoffnungsvolles Auf-sich-aufmerksam-Machen als Grundantrieb Abweichenden Verhaltens – löst sich wie folgt auf: Dem in seinem Selbst zurückgewiesenen und von einer überforderten familialen Umwelt nicht empathisch begleiteten Kind scheinen die legitimen Zugänge zu sozialer Zuwendung verschlossen. Treten Personen auf, die sich ihm zuwenden – zum Beispiel JugendpädagogInnen oder LehrerInnen – keimt in ihm die Hoffnung auf, dass es doch noch angenommen wird, so wie es ist. Es greift nun nach Mitteln abweichenden Verhaltens, weil es ihm mit konformen Mitteln bisher nie gelungen ist (und im Wettbewerb zu anderen schlecht gelingen kann), um auf sich aufmerksam zu machen. Dagegen hat es gelernt, sich aggressiv und antisozial in einer bedrohlichen, zerstörbaren (es weiß immer wieder nicht, ob es weiter geliebt wird) Umwelt zu behaupten. Verbreitetes Beispiel für solches Kinderverhalten findet man bei Kindern aus Alkoholikerfamilien. Sie gehen in der auf den alkoholkranken Vater fixierten Co-Abhängigkeit in der Familie unter und machen außerhalb der Familie durch Abweichendes Verhalten auf sich aufmerksam. Sie laufen Gefahr, darin abhängig zu werden, wenn diese darin verborgene Suche nach Anerkennung und Zuwendung nicht erkannt wird. Ähnliche Konflikt- und

21 Davis, M./Wallbridge, D. (1983): Eine Einführung in das Werk von D. W. Winnicott. Stuttgart.

22 Winnicott, D. W. (1988): Aggression. Stuttgart.

Ausgrenzungsstrukturen, die uns auch als „Sündenbockproblem" bekannt sind, können sich bei Jungen in Stiefvaterkonstellationen (s.o.) entwickeln.

Winnicott hat hier einen komplexen Grundzusammenhang aufgeschlossen, aus dem heraus sich vieles von der Ambivalenz und Brisanz des pädagogischen Umgangs mit delinquenten Kindern (und Jugendlichen) aufklären lässt, wobei sich aber auch immer zeigt, wie zwangsläufig (und in dieser fatalen Zwangsläufigkeit plausibel) solche Kinder negative Etikettierungsprozesse auf sich ziehen. SozialpädagogInnen aus der Kinder- und Kinderhausarbeit berichten in diesem Sinne auch von Kindern, die zu Hause als angepasst, unauffällig erscheinen, im Umfeld des Kinderhauses oder des Jugendzentrums sich aber destruktiv verhalten, gegen andere losgehen, zerstören, klauen. Die SozialpädagogInnen spüren – das bekommt man immer wieder berichtet –, dass die Kinder auf sich aufmerksam machen wollen, „mit Gewalt" Zuwendung suchen. Diese Konstellation führt oft dazu, dass das antisoziale Verhalten der Kinder nun der Kindereinrichtung angelastet wird (in der Familie und in der Schule fallen die doch gar nicht so auf), weil eben die dortigen Räume und SozialpädagogInnen solche Kinder „hoffnungsvoll" anziehen und sich die Hoffnungen, die die Kinder mit ihren antisozialen Taten verbinden, auch auf sie richten. Dies den Instanzen sozialer Kontrolle verständlich machen zu können, überfordert viele MitarbeiterInnen in der außerschulischen Arbeit mit Kindern. Die Kinder werden als delinquent etikettiert und damit ihre Dispositionslage verkannt. Wenn die Kinder dann, wenn sie gestellt oder ertappt werden, auch noch kein Schuldgefühl zeigen (sie haben ja damit ein positives Gefühl gesucht), ist der Kreis der negativen Zuschreibungen meist geschlossen. Hier wird deutlich, in welcher Ausnahmesituation SozialpädagogInnen in der außerschulischen Kinder- und Jugendarbeit sind und welche Schwierigkeiten es alltäglich bereitet, die Handlungen der Kinder nicht nur selbst zu verstehen, sondern auch in ihren Intentionen einer verständnislosen Umwelt begreiflich zu machen.

Wir können jetzt auch verstehen, was Kids bewegt, Gelegenheiten und soziale Gruppierungen abweichenden Verhaltens attraktiver zu finden als sozial konforme Bezüge. Aus der Kenntnis der tiefenpsychologischen Mechanismen heraus, wie sie im Konzept der „antisozialen Tendenz" aufgeschlossen werden, wird uns nun diese differentielle Attraktivität erklärlich. Den betreffenden Kindern erscheint die devianzfördernde Umgebung als „fördernde Umwelt", weil sie ihnen Signale aussendet, die eine neue, unzerstörbare Umwelt verheißen. Wenn die eigene Umwelt zerstört ist, das heißt die Familien in sich entfremdet und unübersichtlich geworden sind, ist es die abweichende Clique, welche daraus entstehende antisoziale Dispositionen und die damit verbundenen Signale aufnehmen und dem Kind das Gefühl geben kann, trotz des erlittenen Verlusts das eigene Selbst entfalten zu können: Antisoziales Verhalten wird von abweichenden Gruppen *direkt* – und nicht nur als ungewisses Signal wie bei den PädagogInnen – aufgenommen und in Gruppenzusammenhalt und Anerkennung (allerdings bei Unterwerfung unter und Abgabe der überfordernden Selbstkontrolle an die Gruppe) umgesetzt. Hier zeigt sich auch die Sinnhaftigkeit des pädagogischen Konzepts der „funktionalen Äquivalente": Es kommt darauf an, den Kindern in den angebotenen pädagogischen Arrangements das Gefühl zu vermitteln, dass ihre Signale erkannt werden, ihnen der (familiale) Verlust ersetzt wird, dass sie nicht domestiziert und stillgestellt werden, sondern sich ihnen ein überschaubarer Raum zum Experimentieren eröffnet. Es ist dann ein Experimentieren, das ihnen selbst nicht mehr gefährlich wird oder Hilflosigkeit erzeugen kann, die dann wieder in ungerichtete Aggressivität umschlagen würde. Wenn JugendarbeiterInnen davon sprechen, dass sie sich oft als „Mutter-" oder „Vater-"Ersatz fühlen, dann ist das nicht wörtlich zu verstehen, sondern verweist auf diese Funktion der Wiedergutmachung familialer Verluste, die diese Kids erlitten haben. Dabei wird die Familie nicht für sich als Verursacher gesehen („broken home"), sondern als gesellschaftlich überforderte und darin sozialemotional belastete Konstellation.

Der Aggressions- und Selbstbehauptungstrieb – in der mittleren Kindheit eingebunden und mediatisiert in der familialen Umgebung – gerät in der leibseelischen Eruption der Pubertät aus der psychosozialen Balance und erfährt jetzt im Jugendalter eine aggressive Freisetzung und potentiell antisoziale Tendenz. Es spielen sich nun Dinge ab, die wir aus der Aggressionsthematik der frühen Kindheit kennen, die sich aber in der Adoleszenz nicht einfach wiederholen, sondern aus einem Selbst hervorbrechen, das inzwischen – über die Kindheit hinaus – sozial geworden ist. Es kann dieses Gewordensein aber nicht begreifen, für sich in Anspruch nehmen, weil es sich von seiner familialen Form lösen muss. Das Selbst ist nun gezwungen, neu zu werden und im Übergang von der emotionalen Geborgenheit und Intimität der Familie hin zur rationalen Selbständigkeitswelt der gesellschaftlichen Kultur aus sich selbst heraus eine Lebensperspektive zu finden. Diese Suche richtet sich – im Schwebe- und Isolationszustand des Sich-Ablösen-Müssens von einer vorangegangenen Realität (des familialen Selbst) und im Suchen nach einer noch nicht feststehenden oder gekannten Realität (des gesellschaftlich gerichteten Selbst) – an dem eigenen „unfertigen" Zustand als Jugendliche(r) und damit an einer psychischen und sozialen „Unwirklichkeit" (Winnicott) aus. Dieses Unwirkliche ist aber die Wirklichkeit des Selbst. Getragen von einem in der Pubertät freigesetzten Aggressions-(Selbstbehauptungs-)trieb entsteht der jugendliche Protest mit potentiell antisozialer Tendenz. Der ungehemmte Narziss wird zum hauptsächlichen Orientierungssinn, das unwirkliche Selbst zum Dreh- und Angelpunkt einer Welt, in die man nicht mehr und noch nicht gehört. Das von Karl Mannheim aufgestellte Theorem, die moderne Jugend zeichne sich durch Rücksichtslosigkeit gegenüber dem Alten und durch Bereitschaft für alles Neue aus (egal in welche Richtung es zeigt), hat hier seinen tiefenstrukturellen Grund. Diese Unwirklichkeit des Selbst strukturiert den inneren Protest, der nun aus der Familie heraustritt und sich – nicht mehr nur als Abwehr wie in der Kindheit – in eine potenziell antisoziale *Selbständigkeit* verlängert. Dem innerlich Unwirklichen entspricht äußerlich das von der gesellschaftlichen Wirklichkeit Abweichende, ihr Entgegengesetzte. „Weil alles in der Schwebe ist, fühlen sie sich unwirklich und tun deshalb gewisse Dinge, die sie als wirklich empfinden und die nun allzu wirklich sind im Sinne, dass die Gesellschaft davon betroffen wird" (Winnicott zit. n. Davis/Wallbridge 1983, S. 132).

Nun entsteht wieder das Problem der Balance, die Frage, wie sich die soziale Umwelt auf den jugenddynamischen Protest aus der Unwirklichkeit des Selbst heraus einstellt. Man kann nun auch hier das Winnicott'sche Konzept von der fördernden Umwelt anwenden. Ist diese Umwelt – nun gesellschaftlich ausgeweitet – in der Lage, die produktive Konfrontation mit dem jugendlichen Protest auszuhalten, oder lässt sie sich „zerstören", setzt sie keine Standpunkte entgegen, lässt sie die Jugendlichen ins Leere laufen (durch falsches, weil anbiederndes Verstehen, Ignorieren, Kriminalisieren), sodass der Protest auf sie zurückschlägt, für sie selbst gefährlich wird, weil die Grenzen verschwimmen, mit denen sie experimentieren können? Eine Gesellschaft, die ihre Jugend links liegen lässt, und die Kreativität, die im unwirklichen Protest der Jugend liegt, nicht anerkennt (auch wenn es schwer fällt, den Inhalten des Protests zu folgen), riskiert eine Verstärkung antisozialer Tendenzen bei Jugendlichen und erhöht damit das gesellschaftliche Risiko, dass Jugendliche in devianzfördernde Zonen geraten, weil sie diese geradezu suchen müssen, um auf sich aufmerksam zu machen, um ihre Wirklichkeit in der Konfrontation des unwirklichen Selbst mit dem Sozialen zu finden.

Das Bestreben, aus einem (unwirklichen) Selbst heraus sich *wirklich* zu fühlen und dies sozial durchsetzen zu können, bildet die emotionale Hintergrundstruktur antisozialer Haltungen bei Jugendlichen. Dieses Streben erhält seinen sozialen Rahmen in der subkulturellen Szenerie der Jugendkultur (Gleichaltrigenkultur), welche die Gelegenheit bietet, das Unwirkliche sozial wirklich werden zu lassen und die ihm innewohnende antisoziale Tendenz zu kanalisieren. So entsteht der „kulturelle Block" (Winnicott) der Jugend in eigener Musik, Kleidung, eigenen sozialen Verkehrsformen und Abgrenzungsritualen. Der subkulturelle Mechanismus der Gleichaltrigenkultur erlaubt es, dass das Unwirkliche sozial gelebt und dennoch – in Schule und Ausbildung – die zentralen Entwicklungsaufgaben des Übergangs in die gesellschaftliche Kultur (Arbeit) angepackt und gelöst werden können. Wo die Subkultur diese Balance zur Gesellschaft allerdings nicht hat, wirkt sie nur nach innen auf die Anerkennung des Selbst, so wie es in seiner Unwirklichkeit ist, nach außen aber verstärkt sie die antisoziale Tendenz des unwirklichen jugendlichen Protests. Der gesellschaftliche Faden reißt, wenn der jugendliche Protest sozial übergangen wird, wenn Schule und Arbeit „zerstörbar" erscheinen, das heißt den Jugendlichen nichts entgegensetzen und somit keinen Realitätsgewinn erzeugen können. Dies geschieht dann, wenn die Schule nicht mehr sozial verbindlich, die Arbeitsweltperspektive bedroht scheint. Die subkulturelle Gruppe dient dann als ersatzfördernde Umwelt, an die man sich klammert, weil sie scheinbar der einzige Ort ist, wo noch gilt, was aus einem selbst kommt. Und um der Gruppe willen tut man dann vieles, was man als Einzelner nicht tun würde, auch wenn es antisozial ist oder ins Kriminelle geht – vor allem dann, wenn die Gruppe ihren einzigen Zusammenhalt nur im abweichenden Verhalten findet, das deshalb jeder immer neu für die Gruppe inszenieren ‚muss'.

Mit Erich Fromm fragen, warum sich die Menschen auf Verhältnisse einlassen, in denen sie in Angst leben müssen

Bei den bisherigen Erkundungen sind wir immer wieder – meist nur ansatzweise – auf die Analyse der Beziehungen zwischen innerpsychischen Vorgängen und gesellschaftlichen Verhältnissen gestoßen. Es war vor allem Erich Fromm (1900–1980), der systematisch versuchte, die Frage nach den gesellschaftlichen Verhältnissen – den materiellen, rechtlichen und politischen Strukturen – mit der Frage danach zu verbinden, wie diese Strukturen menschliches Verhalten prägen, sich in ihm repräsentieren und die Strukturen so wiederum immer wieder neu produzieren und befestigen. Er verbindet demnach Gesellschaftstheorie und Psychologie als kritische Theorie, also Gesellschaftstheorie als Marxismus und Psychologie als Psychoanalyse. Für die Sozialpädagogik ist sein Werk ebenso bedeutsam im Ansatz einer Frage nach der Normativität in der Spannung von Pathologien der Gesellschaft zu den Formen abweichenden Verhaltens und zu den Gegenentwürfen einer Welt eines „gelingenderen Lebens", wie in vielfältigen, von da aus bestimmten Einzelanalysen.

In den 1920er Jahren verfolgte Fromm die Frage, warum Menschen sich Verhältnisse bieten lassen, in denen sie entfremdet, enteignet, ausgebeutet und in Angst leben. Die Frage führt ihn auf die Analyse der bürgerlich kapitalistischen Gesellschaft als einer autoritären Gesellschaft, Fromm konkretisiert sie im Zusammenhang der großen Studien über den autoritären Charakter des Frankfurter Instituts (Adorno, Horkheimer) für soziale Psychologie.

Fromm entlarvt die unterschiedlichen Begründungen für Effekt und Nutzen von Strafe – also die Behauptung der individuellen Besserung sowie der individuellen und der generalpräventiven Prophylaxe von Verbrechen – als real ineffektiv und vorgeschoben, um im Gegenzug zu zeigen, dass Strafe ihren realen und höchst effektiven Sinn darin hat, die Macht der Gesellschaft zu demonstrieren und Disziplinierung in der Unterordnung in die gegebenen Verhältnisse zu befördern. Es geht um generelle Angst, die zur Anpassung erzieht und zwingt. „Die Strafjustiz ist gleichsam der Stock an der Wand, der auch dem braven Kind zeigt, dass der Vater ein Vater und das Kind ein Kind ist" (Fromm 1970, S. 139).[23]

Familie versteht Fromm als Institution zur Erzeugung des autoritären Charakters. Sie vermittelt Unterordnungs- und Unterdrückungsverhältnisse: Die Macht des Mannes und Vaters ist unantastbar, sie verlangt unbedingten Gehorsam, sie ist in ihren Ansprüchen willkürlich, undurchschaubar und unberechenbar, man kann nicht wissen, wie man ihre Ansprüche befriedigen, sich vor ihr rechtfertigen und behaupten kann, man lebt ohne Sicherheit und Selbstvertrauen, man lebt in Angst und rettet sich schließlich, wo sollte man auch sonst Sicherheit finden, in die Bewunderung und Verehrung der Macht, in die Identifikation mit der Macht, die einen zugleich bedroht, vernichtet und sichert. Der so erzeugte autoritäre Charakter verfestigt sich als sado-masochistischer Charakter, in dem die selbstverachtende Lust an der Unterwerfung einhergeht mit der Lust, diejenigen, die noch weniger Macht haben, die eigene Macht spüren zu lassen und sie zu quälen, um aus der eigenen Unterdrückung heraus Macht zu zeigen und auszukosten.

In seinen späteren Arbeiten erweitert Fromm das Konzept der autoritären Gesellschaft zu einer allgemeinen Anthropologie. Den autoritären Charakter versteht er als eine spezifische Ausprägung einer allgemeinen, das menschliche Leben bestimmenden Situation, der „Furcht vor der Freiheit",[24] und die autoritäre Gesellschaft versteht er – parallel dazu – als eine der Gesellschaftsformationen einer pathologischen Gesellschaft, die die „Furcht vor der Freiheit" verlangt, fördert und befestigt.

Was aber meint die menschliche Situation, die in immer anderen Strukturen die Furcht vor der Freiheit erzeugt? Fromm geht von der menschlichen Grundsituation aus, die er, der klassischen Philosophie von Herder bis

23 Fromm, E. (1970): Analytische Sozialpsychologie und Gesellschaftstheorie. Frankfurt am Main.

24 Fromm, E. (1966): Die Furcht vor der Freiheit. Frankfurt am Main.

zu Plessner folgend, interpretiert. Im Unterschied zu Tieren verfügt der Mensch über ein Bewusstsein von seinen Lebensbedingungen und sich in seinen Lebensbedingungen. Er erfährt sich ohne eine in Instinkten vorgegebenen Struktur und darin ungesichert, er sieht sich in der Bedingtheit und Vorläufigkeit eines Lebens in Raum und Zeit, eines Lebens im Widerspruch eines Bewusstseins von überdauernden Einsichten und Prinzipien und der Hinfälligkeit allen Lebens im Tod. Der Mensch weiß sich nur auf sich und seine Zuständigkeit für sich geworfen. Ihm bleibt nichts, als diese Situation in eigener Zuständigkeit zu gestalten, um sie aushaltbar zu machen. So wird die Situation der Einsamkeit und Angst, diese beklemmende, unaufhebbar schmerzliche und strukturell kränkende Situation zugleich die Geburtsstunde und Voraussetzung der Freiheit. Der Aufstand des Menschen im Paradies, also die Verweigerung Evas, sich an das göttliche Apfelverbot zu halten, ist die Geburtsstunde der Freiheit und damit des Menschen in seiner Bestimmung.

„Der existentielle Konflikt erzeugt bestimmte psychische Bedürfnisse, … [Der Mensch] ist gezwungen, das Entsetzen vor seiner Isoliertheit, seiner Machtlosigkeit und seiner Verlorenheit zu überwinden und neue Formen des Bezogenseins zur Welt zu finden, durch die er sich zu hause fühlen kann. Ich habe diese Bedürfnisse als existentielle Bedürfnisse bezeichnet, weil sie auf die Bedingungen der menschlichen Existenz selbst zurückzuführen sind" (Fromm 1975, S. 283).[25] Menschen sind keine Blackbox, sie sind ausgestattet mit Dispositionen. Sie müssen befriedigt werden, wenn Menschen ihr Leben als ein gelingendes Leben erfahren sollen.

Es sind dies die Grundbedürfnisse nach Geborgenheit und Verbundenheit, nach Selbstbehauptung und Eigensinn, nach Produktivität, nach einer Erfahrung von Sinn, die den Ort des Menschen im Leben bestimmt und ihn trägt. – Diese Bedürfnisse aber sind in der Gestaltung offen, sie müssen als Intention und Richtung verstanden werden, die mit Vitaler Energie ausgestattet sind. Charakteristisch für Fromms Konzept ist nun, dass er diese Grundbedürfnisse auf die Grundsituation der Freiheit bezieht, sie also als Gestaltungsaufgaben sieht, die in der Offenheit von Entscheidungen bewältigt werden müssen. Sie können gelingen oder nicht gelingen, sie können in der Furcht vor der Freiheit misslingen oder in der Überwindung dieser Furcht und in der Gestaltung gelingen.

Die Konzeption Fromms muss gelesen werden als ein Beitrag zu der neuerdings ja breiten Diskussion über Grunddispositionen, über Bedürfnisse oder über Fähigkeiten, die im Menschen vor aller gesellschaftlichen Konkretisierung angelegt sind. – Fromms Ansatz unterscheidet sich aber darin

25 Fromm, E. (1975): Anatomie der menschlichen Destruktivität. Stuttgart.

von anderen Bedürfniskonzepten, dass er – im Unterschied zum Beispiel zu Maslow oder der neueren Theorie des Capability Approach – nicht nur ein offenes, sondern ein in der Spannung von Freiheit und verfehlter Freiheit prinzipiell dialektisches Konzept vertritt und darin vor allem die Formen der Verfehlung ausarbeitet und betont. Sein Konzept ist aber auch dadurch charakterisiert, dass es auf die existenziellen Grundbedürfnisse des Menschen abhebt und daneben Bedürfnisse nach Versorgung, Nahrung, aber auch nach Bildung – wie sie zum Beispiel im Capability-Konzept entwickelt werden – nur im Nebenher mitthematisiert.

Liebe als Verbindung von Sorge, Verantwortung, Respekt und Wissen in einer Verbundenheit der gegenseitigen Anerkennung, muss sich ebenso gegen Abhängigkeit, Unterwürfigkeit und Unselbstständigkeit behaupten, wie gegen die Egozentrität eines Narzissmus, der sich jenseits sozialer Bedürftigkeit und Verwiesenheit nur aus sich selbst und der Monomanie seiner Selbstbezüglichkeit heraus versteht. – Produktivität zeigt sich als Aktivität gegenüber der Passivität und Zufälligkeit des Seins in der Spannung zwischen einer Produktivität als Bemächtigung, die sich die anderen zu Diensten macht und über die Dinge verfügt, und der Gestaltungskraft in Korespondenz mit anderen und in Bezug auf die in den Dingen angelegten Möglichkeiten. In einer ähnlichen Spannung bestimmt Fromm auch die Dimension von Sinn zwischen einer auf Sicherheit zielenden, mit ängstlicher und aggressiver Abgrenzung und Dogmatismus einhergehenden Konstellation und einer, die sich offen auf die Lebendigkeit des Lebens einlässt.

Wichtig für die Sozialpädagogik ist vor allem auch Fromms Klärung der Aggressivität im Kontext der menschlichen Grundbedürfnisse und seiner Abwehr eines einseitigen Verständnisses von Aggressivität nur als schädliches Verhalten, wie es ihm in der derzeitigen Diskussion so verbreitet, ja selbstverständlich scheint. Als Fähigkeit von Selbstständigkeit und Selbstsicherheit im Geflecht sozialer Beziehungen ist Aggressivität zunächst die Kraft, sich in der Auseinandersetzung, im Konflikt mit anderen zu behaupten, der Mut zur eigenen Position auch vor anderen; sie ist – so verstanden – Voraussetzung eines produktiven Lebens. Davon gilt es, Aggressivität als schädigendes, zerstörerisches Verhalten zu unterscheiden; diese Aggressivität differenziert Fromm wiederum in ein Verhalten, das den Schaden der anderen, ihre Einengung, Kränkung und Vernichtung um der Zerstörung selbst willen sucht – „denn alles was entsteht, ist wert, dass es zu Grunde geht“ hieß es bei Goethe; Fromm exemplifiziert solches Verhalten an der Rekonstruktion der Biografien von Stalin und Hitler. – Schädliche Aggressivität meint aber auch ein Verhalten, das darin schädigend ist, dass es die Strukturen und Gesetze der Sachzwänge über die Bedürfnisse und Möglichkeiten menschlicher Gestaltung und Kommunikation setzt, dass es auf die

Unterwerfung der Menschen unter die Dinge zielt; es ist eine in den Sachstrukturen liegende Aggressivität, eine strukturelle Aggressivität – wie man vielleicht in Analogie zum Konzept der strukturellen Gewalt formulieren könnte.

In solcher schädigender Aggressivität sieht Fromm – zum einen – eine generalisierte Weiterentwicklung des sado-masochistischen Verhaltens, wie er es im Kontext der autoritären Gesellschaft bestimmt hat; er versteht es – zum anderen – aber auch als Repräsentation eines ins Anthropologische ausholend interpretierten generellen Destruktionstriebs, womit er an Freuds Konzept des Todestriebs anknüpft, ihn aber verallgemeinert. Diese Lust am Nicht-Lebendigen, diesen Hass auf alles Lebendige, diese Zerstörung um der Zerstörung willen – und die darin liegende Verfehlung der Freiheit als Kraft des Lebendigen – bezeichnet Fromm als Nekrophilie. – So problematisch gerade dieser ja auch psychiatrisch-klinisch hoch belastete Begriff ist, so ist die Intention Fromms eindrücklich: Die Vernichtung von Leben und das Gehäuse einer jenseits aller menschlichen Gestaltungskraft nur funktionierenden Welt nicht als äußerliches, über den Menschen kommendes Schicksal zu verstehen, als eines, das aus der in ihm prinzipiell angelegten Offenheit zur Entscheidung stammt.

Fromm versteht – so habe ich oben konstatiert – die Fragen nach der Freiheit in der Gestaltung der Grundbedürfnisse und der Furcht vor der Freiheit immer als Fragen nach Bedingungen, nach Ermöglichungen und nach Erschwernissen in gesellschaftlichen Strukturen, nach den Pathologien der Gesellschaft.

Sie wandeln sich im Lauf der Zeit. In unserer Gegenwart hat sich der – eingangs ja skizzierte – Charakter der Gesellschaft, in der der autoritäre Charakter funktional war, verschoben. Die Zwänge der autoritären Gesellschaft haben sich – zumindest in der Tendenz und in ihrer Bewertung – erledigt, es wirkt – so Fromm – als seien die aus dem Leiden an ihr stammenden Forderungen nach ihrer Überwindung eingelöst, als hätten die Menschen neue Räume und Möglichkeiten der Freiheit und der freien Lebensgestaltung gefunden, als brauche es in der neuen Offenheit einer sich demokratisierenden Gesellschaft keine „Furcht" mehr vor der Freiheit. Dass und in welchen Formen es neue Offenheiten gibt, verfolgt Fromm in den Entwicklungen der europäisch-amerikanischen Neuzeit. Dies aber naiv als Fortschritt zu sehen, ist für ihn einfältig und irreführend. Im Gewand der neuen Entwicklungen von Produktion, Technik und Markt ergeben sich Möglichkeiten der neuen Freiheiten des Markts, des Konsums und der Selbstdarstellung, in denen sich neue Formen der Entfremdung des Lebens, der Furcht vor und der Verfehlung von Freiheit repräsentieren; gerade im Anschein der neuen Freiheiten sind sie „beinahe total". Fromm analysiert diese neuen Entfremdungen in der Oberflächlichkeit eines Lebens, das sich in der Geschäftigkeit des „von jetzt und gleich" in der schier unbegrenzten Befriedigung von Wünschen verfängt und darin in neue Zwänge der Anpassung und des Nonkonformismus gerät; sie sind durch die Angst bestimmt, hinter den neuen Erwartungen an Standards der Allverfügbarkeit in Produktion und Konsum zurückzubleiben; es zählen Erfolg und umstandslose Erledigung; es bildet sich im Spiel von vordergründiger Geschäftigkeit und hintergründiger Langeweile der neue Sozialcharakter als Marketingcharakter. Diese neuen Freiheiten erweisen sich so als Freiheiten der Vordergründigkeit, die die Auseinandersetzungen, die Kämpfe, Schmerzen und Anstrengungen zur Gestaltung einer humanen, in der existentiellen Situation zu bewältigenden Lebens verbergen. „Ich erlebe mich als Ich, weil ich zweifle, weil ich protestiere, mich auflehne. Sogar wenn ich mich unterwerfe und eine Niederlage empfinde, erlebe ich mich als Ich. Aber wenn ich mir keiner Unterwerfung und Auflehnung bewusst bin, wenn ich von einer anonymen Autorität regiert werde, dann verliere ich das Gefühl meiner selbst" (Fromm 1960, S. 235).[26] Die Gesellschaft und die in ihr geprägten Menschen in ihrem neuen Sozialcharakter verspielen das Erstgeburtsrecht der Freiheit durch das Linsengericht der Verfügbarkeiten am Markt. – Markt und Konsum aber beziehen sich nach Fromm vor allem auch auf Dinge, auf Gegenstände, auf Möglichkeiten und Verhaltensformen, die technisch und verwaltungsförmig bestimmt sind, auf die darin sich repräsentierenden Sachzwänge und auf die Suggestion ihrer Unabänderlichkeit, der sich der Mensch nur unterordnen kann. Die Marketinggesellschaft ist – so pointiert er – die Gesellschaft der auf Sachen bezogenen Nekrophilie.

Eine solche Gesellschaftsanalyse aber kann – nach Fromm – nicht einlinig, eindimensional verstanden werden. Die Gestaltung der Gesellschaft und des Lebens in ihr ist immer bestimmt durch den Widerspruch, der in den Bedürfnissen angelegt ist, also den Widerspruch von Furcht vor der Freiheit und Freiheit. In dieser dem Menschen zugemuteten Spannung ist – trotz des „beinahe totalitären" Charakters der destruktiven Kräfte – der Wille zum gut gestalteten Leben der stärkere Part; davon jedenfalls ist Fromm überzeugt, so sehr er dafür auch innerhalb der kritischen Theoriediskussion angefeindet – (und gleichsam exkommuniziert worden) – ist. „Wer kann die Hoffnung aufgeben, solange es Leben gibt? Wer kann schweigen, solange Milliarden Menschen leben, atmen, lachen, weinen und hoffen" (Fromm 1970, S. 229). Es gilt, das Leiden bewusst zu machen, sich seiner gewahr zu werden und von da aus auf Wege zur Änderung zu sinnen, also Wege aus der kranken Gesellschaft zu sehen und zu gehen.

Fromm setzt in unserer gegenwärtigen Gesellschaft auf die in der Gene-

26 Fromm, E. (1960): Der moderne Mensch. Stuttgart.

rationenfolge immer wieder gegebenen Chancen eines Neuansatzes in den jeweils Neugeborenen, vor allem in der Jugend, er kritisiert die tradierten pädagogischen Institutionen und unterstützt und entwirft dagegen ein Erziehungsprogramm mit Räumen, Gelegenheiten und Herausforderungen, in denen die Heranwachsenden Wege finden und lernen, ihre Grundbedürfnisse in Freiheit zu gestalten. Er setzt auf die Unmittelbarkeit von eigenen Erfahrungen und Selbstbildung, auf die Kräftigung des Mutes, sich die Verhältnisse und die eigenen Möglichkeiten anzueignen und sie zu gestalten. – Parallel dazu diskutiert Fromm, wie die soziale und politische Ordnung der Gesellschaft so gestaltet werden kann, dass sie den Menschen nicht äußerlich bleibt. Der Macht der Apparate – die er in den westlichen Gesellschaften ebenso wie in denen des Staatssozialismus als die spezifisch moderne Form der Entfremdung erkennt – setzt er die Konzepte einer Gemeinsamkeit des Lebens in überschaubaren, von eigenen Erfahrungen bestimmten Kreisen, in Modellen der Gemeinwirtschaft entgegen – er bezieht sich damit, ähnlich wie Martin Buber, auf die Linie der kommunitären, anarchistischen Utopie-Traditionen. Fromm diskutiert in diesem Zusammenhang dann auch die Fragen eines allgemeinen bedingungslosen Grundeinkommens, das er in den Kontext seiner allgemeinen Bedürfnistheorie und des Grundtriebs zur Produktivität setzt und als Chance und Voraussetzung dafür versteht, dass Menschen die Freiheiten haben, sich jenseits der Selbstdarstellungs- und Konkurrenzzwänge der postmodernen Gesellschaft auf ihre existentiellen Bedürfnisse einzulassen. – Fromm beschäftigt aber ebenso, wie sich diese Projekte mit den Formen der verfassten Demokratie in der Verbindung von direkter und indirekter Demokratie vermitteln lassen. Er setzt jenseits der nur auf Delegation setzenden Verfahren und der selbstbezüglichen Praxis von Verwaltung auf gemeinsame Gestaltung im Modus von Beteiligung und Partizipation.

Fromm verallgemeinert diese vielfältigen Formen der Spannung von gelingenden zu verfehlten Lebensformen im Widerspruch zweier Grundorientierungen des Lebens, im Widerspruch von Haben und Sein, also von einer Lebensform des Habens als Verfügens und Beherrschens um der Beherrschung willen und einer Lebensform des Seins, als einer Lebensform der Arbeit an den existentiellen Bedürfnissen; sie bestimmt er vor allem im Rückgriff auf den frühen Marx: „Jedes deiner Verhältnisse zum Menschen – und zur Natur – muss eine bestimmte, dem Gegenstand deines Willens entsprechende Äußerung deines wirklichen individuellen Lebens sein" (zitiert nach Fromm 1963 S. 148)[27]. Fromm öffnet sein Konzept aber auch in Bezug auf allgemeine Erfahrungen und Traditionen in Philosophie, Mys-

27 Fromm, E. (1963): Das Menschenbild bei Marx, Frankfurt/M.

tik und Religion; er kommt damit in eine Diskussion von Fragen, die sich im Zeichen der Fragen nach einem guten Leben oder nach einem Lebenssinn in den letzten Jahren zunehmend in den Vordergrund drängen.

Aber so hilfreich es mir scheint, den in der menschlichen Lebenssituation angelegten Widerspruch als anthropologisches Prinzip zu bestimmen, so steht doch eine solche Verallgemeinerung in Gefahr, die je konkreten so differenzierten Bedingungen in der Gesellschaftsform und ihrer Pathologie und dem in ihr bestimmten Gesellschaftscharakter einzuebnen und damit auch die ja gegebenen Schärfen der Auseinandersetzungen zu unterschlagen; So kann ich diese Verallgemeinerung in der Polarisierung von Haben und Sein nur als einen Rahmen verstehen, dessen Tragfähigkeit sich immer nur im Rückbezug auf konkrete Analysen und Positionen bestimmen lässt, anders formuliert, dessen provozierende Kraft darin liegt, sie als Frage in immer neuen Aspekten wach zu halten, sie heute also hineinzunehmen in die Unübersichtlichkeit einer durch neue Machtverhältnisse mit neuen Ab- und Ausgrenzungen und Entgrenzungen charakterisierten Gesellschaft.

Dazu aber ist es – so Fromm – nötig, am Zusammenhang von Analyse und Handeln, von Theorie und Praxis in der Unterschiedlichkeit von Zugängen festzuhalten, unabhängig von allen angesichts der Entwicklungen und Spezialisierungen in unserer Gesellschaft hier nötigen Differenzierungen. Diese Intention ist die elementare der Aufklärung, wie sie für Fromm als Kritik in den Widersprüchlichkeiten von Leben und Gesellschaft gegeben ist.

Fromm hat vor allem in seinen späteren Arbeiten Wert darauf gelegt, verständlich und auf lebenspraktische Probleme bezogen zu schreiben und so in der allgemeinen Diskussion wahrgenommen zu werden, ebenso wie es für ihn selbstverständlich war, sich zusammen mit anderen in die politischen Auseinandersetzungen der Zeit (die atomare Bedrohung zum Beispiel) einzumischen. Nur eine engagierte, parteiliche Wissenschaft kann einen Beitrag dazu leisten, dass die Gesellschaft eine Chance hat gegen die in ihr angelegten Tendenzen zur Selbstzerstörung zum selbstgemachten und selbstverschuldeten Untergang der humanen Kultur. Dies verstehen wir vor allem auch als Aufforderung, Zukunft radikaler zu denken als in den gegenwärtigen verfahrenstechnologischen Szenarien. Es geht um die Neubelebung von Utopien und da ist es naheliegend, Ernst Bloch wieder in den Diskurs zu bringen.

Mit Ernst Bloch die Zukunft der Jugend als konkrete Utopie denken

„Ich bin, aber ich habe mich nicht; darum werden wir erst" (Bloch 1963).[28] Diese Quintessenz des Konzepts utopischen Denkens von Ernst Bloch (1885–1977) könnte auch das Zielkonzept für eine Soziale Arbeit sein, die in Arrangements von Räumen und Kompetenzen versucht, Menschen instand zu setzen, ihr Leben zu bewältigen und Subjekte ihrer selbst in Solidarität mit anderen zu werden.

Sozialpädagogik so aber auf Bloch zu beziehen, ist zurzeit nicht naheliegend. Blochs Konzept ist – zusammen mit anderen sozialistisch inspirierten Ansätzen – ins Abseits geraten, im Zusammenbruch der realsozialistischen Systeme, die Utopien als Vorwand für Diktatur und Kontrollen ihrer totalitären Systeme genommen hatten, vor allem aber infolge der damit einhergehenden Zweifel am Konzept eines an Utopie orientierten Denkens; es wird als Flucht aus der Realität und deren Mühen denunziert, als Ausweichen in die leichten und luftigen Gefühle des bloßen Hoffens und Planens; Habermas konstatierte die Ermüdung des utopischen Denkens, in der Kritik an Blochs Prinzip Hoffnung entwickelte Hans Jonas das Prinzip Verantwortung.

Trotz dieser Konstellation und jenseits dieser Einwände scheint es uns sinnvoll, am Konzept eines utopischen Denkens festzuhalten, gerade in einer Sozialen Arbeit, die sich kritisch versteht, um deutlich zu machen, von wo aus sich Kritik bestimmt, und um in der kritischen Arbeit auch die Momente eines gelingenderen Handelns fassen zu können, das sich im Vorschein des Utopischen legitimiert und die Entwicklung von da aus vorantreibt. „In das Gelingen müsse man verliebt sein", so Bloch, „nicht in das Scheitern".

Aber ist der Rekurs gerade auf Bloch für die Sozialpädagogik sinnvoll? Bloch, so jedenfalls scheint es auf den ersten Blick, lädt dazu nicht ein: Für ihn steht die radikale Kritik an dem bestehenden Bildungs- und Sozialwesen im Vordergrund, die nur in ihrer Funktion zur Befestigung der bestehenden (bürgerlichen, kapitalistischen) Gesellschaft gesehen werden kann – „Die bürgerlichen Erziehungsanstalten bringen ein chemisches Kunststück zu Stande: mit Bildung wird synthetisch Dummheit erzeugt" (Bloch 1977, Bd. X, S. 229)[29]. In der Sozialpädagogik „ersticken die Milderung des Elends das Bewusstsein des Elends und dessen, was es wendet, erst recht in seinem

---

28 Bloch, E. (1963): Tübinger Einleitung in die Philosophie. Frankfurt/M.

29 Bloch, E. (1977 ff.): Gesamtausgabe. 16 Bände mit Ergänzungsband. Frankfurt am Main.

Sumpf" (Bloch 1977, Bd. V, S. 1046). Aber können solche Verdikte das letzte Wort zum Verhältnis von Erziehung, Bildung und Utopie sein?

Bloch entwirft in seinem „Prinzip Hoffnung" ein breites Panorama utopischer Potentiale in den vielfältigsten, auch in durchaus entlegenen und skurrilen Lebensformen. Dass er darunter Erziehung und Bildung nicht verhandelt, scheint uns verwunderlich, ja unverständlich. Utopisches Denken ist konstitutiv für das moderne Verständnis von Bildung. Kant sagt: „Vielleicht dass die Erziehung immer besser werden und dass jede folgende Generation einen Schritt näher tun wird zur Vervollkommnung der Menschheit; denn hinter der Innovation steckt das große Geheimnis der Vollkommenheit der menschlichen Natur" (Kant 1964, S. 704).[30] Diese Tradition kennt Bloch natürlich: „Die erstrebten Versöhnungen, die der Gleichheit und der Freiheit, der Gemeinschaft und der Person, klangen am schönsten in der damaligen Pädagogik; sie wusste von Menschenbildung, Menschenliebe, vom Leitbild des Citoyen" (Bloch 1977, Bd. V, S. 1095). Diesen Bildern aber traut Bloch nicht; indem er sie in der Herrschaft der bürgerlich-kapitalistischen Gesellschaft aufgesogen und zur Ohnmacht verurteilt sieht, verfolgt er sie nicht weiter, jedenfalls nimmt er diese Spur nicht im Mainstream der Argumentation auf. Dies steht sicher im Zusammenhang damit, dass er, in der Dichotomie von Sozialismus und Kapitalismus argumentierend, auch die in die Moderne eingelassenen Prinzipien der formalen Demokratisierung und des Sozialstaates nicht auf ihre utopischen Potentiale hin verfolgt, womit er sich – von heute aus gesehen – eines der großen Kapitel moderner realer utopischer Möglichkeiten entschlägt, das aber können wir in unserem Zusammenhang nicht weiter thematisieren. Wir wollen nur thematisieren, dass und wie Bloch in dem Teilbereich seiner Analysen von Kindheit, Jugend und den daraus folgenden Lernaufgaben durchaus utopische Potentiale sieht; er gibt in ihnen Hinweise auf ein sehr eigenes Profil von Erziehung im Horizont des Prinzips Hoffnung mit gewichtigen Konsequenzen auch für die Sozialpädagogik. Wir wollen damit versuchen, eine von Bloch nicht eigens geschriebene, von ihm übergangene Provinz des Utopischen zu skizzieren, die uns für den sozialpädagogischen Diskurs herausfordernd und wichtig zu sein scheint. – Indem die Hinweise Blochs hier gerade in ihrer bildhaften Konkretheit ergiebig sind, werden wir uns im Folgenden vor allem auf sie beziehen.

Kindheit und Jugend versteht er als Lebensformen mit spezifischen Chancen des noch nicht Festgelegten, des Offenen, des Über-sich-hinaus-Treibens – neben zum Beispiel den Wendezeiten in Philosophie und Kunst.

30 Kant, I. (1964): Schriften zu Anthropologie, Geschichtsphilosophie, Politik und Pädagogik. Werke in sechs Bänden (Hrsg. W. Weischedel) Frankfurt/M.

Kindheit und Jugend sind biologisch – oder vielleicht besser anthropologisch – vorgegebene Lebensphasen der Nähe zum Utopischen. Bloch bestimmt dies unter zwei Aspekten, dem des Staunens und dem der Fantasie.

Kinder staunen. Die Fragen nach allem und jedem prägt in immer neuen und vielfältigen Figuren Kindheit und Jugend. Sie sind besonders offen zu dieser Grundfigur des Lebens: Das gewohnte Selbstverständliche verliert im Staunen seine Selbstverständlichkeit, Staunen und Fragen drängen über sich hinaus. „Wie ist das alles doch unheimlich, wie übermäßig seltsam ist es zu sein." Es wird deutlich, „wie unsicher und dunkel der Grund der Welt ist, mit der Hoffnung, dass gerade deshalb noch alles anders sein kann" (Bloch 1977, Bd I, S. 216 f.). Im Widerspruch zwischen dem was ist und dem, was sein könnte, werden Fragen und Staunen zur Sehnsucht und zum Leiden daran, dass das in der Sehnsucht erscheinende noch nicht realisiert ist.

Im Heranwachsenden entfaltet sich der Widerspruch, der in der Unruhe liegt, in Stufen (Bloch 1977, Bd V, S. 21 ff. und S. 1089 ff.). „Ein Kind greift nach allem, um zu finden, was es meint. Wirft alles wieder weg, ist ruhelos neugierig und weiß nicht, worauf." „Wunschgemäß verändert spielend das Kind sich selbst, seine Freunde, alle seine Dinge zu fremd vertrauten Vorrat, der Boden des Spielzimmers selbst wird ein Wald voll wilder Tiere oder ein See, mit jedem Stuhl als Boot." Allmählich wird das Kind stärker, traut sich weiter hinaus; der Horizont öffnet sich. Zugleich aber werden Risiko und Gefahr deutlich; heranwachsend sucht das Kind in der Fantasie sich seiner Kraft zu vergewissern. Es träumt von einem „Haus, einer Stadt, einer Festung am Meer, mit Kanonen gespickt. Inseln sind vorgelagert, sie weisen den Feind von der Seeseite ab"; „in der Jugend wachsen die Träume vom besseren Leben besonders üppig. Sie bewegen den gärenden Tag, überfliegen Schule und Haus, nehmen mit sich, was uns gut und teuer ist. Sind Vorreiter auf der Flucht und machen für unsere deutlich werdenden Wünsche ein erstes Quartier." „Das steckt in uns, was man werden könnte." „Der Mensch liegt sich in diesem Zustand auf der Zunge, er weiß nur noch nicht, wie er schmeckt." Jugendliche nehmen Rechte für sich in Anspruch, die sie nicht einlösen können. „Die Unreife an sich ist eine Einladung zum Auftrumpfen."

Dies führt – und dies ist eine besondere Pointe in Blochs Darstellung – zum Verständnis von Hochstapelei; der Widerspruch von gegebenen Möglichkeiten und darüber hinaus greifendem Anspruch kann nur in der Fassade, in der Maske bewältigt werden. „Ja, was wissen wir schließlich, wer wir sind, und wie skurril erscheint es einer unsterblichen Seele, zur Hölle oder zum Himmelreich bestimmt zu sein, immerhin, und nun als Dienstmädchen in der Küche zu sitzen oder sich als Monteur verdinglicht zu sehen … Die Anmaßungen solcher Hochstapelei sind kein Betrug, sondern korrigieren ihn gerade, wenn auch … infantil und scheinhaft. Die Hochstapelei zeigt Glanz, den alle meinen und der allen zukommt“ (Bloch 1977, Bd. I, S. 43).

Dieses Ineinander von Ausbruch, Träumen, von Risiko und ungedeckten Ansprüchen, wie es für Jugend charakteristisch ist, ist eine Chance, die wahrgenommen, die aber auch verspielt werden kann – und dies in gegebenen gesellschaftlichen Verhältnissen auch meist wird. Sie bedeutet zweierlei: Es ist eine Offenheit, die Ausdruck der prinzipiellen Offenheit menschlichen Lebens ist, – eine Offenheit, der in ihrer anstrengenden ungebürsteten Widersprüchlichkeit nicht einfach die gekonnte effektive Stabilität übergestülpt werden darf. Der Mut zum Unabgegoltenen muss als unstillbarer Hunger, als Grundmelodie im Leben erhalten bleiben. Die Offenheit aber muss – das ist das zweite – überführt werden in Anstrengung zur Gestaltung. Der Mensch, aus der Jugend heraus wachsend, muss sich einlassen auf Arbeit, auf die Herstellung von Produkten, die in sich tauglich sein müssen jenseits aller guten Absicht; er muss lernen, sich zu beschränken. Der geniale Dilettant, der meint alles zu können, was er will, muss sich auf den Widerstand in der Sache einlassen. Mit solcher zunächst nur formalen Konzentration geht für Bloch die Orientierung an den in der Geschichte gestellten humanen Aufgaben einher, an dem Ausbruch aus den Verhältnissen, in denen der Mensch ein erniedrigtes, geknechtetes und beleidigtes Wesen ist, an der Utopie der Freiheit unter Gleichen, des solidarischen, freundlichen Miteinanders der Menschen. Solche Utopie ist angelegt in den verschiedenen Traditionen der Geschichte wie der Kunst. Das Kulturerbe (wie Bloch formuliert) zeigt einen Überschuss an unabgegoltenen Hoffnungen, die die Menschen auch in ihrer jeweiligen Gegenwart stützen und herausfordern. So wird Offenheit zur geprüften, erhärteten Hoffnung, wird Wissen beharrliche und selbstsichere Hoffnung, wird „docta spes“.

Solche Hoffnung versteht Bloch als Arbeit an der konkreten Utopie; sie meint keine irgendwie verdinglichte Vorstellung, sondern eine Orientierung in der Arbeit, die sich auf das je anstehende bezieht und in Ansätzen realisiert, die als Ansätze zu einem gelingenderen Leben in sich ihren Sinn haben und Ermutigung und Kraft zur weiteren Arbeit geben. „Im Nichthaben treibend, am Werden beglückt, ist die tätige Hoffnung dem Land verschworen, das mindestens Anti Nichts heißt; sein Alles liegt seit Anfang der Geschichte nirgends als in der arbeitenden Intention darauf hin. Es leuchtet inhaltlich an Gegenständen, die eine Aura des Gutgewordenseins um sich bilden“ (Bloch 1977, Bd. XIII, S. 27).

Vor diesem Hintergrund skizziert Bloch pädagogische Maxime. Im Allgemeinen gelten Kindheit und Jugend als schwierig, unausgewogen, unfertig; die Heranwachsenden sind auf dem Weg dazu, erwachsen zu werden. Erwachsenheit ist das Maß der Normalität und Kinder werden in strukturierten, zielorientierten Vorgaben dorthin geführt; demgegenüber besteht Bloch darauf, dass gerade im Widerborstigen, Offenen, Unfertigen, auch anmaßlich Uneingelösten ein Moment der Wahrheit des menschlichen Lebens sich darstellt, das es zu bewahren gilt und dass sich fortsetzt in der Offenheit der Lebensgestaltung in dem ins Offene hinein zu entwerfenden Konzept von Identität. Bedeutsam ist Blochs Konzept vor allem auch als Widerpart in einer Gesellschaft, in der sich die Normen einer effektiven Rationalität in alle Lebensbereiche hinein durchsetzen. Wo liegen also – so formuliert sich die Frage mit Bloch – die wichtigen, weiterführenden Momente im Lebensverständnis vom Rand her? – Krankheit, Wahnsinn oder eben auch Hochstapelei werden üblicherweise als Fehlanpassung an gegebene Realität gesehen, die im einzelnen Menschen begründet und vielleicht geheilt werden kann. Demgegenüber insistiert Bloch darauf, dass gerade in solchen Formen des zusammenbrechenden oder zweideutigen Lebens eine Wahrheit des menschlichen Lebens deutlich wird, nämlich die unaufhebbare Diskrepanz zwischen Gegebenem und Möglichem. Damit entpathologisiert er schwieriges Verhalten und gibt ihm seine Würde als erlittenem Ausdruck der menschlichen Lebenssituation wieder. In den Diskussionen zu Stigmatisierung und Entstigmatisierung von Leiden wird Ähnliches erörtert, ebenso wie in den Konzepten der Sozial- oder Antipsychiatrie. – Dass den Heranwachsenden Tradition vermittelt werden soll, ist konstitutiv für Bildung in Unterricht und Schule. Die Schwierigkeiten in diesem Geschäft prägen den Alltag heutigen Unterrichtens; der Ausweg auf Tradition zu verzichten und – komplementär dazu – ganz in den Erfahrungen des Hier und Jetzt zu verharren, ist weit verbreitet. Demgegenüber aber insistiert Bloch darauf, dass der Mensch sich in seiner Gegenwart nur im Zusammenhang der Tradition verstehen kann, und dass diese Tradition angeeignet, also in der Anstrengung des Lernens fruchtbar gemacht werden muss. Bloch besteht auf diesen Anstrengungen und agitiert leidenschaftlich gegen die Erleichterungen eines, wie er sagt, nur feuilletonistischen Lernens. – Bloch macht die utopische Lebenskraft in Kindheit und Jugend deutlich; er insistiert aber darauf, dass dies nur Voraussetzung ist für die im Leben zu leistende Anstrengung um Gestaltung. Pädagogik als Arbeit mit Kindern und Heranwachsenden kann kränken, entmutigen, Sehnsucht verschütten, ebenso aber Chancen dazu schaffen, dass der Mensch sich den Aufgaben des Erwachsenenlebens in der Kraft des Staunens, der Fantasie und der Sehnsucht als gewachsen erweist. Dies sind notwendige, aber sicher keine hinreichenden Voraussetzungen dafür, dass das Leben gelingt. Pädagogik ist Arbeit im Vorfeld; ist sie sich dieser ihrer strukturellen Grenze nicht bewusst, übernimmt sie sich und verschleiert die existenziellen Aufgaben des Lebens.

Und schließlich: Bloch sieht in der Offenheit von Kindheit und Jugend die starken, weiterführenden Kräfte. Pädagogik sucht dies zu stärken. Gibt es daneben aber nicht auch Versagen, Leid, Hilflosigkeit, an denen Menschen – und Kinder und Jugendliche zumal – ersticken? Braucht es also nicht Hilfe, Unterstützung, Geduld, Verhütung? – Hans Mayer hat in seinem Buch über „Außenseiter“[31] darauf verwiesen, dass Bloch die Erniedrigten und Entrechteten immer als die unterdrückten, normalen starken Menschen in Not sieht, nicht aber auch als die verzweifelten, erdrückten, kranken, kaputten Menschen. Hier müsste, so scheint mir, weitergedacht werden, um die Impulse des Bloch'schen Denkens für die ja gerade von Bloch immer wieder dramatisierte Realität gegebener gesellschaftlicher Entfremdungen und Ausbeutungen fruchtbar zu machen.

Blochs Philosophie der Hoffnung versteht sich als Hoffnung in den Schwierigkeiten und Widersprüchlichkeiten im gegebenen System, also in einem Kapitalismus, der auf Mehrung seines Profits und nicht auf Humanität hin orientiert ist; er kämpft gegen die Oberflächlichkeit und Geschäftigkeit eines Alltags, der diese Strukturen verdeckt und – ebenso – gegen Apathie und Nihilismus, die er als Ausdruck einer Feigheit versteht, die sich nur mit sich selbst und dem eigenen Unwillen zur Anstrengung der Hoffnung versöhnt. Angesichts unserer zurzeit noch verschärften Einsicht in die Übermacht der gesellschaftlichen und politischen Entwicklungen im Zeichen des Primats von Kapital, Produktion, Markt und Konsum und des diesen Trend stützenden Neoliberalismus scheint es uns wichtig, mit Bloch darauf zu bestehen, dass wir ohne Hoffnung, ohne Arbeit im Zeichen von Hoffnung, ohne Arbeit an der Realität auf andere, besserer Lebensmöglichkeiten hier auch das versäumen, was uns – immerhin – zu tun bleibt. Wichtig ist vor allem, dass Hoffnung als Orientierung auf die Zukunft der Utopie im Umgang mit Kindern und Heranwachsenden gilt, mit denen also, die ihr Leben noch vor sich haben. Wir, die heute Erwachsenen, haben gewiss wenig ausgerichtet, haben viele unserer Möglichkeiten verspielt. Dies aber darf kein Anlass dazu sein, dass die, die nach uns kommen, entmutigt werden, ihre Chance zu nutzen. Pädagogik, die nicht im Stande ist, im Umgang mit Kindern und Heranwachsenden Hoffnung als Zumutung für die Arbeit an der Aktualisierung von Hoffnung zu vermitteln, ist keine Pädagogik.

31 Mayer, H. (1983/2007): Außenseiter. Frankfurt/M.

Sozialpolitischer und sozialethischer Horizont: Gerechtigkeit und Moral

Der Sozialstaat als Garant sozialer Gerechtigkeit wird auch in Zukunft gebraucht

L.B.: Für die Sozialpädagogik war soziale Gerechtigkeit wie selbstverständlich im Sozialstaatsprinzip aufgehoben. Mit der Schwächung des Sozialstaates ist ein postsozialstaatlicher Gerechtigkeitsdiskurs freigesetzt worden, der die SozialpädagogInnen in Diskurszonen treibt, auf die sie schlecht vorbereitet sind. Die einen setzen sich gegenüber den Sozialstaatskritiken zur Wehr, andere wiederum meinen, sich an die neuen, nun stark individualisierenden und komparativen Gerechtigkeitsdiskussionen anhängen zu können oder zu müssen.

H.T.: Die neoliberale Sozialstaatskritik hat ja eine lange Geschichte. Von Humboldt über Malthus zu Nietzsche wurde schon im 19. Jahrhundert thematisiert, ob soziale Unterstützung und soziale Sicherung seitens des Staates gesellschaftlich sinnvoll und nützlich seien. Das Prinzip der gesellschaftlichen Verantwortung für soziale Probleme und das der sozialen Gerechtigkeit, das dahinter steckt, wurde immer wieder infrage gestellt, es wurde verlangt, dass der Bürger nicht verwöhnt werden dürfe, dass er in seiner Armut nicht unterstützt werden solle, weil er so nur in seiner Selbsttätigkeit geschwächt würde. Hirschmann hat die Grammatik dieses Sozialkonservativismus eindrucksvoll in ihren sich immer wiederholenden Einwänden gegen eine auf sozialen Ausgleich zielende Politik beschrieben.

Also, dies ist eine alte Auseinandersetzung – man könnte vielleicht sagen, dass es ein Grundwiderspruch zwischen Positionen ist, der die Neuzeit bestimmt. Wie es allerdings in dieser Auseinandersetzung weitergehen soll, ist offen. Der sozialdemokratisch-sozialstaatliche Gerechtigkeitskonsens der letzten vierzig Jahre ist heute infrage gestellt, und zwar in doppelter Weise. Auf der einen Seite im Zeichen der gesellschaftlichen Entgrenzungen und eines Normpluralismus, der sich auch in einem individualisierten und pluralisierten Gerechtigkeitsdiskurs ausdrückt. Auf der anderen Seite durch das Hochkommen eines neoliberalen Programms, das die Gerechtigkeitsfrage weg vom Sozialstaat an den Markt zu koppeln versucht. Dies bedeutet eine Abkehr vom sozialstaatlichen Prinzip der Zugangsgerechtigkeit (vgl. Böhnisch/Schröer/Thiersch 2005) hin zum Prinzip der Leistungsgerechtigkeit, die primär in Marktkategorien ausgelegt wird. Jedem das Seine, das heißt jedem das, was ihm marktbewertet zusteht.

Dieser Grundwiderspruch verweist auf die Dualität des Gerechtigkeitsverständnisses. Schon Aristoteles unterschied zwischen einer Gerechtigkeit nach dem Prinzip ‚Jedem das Seine' und einer nach dem Prinzip ‚Jedem das Gleiche'. Diese Positionen nun werden in ihrem Verhältnis und in ihrer Tragweite im Lauf der Geschichte immer neu bestimmt. Im Kontext des neuzeitlichen Projekts soziale Gerechtigkeit ist das zweite Prinzip wichtig geworden und hat sich in Phasen der Geschichte als Kampf gegen Ungleichheiten und nicht zugestandene Bürgerrechte für immer neue Gruppen in der Gesellschaft Ansatz um Ansatz zunehmend durchgesetzt – für Arbeiter, Frauen, Kinder aber auch für Behinderte – und sich in der allgemeinen Deklaration der Menschenrechte verdichtet. – Das Prinzip der sozialen Gerechtigkeit meint nun – das festzuhalten scheint mir wichtig – nicht Gerechtigkeit als soziale Gleichheit an sich, sondern die gesellschaftlich ermöglichte Chance, für alle im Horizont der Gerechtigkeit als Gleichheit ihr Leben zu gestalten. So verstanden ist es eine der zentralen Antriebskräfte der Entwicklung und der Bedingungen der Demokratie. Und schließlich: In dieser Geschichte ist das Projekt soziale Gerechtigkeit nicht eingelöst, die Geschichte ist unabgeschlossen, sie lässt sich vielleicht als die eines Weges hin zu einer konkreten Utopie lesen.

L.B.: Dieser Zusammenhang rutscht nun weg und gerät in den Sog der neokapitalistischen Konkurrenzgesellschaft, die Gerechtigkeitsfrage wird von der Gleichheitsfrage abgekoppelt und gegen sie ausgespielt.

H.T.: Zugespitzt wurde dies von dem Philosophen Peter Sloterdijk. Er behauptet ja, der Gerechtigkeitsdiskurs würde dadurch pervertiert, dass die, die Anspruch auf differente Leistungsgerechtigkeit hätten, denunziert würden. Der Diskurs ginge also zu Lasten derer, die durch eigene Tüchtigkeit ihren Lebensunterhalt bestreiten. Deswegen können die sogenannten sozial Benachteiligten nicht den Anspruch erheben, dass sie unterversorgt seien, sondern die Leistungsträger seien die eigentlichen Opfer der Gesellschaft. Sie würden dazu durch eine Steuerpolitik gemacht, die nur sie belastet und die man deshalb als steuerpolitische Kleptomanie brandmarken müsse. Sloterdijk stellt also nicht die sozial Benachteiligten in den Fokus des Gerechtigkeitsdiskurses, sondern dreht die Positionen um: Die sozial Benachteiligten gelten nun als die Meute, die selbst nicht imstande ist, die eigene

Existenz zu sichern und deshalb den Leistungsträgern das Wohlverdiente abzujagen versucht. Übrigens sei die Frage, wer zu den Leistungsträgern gehöre, kein Problem der gesellschaftlichen Verteilung, jeder Mensch könne etwas aus seinem Leben machen.

L.B.: Da zeigen sich Bezüge zum versteckten politischen Gehalt des Resilienzdiskurses: Man soll die Widerstands- und Durchsetzungsfähigkeit des Menschen fördern und nicht immer nur die gesellschaftlichen Bedingungen und sozialen Barrieren in den Mittelpunkt stellen.

H.T.: Ich bleibe noch bei Sloterdijk. Seine Position trifft – so scheint mir – die Unterströmungen des kollektiven Unbehagens und der individuellen Hoffnung in unserer gegenwärtigen Gesellschaft und unterfüttert sie theoretisch. Sloterdijk geht noch weiter, indem er fordert, dass wir wieder vom Steuerstaat zum Großzügigkeitsstaat kommen müssten. Man soll also, die, die etwas leisten, nicht steuerlich belasten, sondern darauf vertrauen, dass sie von ihrem erwirtschafteten Surplus genug für die Gemeinschaft abzugeben bereit sind. So könne sich eine Kultur der Großzügigkeit entwickeln, weil es befriedigender sei, etwas von sich aus zu geben, als zu Abgaben gezwungen zu werden.

L.B.: Das entspricht der US-amerikanischen Wohlfahrtskultur der „success and benefits". Hier ist freier Raum gegeben für den wirtschaftlichen Erfolg – mit welchen Mitteln auch immer –, aber du gehst damit auch die moralische Selbstverpflichtung ein, ab einem bestimmten Ertragspunkt, den du bestimmst, der aber in der Wohlfahrtskultur mehr oder minder tradiert ist, etwas zu geben. Die Verteilung wird so nicht durch das Gerechtigkeitsprinzip, sondern durch das Zusammenspiel der Prinzipien compassion und benefits bestimmt. Das eine bezieht sich auf die ‚mitfühlende' Verpflichtung gegenüber dem Nächsten, das andere auf die Verpflichtung gegenüber der Gemeinschaft, sie vor zu viel Armut, welche die gesellschaftliche Stabilität gefährden könnte, zu schützen. Simmel hat das ja diesen Zusammenhang schon erkannt. Dem entspricht kein Gesellschaftsverständnis der sozialen Gerechtigkeit, sondern das Prinzip des moralischen Vorbehalts, das von den sozial Benachteiligten zufriedene Einordnung als Bedingung verlangt, damit benefits auch großzügig fließen können. Das ist kein soziales Gerechtigkeitsmodell, sondern ein Gewährungsmodell bei als vernünftig empfundener sozialer Ungleichheit.

In Deutschland hingegen war die sozialstaatliche Idee sozialer Gerechtigkeit solange stabil, wie es die Perspektive einer gewissen sozialen Homogenität auch in der gesellschaftlichen Wirklichkeit gab. Es war die Idee der nivellierten Mittelstandsgesellschaft und die reale Verbreiterung der Mittelschicht, die alle hoffen ließ, auch von den Rändern her einmal dazuzugehören. Mit der Erosion dieser Mitteschicht und dem Aufkommen ihrer Abstiegsängste scheint auch das soziale Fundament dieser kollektiven Gerechtigkeitsidee zunehmend aus den Fugen zu geraten. Diese Abstiegsangst der Mittelschicht wird dann sowohl auf den Staat als auch auf die sozial Benachteiligten abgespalten. Und Sloterdijk liefert ja dafür den Legitimationsrahmen. Für die Sozialpädagogik ist diese Legimitation fatal, spricht sie doch den sozial Benachteiligten ihre Anspruchsrechte ab.

H.T.: Das gleicht einer Aufkündigung nicht nur der sozialpädagogischen Geschäftsgrundlagen, sondern ihrer Fundierung im Sozialstaat. Dagegen gilt es sich zu wehren und offensiv darauf zu bestehen, dass sich die Gesellschaft auf ihn in der Verfassung festgelegt hat. Sich zu wehren aber ist deshalb schwierig und bis ins Grundsätzliche hinein aufwendig, weil es sich hier um einen Konflikt handelt, in dem ganz unterschiedliche Prinzipien, ganz unterschiedliche historische Erfahrungen und unterschiedliche Argumentationswelten gegeneinanderstehen. Allerdings – und das ist die Voraussetzung meiner Argumentation – wird auf längere Frist das Integrationsprinzip einen Kompromiss verlangen. Die Sozialgruppen – Heimann hätte gesagt, die Klassen – müssen ja irgendwie zusammenleben.

L.B.: Wir müssen diese Frage des zukünftigen sozialen Kompromisses aber aus dem dualen Schicht- und Klassenmodell herausführen, um zu neuen Antworten zu kommen. Eines hat sich ja grundlegend verändert: Der Gerechtigkeitsdiskurs kann im Zeitalter der Globalisierung nicht mehr nationalstaatlich begrenzt, sondern muss transnational geführt werden. Auch Sloterdijks Argumentation ist nationalgesellschaftlich beschränkt. International haben wir es ja mit sozialen Verhältnissen zu tun, die frühindustrielle Assoziationen hervorrufen können: Riesigen Heeren Ausgebeuteter stehen frühkapitalistisch agierende transnationale Konzerne gegenüber. Dass hier ein sozialpolitischer Funke zünden kann – im Heimann'schen Sinne, dass das Kapital spürt, dass es auf die Arbeit angewiesen ist –, ist überhaupt noch nicht abzusehen. Allerdings hat das Kapital seit der 2008er Weltkrise erfahren müssen, dass es auf den Staat angewiesen ist – sowohl befriedungspolitisch wie kreditpolitisch.

Desnoch sollten wir uns zunächst einmal auf Europa und die neuen Dynamiken der Mittelschichten in ihren Erwartungen an den Staat konzentrieren. Der Zustand der Mittelschichten, so ist in unserer bisherigen Argumentation deutlich geworden, kann die Sozialpädagogik ins fachliche Mark treffen. Denn es macht ja für die Sozialpädagogik und ihre gesellschaftliche Verortung einen großen Unterschied, ob die Mittelschichten ihre Orientierung am Staat nur einseitig als Sicherheitsinteresse oder als Interesse an der sozialen Integration in der

Form sozialstaatlicher institutionalisierter kollektiver Solidarität ausrichtet.

H.T.: Deshalb müssen wir die Ansprüche der Mittelschichten an den Staat heute noch differenzierter untersuchen. Sie stellen ja vermehrt Ansprüche an die Sozial-, Kindergarten- und Bildungspolitik, an die Verkehrspolitik oder die Stadtpolitik, aber auch an die Ökologiepolitik. Hier lässt sich durchaus ein Konfliktpotenzial im Sinne der Auseinandersetzung zwischen Mensch und Ökonomie/Technologie ausmachen, das zwar auf den Staat projiziert wird, aber dennoch als soziales Interesse wirksam werden kann. Deshalb sehe ich es noch gar nicht als ausgemacht, dass sich die Mittelschichten in ihrem Sicherungsinteresse gegen kollektiv formulierte soziale Gerechtigkeit wenden.

L.B.: Wobei man auch hier weiter differenzieren muss. So ist wieder zu fragen, ob die bildungspolitischen Ansprüche an den Staat primär ein je individuelles Markt- oder eher/auch ein Gemeinschaftsinteresse enthalten: Soll der Staat mehr in die Bildung stecken, damit meine Kinder später am Markt konkurrenzfähig sind oder damit sich das allgemeine Bildungsniveau in der Gesellschaft hebt und damit die Aussichten auf ein besseres soziales Zusammenleben steigen?

H.T.: Dennoch, strukturell gesehen hat sich angesichts der gesellschaftlichen Entgrenzungen doch eine neue Angewiesenheit auf den Staat entwickelt. Nur die Teile der Mittelschicht, die abgesichert sind, können es sich leisten, gegen den Staat zu sein. Die anderen können es sich viel weniger leisten – in Bezug auf die Schicksale ihrer Kinder und Alten, aber auch hinsichtlich der Aufrechterhaltung sozial geteilter Verkehrsformen in der Gesellschaft und vor allem auch der Perspektiven für eine sozial und ökologisch verantwortbare Zukunft. Sie sind auf sozialstaatlich getragene und abgesicherte Strukturen angewiesen.

L.B.: Diese Angewiesenheit ist anlässlich der internationalen Finanzkrisen erst so richtig sichtbar geworden, als ein sozial entbetteter Kreislauf des Finanzkapitals aus der Bahn geriet und mit voller Wucht genau auf die Schichten prallte, die ja dem Markt ideologisch, materiell und sozial verbunden sind.

H.T.: Also ist nicht mehr die Frage entscheidend, ob der Sozialstaat in Zukunft gebraucht wird, sondern in welcher Form, ob er in der Form kollektiver sozialer Gerechtigkeit – Verhinderung sozialer Ausgrenzungen – oder individualisierter Gerechtigkeit – jedem das Seine – organisiert und gestaltet sein soll. Dies ist heute der Kern der Auseinandersetzung um Gerechtigkeit.

L.B.: Die Sozialpädagogik muss in dieser Auseinandersetzung neu Position beziehen. Sie kann sich nicht mehr einfach auf ihre tradierte sozialstaatliche Legitimation und die dort eingelassenen Selbstverständlichkeiten kollektiver sozialer Gerechtigkeit verlassen. Sie muss in dem nun wieder offenen Kampf um Gerechtigkeit den Nachweis führen können, dass die Verhinderung sozialer Ausgrenzung eine höhere gesellschaftliche Produktivität besitzt als deren Zulassung. Sie sollte die Mittelschichten überzeugen können, dass ihre Integrationsarbeit an den Rändern auf Dauer die Mittelschicht besser absichert als eine Abschottungspolitik.

H.T.: Das ist aber eine heikle Angelegenheit. Es besteht ja nicht nur eine Abschottungsangst, sondern auch eine Vermischungsangst der Mittelschichten. Die Angst in etwas hineingezogen zu werden, zu dem man keine Verbindung, worin man keine soziale Erfahrung hat. Das sieht man ja schon am immer wieder aufflammenden Streit um Gemeinschaftsschulen oder um Migrantenquoten in den Schulen. Sich im Bildungsbereich auf Vermischungen einzulassen, wo doch anderswo in der Gesellschaft soziale Segregation zäh verteidigt wird, verlangt viel. Wobei die Kinder sich damit viel leichter tun als die Eltern, die Konflikte anzetteln, weil sie in diese Mischungsverhältnisse Abstiegsängste hineinprojizieren. Eltern denken an morgen, Kinder denken an heute.

L.B.: Dabei geht es vielen Eltern heute nicht mehr so sehr um Statusaufstieg, sondern um Statusverteidigung. Hieß es noch vor dreißig Jahren: Ich möchte, dass es meinen Kindern besser geht als mir, so heute: Ich möchte, dass es ihnen nicht schlechter geht, dass sie nicht absinken. Wenn ich aufgestiegen bin, kann ich es anderen auch gönnen, nicht aber, wenn ich in Abstiegsfurcht lebe. Demnach sind viele in der Mittelschicht gespalten. Sie möchten einerseits, dass ihren Kindern Gerechtigkeit widerfährt, dass sie vor dem Abstieg geschützt sind, sie möchten gleichzeitig aber auch, dass sie auf dem Markt später mithalten, sich durchsetzen können. Damit scheint auch der Gerechtigkeitssinn gespalten.

H.T.: Das entspricht dann den oben eingeführten beiden Intentionen der Gerechtigkeit.

L.B.: Vielleicht müssen wir über diese Spaltungsthese hinaus doch empirisch differenzieren. Hier hat ja David Miller einen interessanten Ansatz entwickelt, Staatsbürgerliche Rechte sind danach für alle gleich, Leistungsgerechtigkeit als meritokratische Differenzierung im Bereich der Funktionen und Positionen erkennen die meisten Menschen an, und von den subjektiven Bedürfnissen her entwickeln sich wieder unterschiedliche Gerechtigkeitsniveaus. Natürlich kann man das nicht so einfach auseinander halten. So sind zum Beispiel die Chancen, staatsbürgerliche Rechte auszuüben, sozial unterschiedlich verteilt, genauso wie die Zugänge zu Marktpositionen und den Möglichkeiten der Bedürfniswahrnehmung und -befriedigung untereinander different sind.

H.T.: Ich möchte versuchen, diese Gerechtigkeitsintentionen in ihrem Verhältnis noch genauer zu bestimmen. Auch andere der neueren Gerechtigkeitskonzepte gehen davon aus, dass es die eine Gerechtigkeit nicht gibt, sondern unterschiedliche Sphären der Gerechtigkeit. David Miller hat hier mit seiner Rekonstruktion der Gerechtigkeit in der Unterscheidung in staatsbürgerliche, leistungsgesellschaftliche und privat- bedürfnisorientierte Sphären neuerdings einen Beitrag geliefert, der sehr stark mit dem Konzept der Formen der Anerkennung von Axel Honneth korrespondiert: Anerkennung unterschieden in Formen der Anerkennung in der staatlichen, marktgesellschaftlichen und privaten Sphäre.[32] Empirisch richtig ist wohl, dass den Menschen Gerechtigkeit in der privaten Sphäre etwas anderes bedeutet als in der politischen oder leistungsgesellschaftlichen Sphäre, dass in den verschiedenen Sphären verschiedene Bewertungskriterien gelten. Das Private ist anders, nämlich affektiv diffus strukturiert, als das Leistungsgesellschaftliche, das vertraglich gestaltet ist. Das Problematische an solchen Unterscheidungen von unterschiedlichen Sphären der Gerechtigkeit ist aber, dass sie dazu tendieren, eine übergreifende Gerechtigkeitsvorstellung abzulehnen, anders formuliert, den Primat der sozialen Gerechtigkeit vor den anderen Formen von Gerechtigkeit. – Ich bleibe beim Privaten: Wir gehen hier doch inzwischen anders mit der Anerkennung von Ansprüchen um als früher. Da war zum Beispiel klar, dass Kranke still sein, dass sie sich am Rande halten sollen oder dass Frauen und Kinder sich ducken müssen. Inzwischen verändern die öffentlichen Ansprüche an soziale Gerechtigkeit das Private. Ähnliches gilt auch – wenn auch in anderen Formen – in der Sphäre der Leistungsgerechtigkeit. Die Auswüchse bei Unternehmens- und Bankmanagern, Medien- und Fußballstars einmal weggerechnet, gibt es in der Mitte der Leistungsgesellschaft inzwischen Angleichungen und vor allem eine Selbstverständlichkeit von Erwartungen und Ansprüchen, wie man sie sich vor hundert Jahren nicht hätte vorstellen können. Diese überall geltende Entwicklungsdynamik wird unterschlagen, wenn man Sphären so voneinander trennt. Es gibt in der historischen Entwicklung so etwas wie eine übergreifende Gerechtigkeitsidee, welche die einzelnen Sphären vorantreibt, auch wenn in

32 Miller, D. (2007): Grundsätze sozialer Gerechtigkeit, Frankfurt/M.

den einzelnen Sphären Gerechtigkeit unterschiedlich erlebt wird. Gerechtigkeit als allgemeine auf Gleichheit hin orientierte Idee begegnet – um es zu pointieren – zunächst als allgemeines Prinzip und dann, darauf auflagernd, in unterschiedlichen Ausprägungen. Deshalb ist Verständigung darüber, wie und wo das allgemeine Prinzip der sozialen Gerechtigkeit wirkt und wirken muss, zugleich mit der Kommunikation zwischen den Sphären, entscheidender als die Bestimmung von Gerechtigkeit an sich. Das gilt auch für die Sozialpädagogik, wenn sie sich an realen Erfahrungen und Möglichkeiten und nicht lediglich normativ an sozialer Gerechtigkeit orientieren soll. Es geht also um den Verständigungsrahmen, der gefunden werden muss, in dem man sich über die gegebenen Unterschiede hinweg und zugleich in ihnen in Richtung des Prinzips der sozialen Gerechtigkeit verständigt, es geht also um die konkreten Formen eines sozialen Ausgleichs und nicht um empirisch blinde Gleichheitsvorstellungen.

L.B.: Sicher gibt es weiter die basalen Unterschiede, auch wenn sie kulturell überformt sind: Leibseelische Unterschiede im Erleben des jeweiligen Geschlechts, in den genetischen Anlagen. Es kommt also erst einmal darauf an, allen Menschen den gleichen Respekt, die gleiche Anerkennung entgegen zu bringen, so wie alle Menschen in ihrer Menschenwürde gleich sind und deshalb allen auch erreichbare gesellschaftliche Zugangs- und Lebenschancen eröffnet werden müssen. Hier kommt dann auch die soziale Geschlechtergerechtigkeit ins Spiel. Der Gerechtigkeitsdiskurs hat ja lange Zeit die reproduktive Sphäre und darin die überkommene Struktur der Ungleichheit in der Arbeitsteilung der Geschlechter übergangen. Soziale Gerechtigkeit und soziale Symmetrie der Geschlechter gehören zusammen, sonst bleibt der Gerechtigkeitsdiskurs nur einseitig männlich unterlegt.

H.T.: Darin bezieht sich die Perspektive der Gerechtigkeit auch auf alle und nicht nur auf sozial benachteiligte Gruppen. Zu einer gerechten Gesellschaft gehört, dass sie alle ihre Mitglieder sozial so ausstattet, dass sie nicht um ihrer existenziellen Selbstbehauptung willen gezwungen sind, andere abzuwerten. Es geht um das Recht auf ein menschenwürdiges Leben und das bedeutet, dass der Gerechtigkeitsdiskurs grundsätzlich auf den Menschenrechtsdiskurs bezogen werden muss.

Das führt uns zum Entwurf der Sozialpädagogik als Menschenrechtsprofession. Kann uns diese Konzeption in der Gerechtigkeitsfrage weiterbringen? In dieser Konzeption hat die Sozialpädagogik ein ethisches Mandat, das sie über die Orientierung an den Menschenrechten, die in sozialen Rechten operationalisiert sind, einlösen muss. Diese Operationalisierung unterliegt Machtdynamiken; die reflexive Dimension der Macht zeichnet das Konzept der Menschenrechtsprofession von Sylvia Staub-Bernasconi gegenüber anderen pädagogischen Konzepten aus, die sich an den Menschenrechten orientieren. Dass und wie Menschenrechte im Machtkalkül von Staaten und ihren Regierungen eine ambivalente bis zwielichtige Rolle spielen, macht das Konzept aber wieder relativ.

In Bezug auf die Sozialpädagogik als Menschenrechtsprofession scheint es deshalb nötig, genauer zu differenzieren. Das Konzept der Menschenrechte ist ein Entwurf, wenn man so will, eine Vision einer humanen Gesellschaft in der globalisierten Welt. Dass Sozialpädagogik darin fundiert ist, kann nicht zur Diskussion stehen. Die Leistungsfähigkeit des Konzepts der Menschenrechte aber besteht gerade auch darin, dass sie auf unterschiedlichen Ebenen unterschiedlich ausgelegt und konkretisiert werden müssen. An der Konzeption einer Sozialpädagogik als Menschenrechtsprofession wird allgemein kritisiert, dass die Orientierung an Menschenrechten nicht fachspezifisch für die Sozialpädagogik, sondern für alle Humandisziplinen und die NGOs gültig und verbindlich ist. Sozialpädagogik ist also auf die Menschenrechte bezogen, deckt ihre Forderungen aber mitnichten ab; sie bewegt sich im Rahmen ihrer sozialstaatlich gefassten Verantwortung und damit in einer anderen Sphäre als die sozialen Bewegungen und ihre Initiativen; die Praxis der Sozialpädagogik ist eine Dimension, die in den Menschenrechten fundiert ist, sie aber nicht erschöpft, sie ist sozialstaatlich-öffentlich gerahmt; die sozialen Rechte, über die sich die Sozialpädagogik legitimiert, sind in die Sozialstaatsgarantie eingelassen. Wo dann dieser Sozialstaat versagt und nicht hinkommt, werden Menschenrechte und ihre Reklamation zum Medium sozialer Ansprüche. Sozialpädagogik und Cap Anamur sind unterschiedliche Dinge. Soziale Bewegungen greifen über die Sozialpädagogik hinaus und bedeuten – zum Beispiel in der Migrations- und Asylpolitik – für sie immer wieder bedrängende Herausforderungen. Wir können ganz umgekehrt aber auch sehen, dass Sozialpädagogik in den Ländern schließlich sozialstaatlich institutionalisiert wird, wo sie sich im Gefolge sozialer Bewegungen entwickelt.

Und schließlich: Menschenrechte sind auch gesellschaftlich kontextualisiert. So sieht das Recht auf Arbeit, auf Gesundheit oder auf Unverletzlichkeit bei uns in Europa anders aus als auf anderen Kontinenten. Dies gilt es festzuhalten gegenüber der Gefahr, die Allgemeinheit der Menschenrechte zu benutzen, um diese Unterschiede zu relativieren; man hört immer wieder, die Europäer sollten doch nicht so lamentieren und mit ihrer Situation zufrieden sein, in anderen Gebieten der Welt ginge es doch den Menschen viel schlechter. Diese Versuche der Relativierung der historisch und gesellschaftlich bedingten sozialen Ansprüche sind vor allem in den Entgrenzungsprozessen der letzten Zeit freigesetzt worden. Die Armen in Südamerika werden dann als zufriedener hingestellt als die Armen in Europa, denen es doch viel besser gehe. Da also die transnationalen Entgrenzungsprozesse zwangsläufig die Gefahr der Relativierung von Gerechtigkeit mit sich bringen, setzen sie auch die Notwendigkeit von moralischen Entscheidungen im konkreten Kontext frei und damit auch wieder die Frage nach der moralischen Erziehung.

Moralische Spannung pädagogisch erzeugen, ohne moralisierend zu sein

L.B.: Moralische Erziehung als Vermittlung der Fähigkeit, über die unterschiedlichen sozialen Folgen einer eigenen Entscheidung zu reflektieren und diese Entscheidung dann auch zu verantworten, ist gegenwärtig deswegen schwieriger geworden, weil sich in der Folge der Entgrenzungen eine Kultur der Beliebigkeit entwickelt hat, in der die Gleichzeitigkeit des Widersprüchlichen stärker hervortritt als die Widersprüche selbst. An die Stelle von Konflikten sind Modularisierungen getreten, die Medien zeigen uns, wie man konträre Module miteinander kombinieren kann. Gesellschaftliche Normwelten driften auseinander und sind nicht mehr aufeinander beziehbar. In der Welt des Shareholder-Value des digitalen Kapitalismus wird die Rationalisierung von Arbeit und die Einsparung von Arbeitsplätzen als Managementerfolg gefeiert und an den Börsen entsprechend honoriert, während dies gleichzeitig in der sozial gebundenen Welt der Arbeit Arbeitslosigkeit und soziales Leiden auslöst.

H.T.: Eine Kassiererin wird wegen Cent-Beträgen gekündigt, während gleichzeitig im Global-Banking Millionenbeträge verzockt, Anleger geprellt und Steuerzahler zur Ausgleichskasse gebeten werden. Die Kassiererin wird entlassen, der Manager kommt davon, möglicherweise noch mit einer satten Bonuszahlung. Wie lange hält eine Gesellschaft eine solche Spaltung in den Maßstäben aus? Die Kommunen verarmen, im Kindergarten wird um Elternbeiträge hart gerungen und in der großen Welt geht es um Gelder in Millionen- und Milliardenbeträgen. Wie soll man in einer solchermaßen anomischen Welt delinquenten Jugendlichen beibringen, dass sie mit ihrem Gewaltakt eine falsche moralische Entscheidung getroffen haben, wenn sie angesichts der Weltläufe für sich reklamieren, nur das getan zu haben, wozu sie sich gedrängt fühlten oder was ihnen zusteht.

Die Sozialpädagogik sieht sich also vor einem Dilemma. Auf der einen Seite der strukturelle Hintergrund – Entgrenzungen fordern Entscheidungen heraus –, auf der anderen Seite die Tendenzen der Beliebigkeit und der Anomie, die es gerade den gegenwartsorientierten Kindern und Jugendlichen schwer machen, Entscheidungs- und Verantwortungsbereitschaft zu entwickeln.

L.B.: Ein zweites Dilemma kommt hinzu: Gerade Jugendliche und junge Erwachsene sind angesichts der offen und riskant gewordenen Übergänge gezwungen, sich immer wieder selbst zu inszenieren, aber sie müssen gleichzeitig auch lernen, für ein eigenes Leben verantwortlich zu sein, das sie aber eben schwer zu fassen bekommen. Hier aber liegt der Kern der moralischen Entwicklung: Das eigene Leben in Beziehung zur sozialen Welt verantworten zu können. Der Schlüssel hierzu ist wiederum eine Pädagogik der Anerkennung im Sinne der Stärkung von Bedingungen, die Anerkennung ermöglichen und damit auch wieder selbst Anerkennungsbereitschaft wecken. So kann die Gerechtigkeitsperspektive moralisch formuliert und pädagogisch übersetzt werden.

H.T.: Sozialpädagogik ist also auch eine moralische Disziplin, sie ist eingebunden in das Gerechtigkeitsgebot des Sozialstaates und soll – auf der Handlungsebene – Menschen dabei helfen, zu einem gelingenderen und darin sozial anschlussfähigen und sinnvollen Leben zu kommen. Mit der Moral aber hat die Sozialpädagogik aus ihrer Geschichte heraus ein massives Problem. Sie hat im Mantel oft hehrer Moral pädagogische Systeme der Kontrolle und Unterdrückung praktiziert. Sie stand weithin im Dienste der herrschenden Moral, die sie denen gegenüber, die am Rand lebten und die mit ihr Schwierigkeiten hatten, mit besonderem Nachdruck, mit besonderer Unnachgiebigkeit vertreten hat. Sie hat die ideologischen Werte moralisierend durchgesetzt, also als unmittelbare Forderungen an den Einzelnen, an seinen Willen und seine Verantwortlichkeit. Das war auch immer der Angriffspunkt sozialpädagogischer Gegenbewegungen.

L.B.: Die Sozialpädagogik ist also von ihrer Geschichte her nicht nur historisch-soziologisch begründet, sondern muss auch – da sie ja die Perspektive des besseren Lebens und der besseren Verhältnisse hat –, moralisch begründet werden. Sie bewegt sich deswegen zwangsläufig im Spannungsfeld moralischer Konflikte. Dabei muss aber die dem Moralisieren gegenüberstehende Position genauer dargestellt werden. Man kann und muss dies sicher – wie oben – zunächst im Kontext der Moderne und ihres Projekts sozialer Gerechtigkeit tun, das die Sozialpädagogik gesellschaftlich trägt und in dessen Horizont der Sozialstaat gesehen werden muss. Du gehst aber darüber hinaus.

H.T.: Ich gehe in diesem allgemeinen Kontext hier auf Pestalozzi zurück, als einen der Gründungsväter der Sozialpädagogik. Er ging davon aus, dass der Mensch in verschiedenen Schichten betrachtet werden kann. Es gibt eine Art Grundschicht, in der natürliche Anlagen zur Güte, zum Wohlwollen, zur Freundlichkeit angelegt sind. Diese Grundschicht wird dann – das ist die zweite Schicht – durch die gesellschaftlichen Verhältnisse und ihre Mechanismen von Macht und Unterdrückung überformt. Die einen herrschen und genießen ihre Rücksichtslosigkeit, die anderen, die Ausgebeuteten, die „in Dienst Genommenen" stehen in der Angst und werden darin sich selbst und allen anderen gegenüber gleichgültig. Der moralische Anspruch, die Hoffnung aber ist, dass die Menschen sich aus diesen Abhängigkeiten befreien und im Durchgang durch den gesellschaftlichen Zustand zu einem dritten Zustand kommen, in dem sie sich als Werk ihrer selbst, als Menschen in gegenseitigem Wohlwollen zueinander erfahren. Pädagogik hat – so Pestalozzi – die Aufgabe, die aus der ersten Schicht stammenden aber verschütteten Wurzeln der Freundlichkeit und Solidarität aufzudecken, freizusetzen und stark zu machen. „Wir haben nichts anderes als diese Arbeit an unserem verschütteten Selbst" (zitiert nach Böhnisch, Schröer, Thiersch, 2005 S. 25).[33] Pädagogik muss dazu beizutragen, die gesellschaftlichen Barrieren wegzuräumen, und die dem Menschen innewohnenden moralischen Kräfte zu stärken, damit Menschen Zugang zu einem eigenen Leben finden und selbstbestimmt zu Subjekten ihres Geschickes werden.

Dies ist nun für Pestalozzi kein abstraktes Programm, sondern realisiert sich in der Mutter-Kind-Beziehung, im Familien- und Kinderleben genauso wie in der dörflichen Gemeinschaft oder in den besonderen Settings der Schule und der Heim- und Internatserziehung. Erfahrungen, die Menschen hier machen – Pestalozzi geht von der Erfahrung aus und nicht von einer abgehobenen Belehrung oder Predigt –, führen dazu, dass sie spüren, dass sie zählen, indem sie von anderen anerkannt werden, dass sie sich dadurch auch selbst anerkennen können und deshalb Anerkennung weitergeben können. Es gilt also – wenn wir Pestalozzi heute interpretieren – Settings zu schaffen, in denen sich eine solche Erfahrung ausbilden und festigen kann.

L.B.: Eine solche Perspektive finden wir ja auch in der Foucaul'schen Figur der Sorge um sich selbst. Wer zu sich kommen kann, muss nicht seine

---

33 Böhnisch, L., Schröer, W., Thiersch, H. (2005): Sozialpädagogisches Denken, Weinheim und München

Lebensprobleme abspalten, sondern kann sich auch um andere sorgen. Die Selbstsorge als Voraussetzung der Sorge um den anderen.

So könnte man dann auch sagen, dass Moral im Kern bedeutet, dass ein Mensch für sich selbst und darin für andere zuständig ist. Wobei man zwischen der Sorge im Angewiesensein und der im Utilitaristischen unterscheiden sollte: Ich brauche den anderen, weil ich es sonst nicht schaffe, und dafür muss er auch etwas von mir bekommen. Das wäre die Markt-Moral. Dagegen begreift die Care-Moral mich in der Beziehung zum anderen. Es geht also auch immer um die Frage der Kontextgebundenheit von Moral.

H.T.: Wir sollten noch einmal zu dem Kontext kommen, in dem die Sozialpädagogik steht. In vielen ihrer Diskurse geht es um die Frage nach den Bedingungen, unter denen ein menschliches Leben ohne Erniedrigung, Armut, Stress und Vorurteile möglich ist. Hier versucht die Sozialpädagogik seit Pestalozzi, eine dialektische Perspektive zu entwickeln. Von ihm stammt ja die Grundformel pädagogisch-gesellschaftlichen Denkens, dass die Umstände den Menschen prägen, er aber wiederum die gegebenen Umstände gestalten, beziehungsweise mitgestalten kann. Darin hat der Mensch eine Verantwortung für sein eigenes Leben im Sozialen. Allerdings ist die Gestaltung der Umstände, ihre Veränderung erst möglich, wenn der Mensch selbst begreift, dass er sich verändern muss. Es kann aber sein, dass die Umstände den Menschen überfordern.

Mir scheint, dass die Sozialpädagogik in den letzten Jahren sehr viel und oft auch einseitig über die Verhältnisse geredet hat und dass dabei die Frage der Zuständigkeit des Menschen für sich selbst zu kurz gekommen ist. Das hatte gute Gründe. Man hatte Angst vor der eigenen Tradition des Moralisierens, man hatte ebenso Angst, in den neoliberalen Sog der Individualisierung zu geraten. „Du bist arm, aber bleibe anständig, du bist arbeitslos, aber schaue trotzdem, wie du zurechtkommst." Man befürchtete, dass es jenseits von Verhältnissen zu einer abstrakten Definition individueller Verantwortung kommt, in der die Dialektik verloren geht, indem die Umstände verkürzt und die Gestaltungszuweisung an den Einzelnen überzogen wird. Diese Fallen aber dürfen kein Vorwand für eine Verkürzung der Grundspannung sein. Sozialpädagogik braucht die dialektische Perspektive, die kritische Reflexion über die mögliche Veränderung der Umstände in der Spannung zur Zumutung, dass sich die Betroffenen ihrer Verantwortung annehmen. Sozialpädagogik muss darauf insistieren, dass es ihr Leben ist und dass es, wenn sie sich nicht verändern, auch für die Sozialpädagogik keinen Ansatzpunkt gibt, dass sich etwas für sie verändert.

L.B.: Man könnte ja auch methodologisch sagen: Die Zumutung als Norm muss empirisch-gesellschaftlich rückgebunden sein. Es muss der soziale Kontext da sein, der die Betroffenen erfahren lässt, dass diese Zumutung sozial einlösbar ist.

Eduard Heimann hat ja einiges theoretisch vorgegeben. Auf der einen Seite – sagt er – sind die sozialen Ideen, auf der anderen Seite die ökonomischen Bedingungen. Die sozialen Ideen werden in einer bestimmten historischen Konstellation (hier: Modernisierung des Kapitalismus) freigesetzt und sie wirken dann auch zurück. Es entsteht etwas Neues: Sowohl die Menschen als auch die Verhältnisse ändern sich. Hier ist auch die Freiheit des Menschen angesiedelt. Sonst hängt sie ja nur programmatisch in der Luft. Das bedeutet für die konkrete sozialpädagogische Arbeit: Man kann nicht einfach Ziele setzen und sie dann zu erreichen versuchen, sondern man muss ein dialektisches Setting schaffen, eine Idee in eine Spannung zu dem Setting bringen, das man schafft. Das bedeutet aber auch: Die pädagogische Perspektive muss offen bleiben, es können sich Dinge entwickeln, die man mit Zielfestlegungen nicht voraussehen kann.

H.T.: Das wird im gegenwärtigen pädagogischen Diskurs unterschiedlich akzentuiert. Die einen setzen auf Offenheit und betonen, dass Erziehung das Erziehen derer ist, die im Ungewissen leben; Erziehung hin zur Ungewissheit. Die anderen bestehen darauf, dass es in dieser Offenheit auch Verlässlichkeiten, haltgebende Strukturen und verbindliche Beziehungen geben muss, von denen aus man sich in das Risiko des Offenen wagen kann.

Aber noch einmal zurück zur Frage der Freiheit der Lebensgestaltung: Oft können wir die Umstände, die Freiheit einschränken, nicht aus der Welt schaffen. Das gilt von historischen Verhältnissen – ich bin BürgerIn im Faschismus oder in der DDR – bis zur Arbeitslosigkeit, zum Beispiel in ihren regionalen Rahmenbedingungen, bis hin zu Familien, die in ihren desolaten Konstellationen festgefahren sind. Freiheit – so denke ich – heißt dann auch, dass ich mich zu meiner Situation verhalte, dass ich Distanz gewinne und mich in dieser Distanz als jemand erfahre, der nicht einfach als Opfer den Verhältnissen unterliegt, sondern der sich als souverän erfährt, indem er ein bestimmtes Verhältnis zu ihnen entwickelt. Ich weiß nicht, ob es nicht geradezu fahrlässig ist, wenn ich das so formuliere; es muss missverständlich klingen. Ich will deshalb versuchen, deutlich zu machen, warum ich mich auf dieses Glatteis begebe und was ich meine. Zunächst ist eine solche Aussage gefährlich, denn sie kann bedeuten, dass ich es lasse, wie es ist, es vielleicht rekonstruiere, aber mich damit abfinde und alle Möglichkeit und Energie zur Veränderung, zum Ausbruch nicht nutze oder ersticke. Das alte Lied aus der 1948er Revolution: „Die Gedanken sind frei" ist ja immer wieder in diesem Sinn – es sind ja nur die Gedanken – interpretiert worden. Ich setze aber zwei, allerdings sehr extreme Erinnerungen dagegen. Viktor Klemperer beschreibt, wie sich für ihn als Juden die Welt in den Nazijahren in zunehmenden Schikanen und Feigheiten der Mitläufer verengt und, – und das ist hier der Punkt – dass er das nur habe überstehen können, weil er im Analysieren und schreibenden Festhalten immer auch Beobachter und darin souverän geblieben sei. Und Bruno Bettelheim beschreibt, dass und wie er seine KZ-Monate überleben konnte, indem er das, was geschah, bewusst konstatierte und rekonstruierte. Aber damit geraten wir sehr ins Allgemeine. Das müssten wir jetzt gleichsam kleinarbeiten; das lasse ich aber ebenso wie die natürlich notwendige Überlegung, dass und wie diese Freiheit als Souveränität kein Gegensatz zum Handeln ist, ja in bestimmten Konstellationen immer wieder erst Möglichkeiten des Handelns freisetzt.

L.B.: Freiheit als Subjekthaftigkeit. Gerade in sozialpädagogischen Programmen bei abweichendem Verhalten in der Entwicklung funktionaler Äquivalente geht es ja im Kern darum, dass die Betroffenen wieder zu sich kommen, Herr über sich selbst werden. Die Herrschaft über sich selbst haben sie ja verloren, wenn sie ihre Hilflosigkeit und Ohnmacht abspalten müssen und dann nicht mehr wissen, was sie tun, weil sie unter dem Zwang stehen abzuspalten. Ich muss Alternativen spüren und dann sozial erfahren können. Das geht nicht über den Kopf, sondern über das Emotionale. Ich muss spüren und erfahren können, dass ich nicht auf mein bisheriges Verhalten angewiesen bin, ich nicht davon abhängig bin und auch anders kann. Dazu muss ich aber – eben über funktionale Äquivalente – einen anderen Standort einnehmen können.

Diese Ermöglichung eines anderen Standortes macht den Raum der Freiheit aus. Vor diesem Hintergrund können wir ja jetzt für die Sozialpädagogik formulieren: Wenn die Sozialpädagogik immer nur an die Veränderung der Umstände gedacht und dabei die Zumutung übergangen hat, dass ich für mich zuständig bin, kann man sich auch nicht der neoliberalen Vereinnahmung stellen. Im Banne der Umstände verhaftet zu sein, heißt ja letztlich, dass sie die Betroffenen doch zur Anpassung genötigt haben – mit den Mitteln der abstrakten Moral, die nicht an die dialektische Spannung zwischen individueller Verantwortung und veränderbaren Verhältnissen rückgebunden war.

Wenn diese Dialektik nicht da ist, wird den Menschen zwangsläufig eine Selbstzuständigkeit für Risiken aufgebürdet.

H.T.: Diese Dialektik zu sehen und durchzuhalten, ist nicht einfach; das wird mir auch noch unter einem anderen Aspekt deutlich. Menschen möchten auch in schwierigen Verhältnissen als jemand dastehen, der mit seinen Schwierigkeiten zurande kommt. Sie brauchen Kontinuität in ihrer Lebensgestaltung und wollen sich darin achten können, sie wollen es oft nicht wahrhaben, dass sie ihre Möglichkeiten verspielt haben. Wir kennen Rationalisierungs- und Neutralisierungstechniken aus den Diskursen zum abweichenden Verhalten, die in Selbstbetrug münden. Christian von Wolffersdorff hat ja damals in seiner Gefängnisstudie gezeigt, dass sich die Jugendlichen im Knast nicht eingestehen konnten, dass sie dort sitzen und Lebensschwierigkeiten haben. Sie haben sich auf Zufälle, Dummheiten und vor allem auf die Schuld der anderen berufen. Sie waren nicht in der Lage, sich für ihr eigenes Erleben als zuständig zu erfahren. Sozialpädagogik muss eine solche Zuständigkeit herstellen können. Und das ist schwierig, es muss eine Konfrontation erzeugt werden, in der das Konflikthafte des eigenen Verhaltens so deutlich werden kann, dass der Konflikt nicht ein Scheitern, sondern eine Öffnung zu einer neuen Gestaltung signalisieren kann. Es muss von den KlientInnen verlangt werden, dass sie aus ihren Selbstverständlichkeiten ausbrechen und sich dem Konflikt stellen. Dass darin aber immer die Zumutung als solche auch gesellschaftlich thematisiert werden muss, ist evident.

L.B.: Selbstzuständigkeit geht also nur über den Konflikt. Auf der anderen Seite braucht die Biografie Kontinuität, man kann niemandem zumuten, dass er sagt: Mein bisheriges Leben war umsonst. Deswegen brauchen wir eben die Anerkennung der lebensweltlichen Erfahrungen und die funktionalen Äquivalente. Ich muss ihn spüren lassen, dass es gut tut, für andere zuständig zu sein, dass man dafür Anerkennung bekommt.

H.T.: Ich nehme noch einmal ein Beispiel: die Sucht. Die Sucht erfüllt ja in sich selbst bestimmte Ziele: Man hat die Illusion, handlungsfähig zu bleiben, erschließt sich Erlebnisse, Erfahrungen und Träume, die dann durch die Koppelung mit einem bestimmten Stoff und einer bestimmten Szene problematisch werden. Sich davon zu lösen, da herauskommen zu wollen, bedeutet erst einmal eine ungeheure Anstrengung, einen Bruch. Das Konflikthafte muss in seiner ganzen Härte erfahren und ausgespielt werden.

L.B.: Es kommt natürlich auf den Grad der Abhängigkeit an. Bei uns in Dresden war der Leiter einer Suchtklinik Lehrbeauftragter und er sagte immer: Ich kann meine total Abhängigen nicht so einfach in funktionale Äquivalente bringen. Ich muss sie erst einmal „brechen“, ihnen ihren Kontrollboden wegziehen, sie aber nicht fallen lassen, sondern in der Gruppe auffangen.

H.T.: Es hilft nichts, die Konfrontation mit dem Konflikt muss geschehen, aber sie muss sozial gut eingebettet sein. Nur dann besteht die Chance, dass Menschen die Zuständigkeit für sich selbst wahrnehmen können.

Ich würde nun gerne noch auf ein anderes Problem kommen. Ich frage mich in diesem Kontext immer wieder auch, ob wir mit unserer pädagogischen Orientierung an einer Selbstzuständigkeit, die sich auch in der Konfrontation mit Konflikten erfährt, der heutigen Situation gerecht werden. Es sind ja neue Lebensformen entstanden. Der Alltag ist heute für viele durch die neuen Medien strukturiert und Beliebigkeit und Austauschbarkeit beherrschen das Feld. Wie kann man da Selbstzuständigkeit definieren?

L.B.: Das Alltagsleben ist heute hoch modularisiert. Entgrenzungen haben stattgefunden, neue Formen des Konsums beherrschen den Alltag. Soziale Interaktionen laufen im Second Life ab. Greift da überhaupt noch eine kritische Alltagstheorie?

H.T.: Der Alltag ist – so haben wir es ja oben entwickelt – die Bühne dafür, wie Menschen ihr Leben bewältigen, mit sich und anderen auskommen. Das gilt immer noch. Wir müssen aber heute in neuer Weise versuchen, Grunddimensionen des Alltags und seiner Bewältigungsmuster von den Formen zu unterscheiden, in denen er erscheint. Ich denke, wir müssen heute nicht nur nach dem Alltagsverhalten sehen, wie es uns in unseren konkreten gesellschaftlichen Verhältnissen erscheint, sondern auch nach den Strukturen, die hinter dem Alltag liegen. Das sind zunächst so etwas wie sozialanthropologische Bedürfnisse, wie ich mit Fromm formulieren möchte. Menschen wollen zu der Erfahrung kommen, dass sie in ihrem sozialen Feld aufgehoben sind, dass sie etwas schaffen, also produktiv sein können, dass ihr Leben einen Sinn macht. Das versuchen sie in ihrem Alltag zu leben, zu gestalten. Der Alltag ist nun aber in sich ambivalent, bestimmt durch die Spannung des Pseudokonkreten und der Optionen eines gelingenderen Lebens, er ist durch die Verfügung oder Nichtverfügung über Ressourcen charakterisiert und in seinen Bewältigungsmustern ebenso durch Verlässlichkeit und Sicherheiten wie durch Verengungen, Abgrenzungen, Macht- und Unterdrückungsverhältnisse und freie Gestaltungsräume.

Hier liegen übrigens die Missverständnisse im heutigen Lebensweltdiskurs. Man lässt den hier liegenden Konflikt außer Acht und geht im gegebenen Alltag unter. Die Spannung, die Kosik im Verhältnis eines pseudokonkreten Alltags zur „Praxis" beschreibt, also an einem an den Gestaltungsmöglichkeiten orientierten Lebens, wird unterschlagen. Man mutet den Leuten keine Konflikte zu. Eine kritische alltags- und lebensweltorientierte Pädagogik aber setzt auf eine transzendierende Perspektive, sie lässt sich auf Optionen ein, die im Menschen angelegt sind und setzt diese zu gesellschaftlichen Minimalstandards im Horizont sozialer Gerechtigkeit in Bezug, die ihre Gestaltung ermöglichen können.

L.B.: Man könnte auch wieder sagen: Das Lebensweltparadigma ist vielerorts zum Verfahren gemacht worden. Verfahren aber überformen die Konflikte.

H.T.: Das ist genau das Missverständnis, die Verkürzung, gegen die ich mich immer mit Verve, aber nicht immer mit Erfolg zu verwahren versucht habe. Es braucht, wenn der Alltag zu seinen Potentialen eines gelingenderen Alltags kommen soll, Kritik, Kritik aus den im Alltag erfahrenen Widersprüchlichkeiten, Kritik aber vor allem auch, die aus Bereichen jenseits des Alltags stammt, gestützt und gestärkt wird. Das ist ein weites Feld, ich belasse es hier bei Assoziationen. Es ist der Widerspruch der Bedürfnisse zu den Lebensformen des Alltags, es ist ebenso der Widerspruch der gesellschaftlichen moralischen Ansprüche zu den Erscheinungsformen des Alltags, so wie sie die Moderne bestimmen, es sind aber ebenso die Unterschiedlichkeiten und Vergleichsmöglichkeiten zwischen den Erfahrungen in unterschiedlichen Alltagen und ebenso die zwischen den Alltagserfahrungen und den wissenschaftlichen – aus der Beobachterperspektive stammenden – Rekonstruktionen, die es möglich machen können, die im Alltag angelegten und unterdrückten oder verkümmerten Möglichkeiten freizusetzen.

Ich möchte hier aber gern noch auf etwas anderes, das weniger diskutiert wird, hinweisen, auf so etwas wie eine kulturelle Überwölbung, in der Alltag immer schon, man könnte fast sagen konstitutiv, gelebt wird. Also und um nur ein Beispiel zu nehmen: Jugendliche leben ihre alltäglichen Freundschaften in Bildern von Idolen und Fanbezügen, sie haben eine ganz normale Partnerbeziehung, brauchen aber hin und wieder die ergreifendsten Liebesgedichte, um mit diesem normalen Leben voranzukommen. – Das Leben spiegelt sich in eigentümlicher Weise in zwei Sprachen, die ganz unterschiedlich aber aufeinander bezogen sind. Ich kenne und benutze Bilder in einer höheren Sprache, damit ich merke, dass ich die Banalität meines Alltags aushalte und, vielleicht, in ihm die Spuren eines „wahreren Lebens“ erkenne. Die Bewältigung des Alltags gelingt offensichtlich, indem sie in einem Spiel zwischen Bewältigungsproblemen und Identifikationsbildern changiert. Es braucht diesen überwölbenden Rahmen.

Sozialpädagogisches Handeln muss diese Spannung zwischen Alltagspragmatik und solchen „Gegenbildern" akzeptieren, wenn sie Zugang zu den KlientInnen finden will. Man kann nicht einfach sagen, das eine ist Wunsch, das andere Wirklichkeit. Darin liegt auch die Chance, eine moralische Spannung pädagogisch zu erzeugen, ohne moralisierend zu sein. Denn es geht ja darum, die anthropologischen Grundannahmen, die jeder Mensch von sich hat, im Verlauf der helfenden Beziehungen ins Schwingen zu bringen. Nur so kann es im pädagogischen Handeln – um einen neueren professionellen Begriff zu gebrauchen – zur Ko-Konstruktion von Moral im Verhältnis Sozialarbeiter/Klient kommen.

L.B.: Da gibt es aber anthropologische Barrieren, die in der Sozialen Arbeit viel zu wenig berücksichtigt werden, vielleicht weil sie sie selbst produziert. Viele KlientInnen schämen sich ja, dass sie auf Sozialhilfe und Sozialarbeit angewiesen sind. Und seit Neuestem, angesichts der hohen Jugendarbeitslosigkeit in der EU erleben wir das Paradox, dass sich die jungen Leute in Spanien, Griechenland und Süditalien ob ihrer Lage schämen und gleichzeitig die PolitikerInnen vorgeben, sich zu schämen, dass es dieses Armutszeugnis europäischer Politik gibt. Weiter noch: Die Scham über die zunehmende Armut in der Welt angesichts der Spaltung von Arm und Reich hat zu einer Fülle von medialen Wohltätigkeitsevents geführt. Ist es nicht diese paradoxe Entgrenzung der Scham, die das Moralische beliebig werden lässt, wenn die Vorstellung des Guten sich in Beschämungsevents erschöpft. Sollten wir uns in der Sozialen Arbeit, wenn wir von Moral reden, nicht mehr damit auseinandersetzen? Mit dieser Art der inszenierten Beschämung werden ja nicht nur die lebensweltlichen Erlebnisse und Leiden von Scham verdeckt, sondern auch die gesellschaftlichen Kränkungen, die immer wieder Scham auslösen. Man sorgt sich im Vordergrund für die Armen, im Hintergrund aber blüht das Gerede von den Schmarotzern weiter. Und in diesem Nebel gesellschaftlicher Beschämung wird die Soziale Arbeit erst recht nicht mehr sichtbar.

H.T.: Wir sollten in der Tat, bevor wir Armut vorschnell als sozialpolitisches Problem definieren, die lebensweltliche Problematik zur Sprache bringen. Armut als Kränkung und als empfundene Schande, das ist die Erfahrung fehlender Lebensressourcen, von Arbeitslosigkeit, Sozialhilfeabhängigkeit, gesellschaftlicher Überflüssigkeit; das ist – in unserer gegenwärtigen Gesellschaft zusätzlich kränkend – die Erfahrung, sich gegen die Unterstellung wehren zu müssen, Arbeitslosigkeit sei Indiz von Phantasielosigkeit und mangelndem Willen sich anzustrengen, als wolle man es sich nur „in der sozialen Hängematte" bequem machen. – Armut als Schande, das ist schließlich die Erfahrung, in „Tafeln“ und Speisungen freundlich und mitleidig ernährt zu werden, in einer Gesellschaft, die doch das Recht auf ein Leben in Würde deklariert. – Dagegen steht der Kampf um Gleichheit – im Rawls'schen Differenztheorem gedacht – als Leben in aushaltbaren, das heißt menschenwürdigen Verhältnissen und den damit verbundenen Rechtsansprüchen.

L.B.: Ist es vielleicht dieses Dickicht, in das die Sozialarbeit immer wieder selbst hineingezogen wird, das uns daran hindert, die Kategorie Scham zu einem wichtigen Ausgangspunkt sozialpädagogischen Denkens zu nehmen? Dass wir uns da nicht herantrauen. Es ist doch eine Befindlichkeit, in der lebensweltliche Betroffenheit und ihre tiefendynamische Bewältigung geradezu exemplarisch ineinander übergehen. Zum Beispiel in „verschämten“ Armut.

H.T.: In dieser Richtung müssen wir Scham näher bestimmen. Armut beschämt. Der Globalisierungskritiker Jean Ziegler schildert, dass es in den Favelas im Norden Brasiliens häufig vorkommt, „dass die Mütter abends Wasser in einem Topf zum Kochen aufsetzen und Steine hineinlegen. Ihren vor Hunger weinenden Kindern sagen sie: ‚Das Essen ist gleich fertig…‘, in der Hoffnung, dass die Kinder bald einschlafen werden. Kann man die Scham ermessen, die eine Mutter gegenüber ihren vom Hunger geplagten Kindern empfindet, die sie nicht ernähren kann“, so Jean Ziegler (2005, S. 11).[34] Aber an diesem Beispiel zeigt sich auch, Scham bringt Schutzmechanismen hervor, die Mutter spiegelt den Kindern eine Normalität vor, die es eigentlich gar nicht gibt. Es gibt also die Erfahrung von Scham als Kränkung und Scham als Abwehr von Kränkung, als Schutz.

L.B.: Das können wir – in objektiv sicher viel weniger dramatischen Form, aber im subjektiv ebenso beschämenden Erleben – bei Empfängern von Hartz IV sehen. Manche geben die monatliche Stütze schon nach vierzehn Tagen aus, weil sie in der Konsumgesellschaft wenigstens ein paar Tage mithalten wollen. Sie schämen sich in einer reichen Gesellschaft, die Armut bei sich gerne tabuisiert (als „gefühlte Armut“), sich als Arme zu zeigen. Auch hier liegen Kränkung und Abwehr dicht beieinander. Statt dass uns vorschnell nur die Schuldnerberatung einfällt, sollten wir kasuistisch tiefer gehen und merken, dass dies nicht reicht, um der lebensweltlichen Befindlichkeit der KlientInnen gerecht zu werden. Dass sie auch Möglichkeiten der Anerkennung und der Erfahrung von Wirksamkeit brauchen.

34 Ziegler, J. (2005): Das Imperium der Schande. München.

H.T.: Viele können sich mit Scham und Beschämung nicht abfinden. Sie versuchen das Leiden an der Differenz – so könnte man Scham begrifflich fassen – zu übergehen, indem sie sich – so quälend bewusst es ihnen ist – den Erwartungen der Normalen anpassen. Goffman fasst solche Strategien im Konzept des Stigma-Managements. Menschen versuchen ihre Andersheit zu verbergen; sie passen sich den Lebensstrategien der Normalen an, aber, weil sie von ihrer Andersheit wissen, oft übertrieben: Sie kompensieren und leisten darin gleichsam ein Übersoll an Anpassung. Damit geht einher, dass Menschen ihre Andersheit verbergen. Sie nutzen Ausreden, Hilfskonstruktionen, Lügen; sie täuschen jenseits ihrer Gegebenheiten eine neue Wirklichkeit vor. Darin aber kann es sein, dass sie sich verlaufen und im Spiel von Fiktion und Realität verheddern. In solchen Strategien des Stigma-Managements bleibt den Menschen bewusst, dass die Anderen sie durchschauen, sie sind unsicher, stehen in der Angst, durchschaut, ertappt, bloßgestellt zu werden. Die Verstörung in der eigenen Situation verstärkt sich durch die Verstörung im Stigma-Management.

L.B.: Scham als Bewältigungsmuster.

H.T.: Daneben gibt es aber auch offensive Bewältigungsstrategien: Unterlaufen, Kompensation und Revolte gegen die Normen, aus denen Beschämung begründet ist, Kampf und Umdrehung des normativen Horizonts. Benachteiligte und gesellschaftlich an den Rand Gedrängte insistieren auf der Eigenwertigkeit ihres Lebens. Differenzerfahrungen werden neu verstanden: Sie verlieren ihren demütigenden Charakter; das Recht auf Unterschiedlichkeit wird zunehmend eingeklagt; Ungleichheit wird mit prinzipieller Gleichwertigkeit verbunden; der Status des Menschen wird nicht mehr aus der Differenz verstanden – er ist in der Anerkennung des Menschen als Mensch und Bürger gegeben – und die Differenzen treten in den Hintergrund. So bilden sich neue Formen von Anerkennung und Respekt in der Vielgestaltigkeit aus. Das aber geschieht nicht von allein; es braucht Anstrengung und Organisation. Wenn naturhaft fundierte Differenzerfahrungen zunehmend als Andersheit, die kein Anlass für Scham und Beschämung sein kann, verstanden werden, braucht es in den gegebenen Verhältnissen Mut, gegen die erworbenen eigenen Gefühle und die traditionell verfestigten Erwartungen der anderen anzugehen; es entwickeln sich Kraft und Lust an der Provokation. Im Kontext der Behindertenarbeit ist die sogenannte „Krüppelinitiative" besonders drastisches Indiz für ein neues Selbstbewusstsein: „Warum soll ich jemand anderes sein wollen", fragt der Spastiker Fredi Saal provozierend in seiner Autobiografie. Die offensiven Öffentlichkeitskampagnen der Schwulen- und Lesbenbewegung repräsentieren ein neues, enttabuisiertes Verständnis von Erotik und Sexualität. – Dies aber sind Tendenzen; es wäre fatal, sie für Realität zu nehmen; sie gehen nach wie vor einher mit vielfältigen Erfahrungen von Scham und Beschämung. Gerade in der Diskrepanz zwischen den zunehmend deutlichen Ansprüchen auf Anerkennung in der Vielfältigkeit werden sie neu, und in neuer Dramatik erfahren und erlitten.

L.B.: Solche „Stigma-Aktivisten" traten vor allem in einer Zeit hervor – in den 1960er und 1970er Jahren –, in der in Deutschland im Sog der kritischen Bewegungen und des sozialstaatlichen Programms der Chancengleichheit auch Randgruppeninitiativen sich gesellschaftlich bemerkbar machen konnten. Dies war, denke ich, wissenschaftssoziologisch gesehen, der gesellschaftliche Hintergrund, der auch die damalige Stigma-Debatte in der Sozialarbeit getragen hat. Heute sieht das gesellschaftlich anders aus. Der neoliberale Kapitalismus versucht, die psychosozialen Probleme ins Private zu verschieben. Die neuen sozialen Bewegungen sind meist von den Interessen und Betroffenheiten einer Mittelschicht angetrieben, die sich in ihrer Angst vor dem Abstieg die sozialen Randgruppen eher vom Leibe halten will, als sie zu unterstützen. Charakteristischer Weise gibt es Stigma-Aktivisten aus der rechtsextremen Szene, die ihr Stigma offensiv und aggressiv vor sich hertragen und merken, dass sie damit die Gesellschaft irritieren. Vor deren Einfluss wollen wir ja aber gerade unsere Klientel fernhalten. Dabei bleibt aber die Frage, wie sie mit ihren Lebensproblemen und wir mit unseren Befunden die Gesellschaft irritieren können.

H.T.: Ich würde das nicht gleich gesellschaftlich überformen. Aus der Lebensweltperspektive betrachtet erzeugt doch, zunächst ganz allgemein gesehen, die Erfahrung von Differenz und Leiden an Differenz die Erfahrung von Scham auch bei denen, die selbst nicht von Ungleichheit und von Beschämung und Ausgrenzung betroffen sind, aber sehen, wie andere beschämt und ausgegrenzt werden. Sie erfahren ihren Status als Nichtbetroffene, Etablierte, Nutznießer des Unrechts, das um sie herum geschieht. Sie schämen sich ihrer im geltenden Unrecht und seiner Normalität gesicherten Existenz. Diese Erfahrung von Diskrepanz und die aus ihr erwachsene Scham begleitet sie doch.

L.B.: Dafür bietet die Konsumgesellschaft aber auch Schamberuhigungs-Module an. Die können dann über Beiträge bei permanenten Spendenaktionen und entsprechend medial inszenierten Wohltätigkeitsevents erworben werden. Gleichzeitig ist öffentliche Scham entgrenzt und gespalten. Die Metropolen, aber auch viele Städte, die zueinander in ökonomischer Standortkonkurrenz stehen, „schämen" sich ja ihrer sozial benachteiligten Bevölkerungsgruppen und versuchen, sie zu verstecken. Die lokale Soziale Arbeit erhält dann den Auftrag, solche sozialen Brennpunkte zu befrieden, draußen zu halten, sie unsichtbar zu machen. Wir aber wollen sie doch sichtbar machen und schämen uns dann unsererseits ob dieser politischen Verdeckungsstrategien, die uns zugemutet werden. Das ist ein Konflikt, in dem das alte Problem von Hilfe und Kontrolle, dass die Professionalisierungstheorie auszuhebeln versuchte, neu aber anders hervorbricht.

H.T.: Aber genau vor diesem Hintergrund müssen die Aufgaben und Möglichkeiten der Sozialen Arbeit im Umgang mit Scham und Beschämung bestimmt werden. Soziale Arbeit muss sich in die Bewegungen und Aktivitäten zur Entschämung einfügen und sie mit ihren Möglichkeiten stützen und vorantreiben, sonst verliert sie ja ihre Legitimation gegenüber ihrer Klientel.

Um diese unterschiedlichen Formen in der Arbeit mit Scham zu praktizieren, müssen aber institutionelle Rahmenbedingungen gegeben sein, also eine Kultur der Anerkennung, die die aufwendige Arbeit mit und an Scham honoriert; Zeit und Ressourcen müssen zur Verfügung stehen und gesichert sein, ebenso wie gegenseitige Unterstützung und Kontrolle; es braucht dazu auch die Sicherung von Kontroll- und Einspruchsmöglichkeiten der AdressatInnen, damit das Gewicht ihrer Eigendeutungen neben den sozialpädagogischen Zugängen behauptet und im Konfliktfall eingeklagt werden kann. – Eine solche Kultur der Anerkennung aber ist vor allem notwendig, damit SozialarbeiterInnen sich ihren eigenen Erfahrungen von Scham stellen und sie so bearbeiten können, dass sie nicht mit ihren unterschwelligen Erfahrungen und den daraus stammenden Mustern und Ressentiments die AdressatInnen belasten und die Arbeit verzerren. SozialarbeiterInnen leiden daran, dass sie ihre eigenen Ansprüche nicht einlösen, – sie leiden daran, wie diese sich im Lauf des Lebens vermindern und sie in Arbeitsformen einwilligen, die sie vor sich selbst nicht rechtfertigen wollen und können. Sie kämpfen um den Schutz ihres intimen, eigenen Arbeits- und Lebensentwurfs, sie stehen in Gefahr, Schwierigkeiten, Nöte und Versagen zu kaschieren und sich und anderen zu suggerieren, dass sie der Situation gewachsen und nicht auf Hilfe angewiesen sind.

L.B.: Viele geben auch ungern zu, dass sie nicht in den Verhältnissen leben und so sein oder werden möchten wie ihre Klientel. Insofern schämen sie sich nicht selten für ihre KlientInnen, können aber diese „strukturelle" Scham, die der sozialpädagogischen Hilfebeziehung immanent ist, nur hinter vorgehaltener Hand ausdrücken.

H.T.: Sie brauchen aber auch Ermutigung, Schwierigkeiten nicht nur individuell auf sich zu beziehen, sondern sie auch im Kontext institutioneller und gesellschaftlicher Rahmenbedingungen zu erkennen und anzugehen. Berichte zum Beispiel aus Supervisions- und Mediationserfahrungen, wie wir sie über Angelika Iser kennen, zeigen, wie schwer sich SozialarbeiterInnen in der Arbeit mit den eigenen Schamerfahrungen tun; der Beruf verlangt Stärke und Souveränität vor Anderen, und der Umgang mit Menschen, die in Not und Unzulänglichkeiten um Hilfe nachsuchen, bestärkt sie immer wieder auch in der Anstrengung und in der Maskerade solcher Sicherheit.

Kultur der Anerkennung meint, dass Soziale Arbeit eingebettet sein muss in gesellschaftliche Verhältnisse, in denen materielle Ressourcen so verteilt und Rechte so ausgelegt sind, dass Menschen – in aller Unterschiedlichkeit ihrer eigensinnigen Lebensführung und ihrer gegebenen Lebensverhältnisse – miteinander im Anspruch von Anerkennung leben können. Dies ist zwar primär eine Frage der Politik. Soziale Arbeit aber kann sie mit ihrer Expertise in Aktionen der Einmischung stützen und dazu beitragen, dass die Gesellschaft – die Öffentlichkeit und die Politik – die gelebten Schamerfahrungen als beschämend erfährt; sie kann diese Beschämung als Skandalisierung, Nötigung und Movens zur sozialen und politischen Veränderung zu nutzen suchen.

L.B.: Das hieße: KlientInnen als BürgerInnen befähigen und nicht dauernd in immer neuen Spezialisierungen sezieren und eine gesellschaftliche Anerkennungskultur einfordern. Anerkennung in dem Sinne, dass selbstverständlich werden muss, dass KlientInnen der Sozialen Arbeit genauso ihre Rechte und Ansprüche einfordern können wie alle anderen BürgerInnen. Das trifft, wenn es nicht programmatisch bleiben soll, die Sozialarbeit an ihren Grenzen. Darin steckt ja die Aufforderung zu Politisierung. Allerdings erst einmal nicht zur äußeren Politisierung, wie sie seit Jahren immer wieder programmatisch gefordert wird, sondern zur inneren Politisierung. Denn die Klient-Bürger-Frage, darauf haben wir schon im Diskurs Sozialarbeit und Zivilgesellschaft hingewiesen, weist auf den Grundkonflikt zwischen Abhängigkeit und Selbstzuständigkeit hin, auf den die Kritik der Klientelisierung schon früher abgezielt hat. Erst wenn dieser Konflikt ausgetragen wird, ist die Programmatik der Politisierung glaubwürdig.

Zukunftsperspektiven: Sich an der konkreten Utopie als Spannung von Gerechtigkeit, Bildung und sozialen Bewegungen orientieren

H.T.: Die Frage nach Zukunftsperspektiven verweist auch auf die nach der Utopie und die wiederum auf Bloch. Auf die sich damit stellenden problematischen Aspekte sind wir ja oben im eigenen Kapitel eingegangen, das müssen wir nicht wiederholen. Wir stehen – das hat Habermas ja schon vor Jahrzehnten konstatiert – in der Zeit einer Ermüdung des utopischen Potenzials als Ende der großen Erzählungen; da Kritik aber – und meine Pädagogik verstehe ich als kritische – immer ein Bild dessen braucht, von dem aus sie sich bestimmt, scheint es mir auch und gerade heute notwendig, am Prinzip des Utopischen festzuhalten; es muss aber im Sinne historischer Zielsetzungen neu überdacht und formuliert werden.

L.B.: In diesem Sinne sollte man es auch historisch kontextualisieren. Während das 19. Jahrhundert ein Jahrhundert der utopischen Bewegungen war, war das 20. Jahrhundert – unterbrochen von den Kriegen – ein Jahrhundert der Modernisierung und der Institutionen. Aus bewegten Utopien wurden institutionelle Szenarien. Dieser Unterschied ist wichtig. Ein Szenario ist gebunden, zum Beispiel ein demografisches Szenario, in dem man an der Prognose der Bevölkerungsentwicklung entlang ökonomische und soziale Entwicklungsziele formuliert.

H.T.: Auf einer anderen Ebene spricht man ja auch davon, dass wir in unseren westlichen Gesellschaften das Ende der Politik und die Herrschaft der Verwaltung beobachten. Die gesellschaftlichen Entwicklungen hätten sich auf ein Niveau eingespielt, an dem es gilt, sie zu stabilisieren und in diesem Sinne nur noch zu verwalten.

L.B.: Vielleicht sollten wir den Weg suchen, dass wir utopische Vorstellungen nicht verwerfen, aber historisch immer wieder neu überprüfen und formulieren. Gerechtigkeit ist ja so eine utopische Perspektive, die – das haben wir in den letzten Jahren erfahren – angesichts der Entwicklungen der gesellschaftlichen Verhältnisse immer wieder neu thematisiert werden muss. Gerade angesichts der Globalisierung und der damit verbundenen Entgrenzungen ist deutlich geworden, dass die gesellschaftlichen Standorte, von denen aus utopische Zielsetzungen entworfen werden, relativ sind. Gerade auch in der Frage der Menschenrechte, die ja in unterschiedlichen Kulturen aber auch im Kontext unterschiedlicher Machtverhältnisse oft ganz verschieden interpretiert werden. Auf der anderen Seite: Die großen Erzählungen waren immer an Bewegungen gebunden und heute – nach den ersten Jahren des 21. Jahrhunderts – formieren sich ja wieder international wie national Bewegungen. Deutet das darauf hin, dass die Zeit gekommen ist, in der utopische Potenziale wieder freigesetzt werden, weil die Szenarien der Institutionen heute zu kurz greifen?

H.T.: Szenarien hängen mit Verwaltung, Planung und Berechenbarkeit zusammen. Das Politische ist in ihnen stillgestellt. Das aber entspricht nicht der gegebenen Situation. Es ist ja aufregend, wie neben diesen Szenarien zunehmend neue soziale Bewegungen entstehen mit utopischen Intentionen, die auf neue Konstellationen, auf grundlegende Veränderungen dringen und auf wieder völlig offene Ausgänge verweisen. Denn auch wenn Intentionen, zum Beispiel der ökologischen Bewegungen, in die Institutionen – quasi als Modernisierungsprozess – eingegangen sind, tauchen doch im Gefolge immer wieder neue noch offene Probleme und vor allem auch soziale Bewegungen auf, die auf die sozialen Spaltungen und Verwerfungen in der Welt aufmerksam machen, Ansprüche erheben, und zeigen, dass die Zukunftsprobleme der Erde nicht nur ökologische, sondern auch soziale sind und dass es immer auch um die soziale Zukunft geht, ja ich würde sagen, auch um die sozialstaatliche Zukunft im Weltmaßstab.

L.B.: Diese soziale Zukunft wird aber zurzeit – auch global – vor allem und nur über Bildung verhandelt. In einem internationalen Bildungswettbewerb, der sich aber – bei näherem Hinsehen – als Standortwettbewerb, also vor dem Hintergrund ökonomischer Wachstumsinteressen, entpuppt. Und das Fatale ist dabei ja wieder – und das sieht man auch am bildungspolitischen Diskurs in Deutschland –, dass Bildung zumindest programmatisch immer mehr als sozialpolitische Regulationskraft gepriesen wird.

H.T.: Ich denke, es ist hier notwendig, zu differenzieren. Bildung ist sicher nicht per se ein sozialpolitisches Regulationsprinzip. Aber es ist wichtig, die sozialstaatlichen Voraussetzungen für gelingende Bildungsprozesse zu diskutieren. Im Gefolge der PISA-Diskussion ist sehr schnell deutlich geworden – so haben mir es Liegle u.a. gesagt –, dass eigentlich ein familienpolitisches Gutachten hätte kommen müssen, die Ergebnisse zeigen ja eindringlich, dass es einer familienpolitischen und sozialpolitischen Hintergrundsicherung bedarf, um Bildungsprozesse sozial abfedern zu können. Stattdessen hat man sich auf den Kindergarten gestürzt und den Gesamtrahmen sozialer Absicherung vergessen. Die sozialpolitischen und sozialpädagogischen Stützungssysteme wurden überhaupt nicht in Betracht gezogen, auch die familienpolitische Perspektive bezog sich nur auf die frühkindliche Förderung. So hat sich die PISA-Diskussion zunehmend gespalten. Auf der einen Seite stehen jene, die humankapitalorientiert linear weiter bildungspolitisch investieren wollen, und auf der anderen Seite diejenigen, die das Hauptaugenmerk auf familien- und arbeitsmarktpolitische Fragen und Probleme der sozialen Sicherung richten. Auch von ihnen her hat es doch einen Schub gegeben.

L.B.: Die Verbindung von Sozialstaat und Bildung war ja bei uns ein Thema der zweiten Hälfte des 20. Jahrhunderts, ist vergessen worden und müsste jetzt wieder neu thematisiert werden. Denn heute spielt soziale Herkunft im Zusammenhang mit Bildung wieder eine große Rolle und man wähnt sich schon fast wieder im 19. Jahrhundert. Man kann aber nicht so einfach an die sozialstaatliche Bildungsdiskussion der 1960er und 1970er Jahre anschließen. Vielmehr müssten wir grundlegende Themen wie soziale Ungleichheit und soziale Sicherheit vom Grunde auf wieder im heutigen Kontext thematisieren und dann nach den sozialstaatlichen Möglichkeiten fragen. Wir müssen wieder so grundsätzlich fragen, wie vor über hundert Jahren Werner Sombart gefragt hat: Er sagte damals, der Kapitalismus könnte zwar alle Menschen auf der Welt ernähren, aber er versagt darin, dies auch zu realisieren, weil er eben markt- und profitgebunden ist. Und so verwehre er aus seinem Wesen heraus die Chance, dass alle Menschen daran teilhaben könnten. Diese Kritik ist heute so aktuell wie damals. Natürlich in einem neuen Kontext. Denn die damalige Kritik ging ja über in das sozialstaatliche Programm. Dieses scheint nun – im Gegensatz zum Kapitalismus – ausgereizt und wir müssen die Soziale Frage neu stellen, diesmal nicht nur auf nationalstaatlicher Ebene wie damals, sondern auch im Kontext der Globalisierung. Und da werden viele der bisher sozialstaatlich regulierten Themen wieder zu Lebensthemen, die die Menschen auf der ganzen Welt betreffen.

H.T.: Die aber natürlich in diesem Sinne auch nationalstaatlich thematisiert werden.

L.B.: Nehmen wir einmal das Beispiel Armut: Bei uns ist ja seit einiger Zeit die Armut sozialpolitisch reguliert, an relative soziale Gerechtigkeit und an die Menschenwürde gebunden. Mit der Globalisierung wird wieder das Existentielle an Armut sichtbar und auch bei uns als Lebensthema wieder spürbar. Das ist wohl auch der Hintergrund der zunehmend „gefühlten“ Armut oder besser gesagt der Angst vor neuen Formen der Armut, die auch in den sozialstaatlich verfassten Gesellschaften grassiert. In der Auseinandersetzung mit der Armut zeigt sich also durchaus eine utopische Perspektive, die offensichtlich immer wieder unterschiedlich und neu virulent wird. Wir müssen also fragen: Wie brechen Utopien auf und wie werden sie transportiert. Sie entstehen ja nicht in Hinterzimmern von Gelehrten, sondern vor allem in gesellschaftlichen Umbrüchen und den damit verbundenen sozialen Bewegungen. Man könnte also sagen: Utopien hängen immer mit Konflikten zusammen, wo kein Konflikt ist, ist keine Utopie.

H.T.: Und ohne Utopie kein Konflikt.

L.B.: Dieser wechselseitige Zusammenhang scheint mir die Grundtatsache zu sein, die neu zu diskutieren ist. Und zwar in der Richtung: Hat sich der Charakter dieses Konflikts heute verändert oder bricht der Grundkonflikt zwischen Arbeit und Kapital wieder neu auf, mit welchen Trägern des Konflikts und der sozialen Bewegungen haben wir es heute zu tun, wie sieht die gesellschaftliche Transformation solcher Konflikte gegenwärtig aus? Nehmen wir das Motto „Demokratisierung der Demokratie", das heute in den neuen sozialen Bewegungen immer wieder zu hören ist. Hier wird ja darüber diskutiert, ob die sozialstaatlich-demokratische Transformation der gesellschaftlichen Grundkonflikte ihre politische und soziale Kraft längst verloren hat, weil die institutionelle Form der Demokratie sich inzwischen versäult und von den Menschen entfernt hat. Die sozialen Bewegungen, die dieses Motto vor sich hertragen, artikulieren in diesem Zusammenhang immer wieder die Idee der „Wiedergewinnung": Wiedergewinnung des „gemeinen Eigenen" – also Wasser, Energie, Luft, Raum –, Wiedergewinnung von Teilhabe an der Gesellschaft, Wiedergewinnung der Kontrolle über die ökonomischen Entwicklungen. Dahinter steckt die These, dass alles, was die Utopien des 19. Jahrhunderts sich ausgemalt hatten, in Teilen der Welt erreicht wurde, aber heute wieder auf dem Spiel steht. Deswegen das Motto „Wiedergewinnung", das wohl die alten Utopisten in kritisches Erstaunen versetzt hätte.

H.T.: Was das Motto „Wiedergewinnung" anbelangt, so bin ich skeptisch. Denn bis vor kurzem haben wir ja an Verhältnisse geglaubt, die uns sozial stabil schienen, trotz aller Kritik daran. Ich möchte da gern noch einmal zur Armut zurück. Ich denke, die Auseinandersetzung um Armut im 19. Jahrhundert war ein Kampf gegen Proletarisierung und gegen ausbeuterische Machtverhältnisse. Es ist – so wie Heimann es beschrieben hat – ein sozialstaatlicher Kompromiss entstanden, in dem die antagonistischen Interessen in ihrer wechselseitigen Abhängigkeit aufeinander zugeführt und in eine leidliche Balance gebracht wurden. Und meine Frage ist nun, ob wir uns heute in einer Zeit befinden, wo antagonistische Interessen wieder in eine Balance, aber nun im globalisierten Maßstab gebracht werden müssen. Globalisierung hat drei Seiten: Sie ist auf der einen Seite Globalisierung des Marktes und der Information, sie ist aber auch gleichzeitig Globalisierung von Demokratisierungsvorstellungen, Menschenrechten und Freiheiten, und es wird zunehmend deutlich, dass es Globalisierungstendenzen dieses sozialstaatlichen Kompromisses gibt. So wie im 19. Jahrhundert ja erst die bürgerlichen und Marktfreiheiten sich entwickelten, danach die Bürgerrechte und Freiheiten und dann die sozialen Rechte, so sehe ich diese Entwicklung auch heute im globalisierten Maßstab. Und zurzeit habe ich den Eindruck, dass wir in einer Phase stehen, in der die bürgerlichen, demokratischen Rechte intensiv eingefordert werden.

L.B.: Es zeigt sich aber hier schon im Hintergrund – das sieht man an den Folgeproblemen der arabischen Revolution, an den inneren sozialen Kämpfen in China, Brasilien und Indien –, dass diese demokratische Entwicklung überhaupt nicht denkbar ist ohne die Entwicklung eines sozialstaatlichen Kompromisses. Und so streben wir auf eine Zeit zu, in der wir – so wie wir eine sozialstaatlich geprägte Innenpolitik betrieben haben – nun eine sozialstaatlich geprägte Weltpolitik betreiben müssen. Dabei wird es spannend werden, zu sehen, wie dieser Sozialstaatskompromiss aussehen wird, der sich weltweit entwickeln wird.

H.T.: Man kann ja auch Heimann so interpretieren, dass er darauf insistiert, dass die sozialen Ideen und die damit verbundenen Beteiligungs- und Gerechtigkeitsforderungen der Menschen, die sich gegen den Kapitalismus richten, im sozialpolitisch moderierten Kapitalismus nicht untergehen. Ich finde, dass das bei Heimann immer wieder mitschwingt, dass es nicht nur um einen Interessenausgleich geht, sondern vor allem auch darum, dass in diesem Interessenausgleich die gesellschaftlichen Beteiligungs- und Gestaltungsmöglichkeiten der Subjekte nicht untergehen. Das wäre vielleicht das Neue, das in der heutigen Zukunftsdiskussion stärker in den Vordergrund gerückt werden muss.

L.B.: Heimann war ja eigentlich ein Empiriker, der mit der historisch-soziologischen Methode arbeitete. Er hat zwei normative Setzungen, die er aber immer wieder historisch-empirisch zurückführt: Der Kapitalismus behandelt den Menschen als Ware, der Mensch aber ist ein mit eigener Würde versehenes Wesen, damit muss es historisch zum Konflikt kommen – diesen Grundkonflikt beschreibt er. Und er erkennt seine Dialektik. Die Synthese, die Heimann findet, das sozialpolitische Prinzip, das sich später im Sozialstaat institutionalisiert, ist für ihn nicht so sehr das Ziel, sondern das Prinzip der Bewegung. Und ich denke, das ist auch das, was wir vorhin diskutiert haben: Wir sehen in den globalen Entwicklungen, in denen es um freiheitsbewegte und soziale Kämpfe geht, erst einmal nicht so sehr den zu erreichenden Sozialstaat, sondern das sozialpolitische Prinzip, das sich immer mehr konkretisiert. Wir müssen also fragen: Kehrt diese Heimann'sche Dialektik im globalen Maßstab wieder ein?

H.T.: Die Tatsache, dass Heimann darauf insistiert, dass der Mensch keine Ware ist, verweist auf die Grunderkenntnis der neuzeitlichen Aufklärung. Und darin steckt meiner Ansicht nach das utopische Element, das in dem sozialpolitischen Prinzip, wie du es nennst, enthalten ist.

L.B.: Aber wichtig ist weiter, dass bei Heimann – und das unterscheidet ihn von den puren Sozialisten – immer thematisiert wird, dass der Mensch zwar keine Ware ist, aber weiter in einem kapitalistischen System lebt, das ihn immer wieder als Ware behandeln will. Und in dieser Spannung müssen wir den utopischen Charakter des Sozialpolitischen thematisieren.

H.T.: Wir können auch sagen: Die Armut in der Welt wird dann zum Thema, wenn sie im Zusammenhang mit der Grundthese gesehen wird, dass der Mensch keine Ware ist. Ich erinnere mich in diesem Zusammenhang daran, dass du mir vor einigen Jahren das Buch von Werckmeister „Zitadellenkultur"[35] gegeben hast. Darin wird eine Zukunft der Welt geschildert, in der sich die Mächtigen und Besitzenden einmauern und abschotten vor dem Heer der Armen und ihre ganze Lebensphilosophie und Politik in dieser Abschottung begründen und doch gleichzeitig merken, dass sie auf die Dauer mit dieser Politik nicht durchkommen, weil die Globalisierung ja auch Entgrenzungen und Diffundierungen gebracht hat, denen mit Zitadellenmentalität nicht mehr Einhalt geboten werden kann. Und hier spielt, denke ich, die Bildung eine wichtige Rolle. Es ist heute deutlich, dass man eine Weltordnung im Sinne einer Zwei- oder Dreiklassenordnung nicht aufrechterhalten kann, wie das im 19. Jahrhundert angelegt war und wie es sich im 20. Jahrhundert als Modell durchzusetzen schien.

L.B.: Vielleicht kann man an dieser Stelle den Begriff der konkreten Utopie pragmatisch wenden. Dass der Mensch keine Ware sein soll, sagen ja inzwischen alle. Wenn ich aber die Bedingungen nicht thematisiere, die notwendig sind, damit der Mensch nicht zur Ware wird, zeigt sich sehr schnell, dass diese Einsicht hohl ist und meistens in einen Menschenrechtstalk mündet. Das heißt also, ich muss diese Erkenntnis an die Heimann'sche Dialektik binden. Das ist das konkret Utopische. Man muss die ökonomisch-sozialen Konflikte benennen können, auf die man Menschenwürde und ihre Verteidigung beziehungsweise Gestaltung bezieht. Ich sehe es als Grundprinzip sozialer Nachhaltigkeit, dass die Austragung von sozialen Konflikten auch in Zukunft möglich sein muss.

H.T.: Da bist du ja nahe an der Bloch'schen Definition der konkreten Uto-

35 Werckmeister, O. K. (1989): Zitadellenkultur. München und Wien.

pie, die für ihn „Arbeit am Daraufhin" ist. Und Arbeit bedeutet ja Auseinandersetzung in konkreten Verhältnissen und in den Konflikten der konkreten Verhältnisse.

L.B.: Und ich denke, dies muss man an den Grundkonflikt zwischen Arbeit und Kapital binden. Das betrifft auch die Bildung. Ohne diese Bindung führt Bildung nicht in den Kampf um soziale Gerechtigkeit und Demokratie. Nehmen wir das Beispiel China: Wenn es so weiter geht, und das wird sich in späteren PISA-Studien niederschlagen, wird China die gebildetste Nation der Welt werden, was das Bildungsniveau vieler ihrer BürgerInnen anbelangt. Das muss aber nicht unbedingt etwas an dem totalitären System ändern. Wenn Bildung – so schon Adorno – nicht an Mündigkeit gebunden ist – und Mündigkeit bedeutet immer Spannung zu Macht und Autorität –, dann taugt sie wenig beim Kampf um soziale Gerechtigkeit. Bildung und Mündigkeit sind nicht eins, sie gehen erst zusammen, wenn sie sich wechselseitig vor einem sozialpolitischen Hintergrund entwickeln können. Das scheint mir der gesellschaftliche Bezug von Adornos „Erziehung zur Mündigkeit"[36] zu sein. Wir müssen also das Verhältnis von Bildung und Freiheit diskutieren.

H.T.: Da würde ich doch noch einmal gerne auf das 19. Jahrhundert zurückblicken. Da war Bildung so eine Art Türöffner für soziale Bestrebungen aber auch für soziale Bewegungen. Und ich denke, die Koalition von Bildung und Sozialismus war da ja eine ganz aufregende. Wenn man sich verschiedene Lebensgeschichten der damaligen Zeit anschaut, war Bildung gleichsam das Vehikel nicht nur für sozialen Aufstieg, sondern auch für gesellschaftliche Beteiligung. Deshalb würde ich das nicht so apodiktisch sehen, wie du es dargestellt hast. Offensichtlich bietet Bildung Chancen, indem ein Bewusstsein entsteht, das sich dann auch auf die sozialen Fragen erstreckt. Ein Überhang von Bildung wirkt als Sprengsatz auf die sozialen Verhältnisse. Natürlich gibt es Gesellschaften, die nicht demokratisch sind und in denen hoch gebildete Leute im Sinne von hoch qualifizierten Leuten in den mittleren und oberen Schichten breit vertreten sind. Aber wir sollten doch formulieren können: Bildung kann Freiheiten freisetzen, in denen sich dann auch die Spannung zu den sozialen Fragen ergeben kann.

L.B.: Vielleicht könnte man unterscheiden zwischen einer Bildung, die zu Demokratisierung und sozialem Konflikt in Beziehung steht und einer Bildung die in der Beschränkung auf Qualifikation einseitig an die

36 Adorno, Th. W. (1960): Erziehung zur Mündigkeit. Frankfurt/M.

Technologie gebunden ist. Nehmen wir das Beispiel Tschechoslowakei im Jahr 1968. Der Prager Frühling wurde von einer Gruppe Intellektueller mitinitiiert, die zum großen Teil Widerstandsbiografien hatten und immer in der Spannung zum System standen. Nach der Niederschlagung des Prager Frühlings hat die herrschende Partei eine breite Schicht technologisch geprägter Intellektueller herangezüchtet, die von politischen und sozialen Fragen abgeschirmt waren und für die dann die Revolution Anfang der 1990er Jahre völlig überraschend hereinbrach. Denn diese war eben nicht von den so „Gebildeten" getragen.

H.T.: Man sieht ja in China, wie nervös die herrschende Klasse reagiert, wenn es um freie Meinungsäußerungen über die neuen Medien geht. Dies ist doch ein Zeichen dafür, dass Bildung die Neugier und den Anspruch auf das andere, Alternative schüren kann. Natürlich spielen die politischen Rahmenbedingungen eine Rolle. Aber ich würde die Potenzialität von Bildung betonen und es eben nicht so apodiktisch sehen. Ich würde vielmehr Bildung als Voraussetzung für soziale Aufbrüche und Entwicklungen verstehen. In einer Stufenfolge: Erst über die Bildung öffnet sich der Zugang zur sozialen Frage.

L.B.: Da müsste man doch differenzieren. Ich denke auch, dass ohne Bildung keine tragfähigen sozialen Bewegungen entstehen können. Aber ich sehe nicht, dass *aus* Bildung zwangsläufig soziale Bewegungen hervorgehen.

H.T.: Aber das Erste würde ich festhalten wollen, dass Bildung eine notwendige, aber keine hinreichende Voraussetzung für soziale Bewegungen ist.

L.B.: Wir müssen aber die Spaltung sehen, die wir heute haben, die Spaltung zwischen einer auf Humanisierung der Verhältnisse ausgerichteten Bildung und einer Bildung, die einseitig technologisch ausgerichtet ist. Das ist ja auch der Konflikt zwischen der Bildungsforschung und der Sozialpädagogik.

H.T.: Aber noch einmal: Die ganzen sozialen Bewegungen, ob das nun die Frauenbewegung oder die Ökobewegung ist, sind ohne einen hohen Standard von Bildung bei vielen der Beteiligten nicht denkbar. Ich würde „Bildung an sich" als neutralen Möglichkeitsraum betrachten, in dem sich viele und vor allem auch soziale Interessen bilden und profilieren können.

L.B.: Ich würde es eher als dialektischen Prozess bezeichnen. Marx selbst hat ja nicht die Revolution gemacht. Es war ein wechselseitiger Prozess, in dem die sozialen Unruhen, die nicht unbedingt von Gebildeten ausgehen mussten, von Intellektuellen aufgenommen wurden und wieder an die Bewegungen zurückgegeben wurden. Erst in dieser

Wechselwirkung entsteht ja die Arbeiterbildung. Bildung erzeugt keine sozialen Unruhen, aber sie kann in der Spannung zu sozialen Unruhen soziale Konflikte formulieren.

H.T.: Ich verstehe jetzt nicht ganz, wo hier der Gegensatz liegen soll. Wenn wir ins 19. Jahrhundert zurückgehen, so war es doch gerade die sozialistische Volksbildung, die den Weg für die Durchsetzung sozialer Interessen geebnet hat.

L.B.: Aber die Volksbildung war ja die Resultante dieses dialektischen Prozesses. Bildung bekommt eine unterschiedliche gesellschaftliche Ausrichtung, ob sie nun in der Spannung zu sozialen Konflikten steht oder nur an den Notwendigkeiten und Gesetzmäßigkeiten der technologischen Entwicklung ausgerichtet ist. Der hochgebildete, dem System verfügbare Physiker der Nazizeit war eine Katastrophe.

H.T.: Das meine ich ja auch: Bildung an sich hat noch nichts mit sozialer Gerechtigkeit zu tun.

L.B.: Bildung muss immer in diesem Spannungsverhältnis gesehen werden, wenn sie in dieser sozial utopischen Kraft wirken soll. Diese Spannung ist aber – wenn wir beim Beispiel China bleiben wollen – dann nicht gegeben, wenn Bildungsentwicklung und Sozialentwicklung derart ungleichzeitig sind wie dort. Während China im qualifikationszentrierten Bildungsbereich längst aufgeholt hat, hinkt es im sozialen Bereich weit hinterher, hat sich vieles noch gar nicht entwickelt. Es ist also nicht abzusehen, wann sich dort das sozialpolitische Spannungsverhältnis herstellen wird.

H.T.: Ein Spiel mit offenen Karten.

L.B.: Wir können aber festhalten, dass sich kritische Bildung im dialektischen Verhältnis zu sozialen Konflikten und darauf folgenden Entwicklungen befinden muss. Zwar kann man schon sagen, dass es in China in einer ersten Stufe um den Kampf gegen die Unterdrückung von Meinungsfreiheit geht. Aber ob sich dann daraus eine Stufenfolge wie bei Marshall[37] entwickelt, bleibt dahingestellt. Insofern gibt es zwei Szenarien: Entweder die jetzigen Machthaber vergrößern die qualifizierte und privilegierte Bildungsschicht und die Entwicklung einer dialektischen Spannung zu sozialen Konflikten lässt noch hundert Jahre auf sich warten oder die sozialen Unruhen häufen sich in den nächsten Jahren und es kommt bald zu dem Spannungsverhältnis von Bildung und sozialem Konflikt. Eher kann man sich vielleicht vorstellen, dass diese technologisch gebildete und privilegierte Mittel-

37 Marshall, Th. (1992): Bürgerrechte und soziale Klassen. Frankfurt/M. und New York.

schicht so breit wird, dass diese Spannungen weiter unterdrückt werden können.

H.T.: Das letzte Jahrhundert zeigt aber, dass Gesellschaften, die einseitig auf solche Bildungsschichten bauen und soziale Konflikte unterdrücken, einen Sprengsatz in sich tragen. Und ich würde deshalb doch dort auf das 19. Jahrhundert sehen, wo sich gezeigt hat, dass über Bildung soziale Entwicklungen in Gang kamen und ihre Form erhielten.

L.B.: Aber man darf dabei die Spannung zu den sozialen Bewegungen nicht vergessen, ohne die Bildung nie so sozial transformiert worden wäre – und was das 19. Jahrhundert nicht kannte, ist die Konsumgesellschaft. Wenn man im Fernsehen Interviews mit gut gekleideten städtischen Passanten in Shanghai oder Peking sieht, dann geben sie sich sehr offen und kommunikativ und schwärmen von dem Erreichten. Der Konsum verdeckt vielerorts die sozialen Spannungen und suggeriert Teilhabe und Freiheit. Der Konsum gehört seit Ford zu den neuen großen Erzählungen dieser Epoche, das wird oft vergessen, wenn vom Ende der großen Erzählungen gesprochen wird. Und hier ist auch das Internet eben nicht nur Transporteur sozialer Konflikte, sondern ambivalent: Denn es inszeniert ja auch die Freiheit des Einzelnen, sich als unbeschränkter Konsument bewegen zu können. Und die Ökonomie ist ja längst eingestiegen und spricht von der ‚Macht der Konsumenten'.

H.T.: Das Substantielle an den neuen sozialen Bewegungen und die in ihnen enthaltene konkrete Utopie sind deshalb vor allem, dass sie darauf insistieren, den Menschen nicht als Ware zu sehen und die damit das Tor zur Wahrnehmung sozialer Konflikte öffnen.

L.B.: Wenn wir uns noch einmal bei Heimann vergewissern: Er sagte ja, der Mensch darf keine Ware sein und gerät damit zwangsläufig in Spannung zum Kapitalismus, der den Menschen als Ware begreifen muss. Gleichzeitig ist der Kapitalismus auf den Menschen und seine Qualifikationen angewiesen und der Mensch auf den Kapitalismus und seine Produktivität. Heute aber haben wir eine konsumgesellschaftliche Situation, in der der Kapitalismus sagt, du kannst Mensch in der Ware sein, es gibt keine Entfremdung mehr. So etwas konnte Heimann überhaupt nicht voraussehen, denn es fällt ja aus seiner Dialektik heraus. Und das führt – wie Fritz Haug sagen würde – zur warenästhetischen Illusion: Du kannst Mensch in der Ware sein, du kannst frei in der Ware sein, du kannst beteiligt in der Ware sein.

H.T.: Das ist das Problem, vor dem wir stehen, wir werden es hier nicht lösen können. Deshalb sollten wir noch einmal auf die konkrete Utopie in der Sozialpädagogik zurückkommen.

L.B.: Aber auch hier ist es ja schwierig. Gerade in der sozialen Welt stoßen wir ja permanent auf Ambivalenz und Spaltungen. Deshalb ist es so wichtig, dass wir auch hier auf dem sozialpolitischen Prinzip als immer wieder bemühbarer konkreter Utopie beharren.

H.T.: Und darauf insistieren, dass es in ihm um die Fortführung des humanistischen Auftrages der neuzeitlichen Aufklärung geht. Von da aus könnte man nämlich sagen, dass es eine sozial gelingende Lebensform wäre, wenn ein sozialstaatlich gebändigter Kapitalismus sich weltweit durchsetzen könnte.

L.B.: Er scheint zwar gegenwärtig nicht mehr sozialstaatlich gebändigt, aber wir sehen auch in den heutigen Krisen, dass ohne den Sozialstaat die nationalstaatlichen Gesellschaften in Europa zerbrochen wären.

H.T.: Und da die Sozialpädagogik in ihrer heutigen Form aus der sozialen Zähmung und Bändigung des Kapitalismus hervorgegangen ist, hat sie auch ein sozialpolitisches Mandat darin, die soziale Zähmung immer wieder neu zu fordern und von den in ihr offenkundig werdenden sozialen Problemen her zu begründen. Das ist doch ihre konkrete Utopie. Und ich glaube, dass die Sozialarbeit, wenn sie das wahrnehmen würde, aus ihrer spezifischen Arbeitsstruktur heraus auch bestimmte Chancen hätte. Das klingt zwar etwas anmaßlich, es ist auch sicher nur eine Chance zusammen mit anderen Ansätzen, aber wir sollten sie selbstbewusst vertreten und durchzusetzen versuchen. Soziale Arbeit ist ja gegenüber dem starr institutionalisierten Bildungswesen ziemlich flexibel und offener; gleichzeitig hat sie im Vergleich zu dem Arbeits- und Bildungssystem, die ja durch Konkurrenz strukturiert sind, einen unbelasteteren, freieren Blick für soziale Konflikte und Lebensprobleme; sie ist von daher geradezu prädestiniert, diese immer wieder zu thematisieren. Soziale Arbeit – etwas verwegen formuliert – passt in ihrer Arbeitsform zu den Strukturen, in denen die moderne Gesellschaft ihre Probleme erfährt.

L.B.: Nun müssen wir aber einräumen, dass es hier um jene Teile der Sozialen Arbeit geht, die weiterhin und zukünftig dem sozialpolitischen Prinzip verpflichtet sind. Es entwickelt sich aber seit einiger Zeit eine Spaltung der Sozialen Arbeit. Wir sprechen ja von einer Tendenz zur Ökonomisierung von Bereichen der Sozialen Arbeit, in der Markt- und Konkurrenzprinzipien sich durchsetzen und die lebensweltliche Perspektive überlagern oder gar verdrängen.

H.T.: Die Soziale Arbeit steht nicht per se in diesem Horizont, sie repräsentiert sich in vielfältigen und ja auch sehr unterschiedlichen Ansätzen; sie muss immer wieder in diesen Horizont hineingestellt werden, sich zu ihm entscheiden, damit sich Konflikte und soziale Spannungen in ihrem Kosmos abbilden. Man kann deshalb nicht von einem darauf bezogenen allgemeinen „Mandat" reden, aber sie ist ein Möglichkeitsraum, sie bietet Optionen, die sozialpolitisch formuliert und praktiziert werden müssen, die politisiert werden können.

L.B.: Und da stellt sich natürlich die Frage, ob die Konflikte in der Sozialen Arbeit überhaupt sichtbar sind, ob sie dort auf ihrer Ebene ausgetragen werden.

H.T.: Ich denke, dass diese politische Rückbesinnung jetzt wieder in der Sozialen Arbeit an Boden gewinnt. Natürlich wird damit aber auch die Auseinandersetzung in ihr, die Spaltung zwischen den verschiedenen Arbeitsansätzen wieder dramatischer. Mit dieser sozialpolitischen Rückbesinnung werden ja auch die Abgrenzungen zu den Modularisierern, Verfahrenstechnologen und Disziplinierern deutlicher.

L.B.: Ich fürchte, dass es bei dieser Spaltung bleiben wird, beziehungsweise, dass sie sich vertieft. Denn wir haben ja nicht nur unsere Disziplin, sondern in der Wissenschaft überhaupt wenig Tradition in der strukturellen Austragung solcher Konflikte. Sie werden entweder personalisiert oder als unterschiedliche Fachdiskurse entschärft.

H.T.: Es ist ja schon aufregend, wie heute in den Sozialwissenschaften so getan wird, als ob es den Positivismusstreit nie gegeben hätte, oder wenn immer wieder davon ausgegangen wird, dass die Positivismusseite die Siegerseite gewesen wäre und man die andere deshalb vergessen könnte. Dabei bräuchte man den Prozess einer solchen wissenschaftstheoretischen Konfliktaustragung, also die wissenschaftliche Konfliktaustragung als Prozess heute notwendiger denn je. Von hier aus können wir auch noch einmal auf das utopische Element in der Sozialen Arbeit zurückkommen. Es kommt nämlich darauf an, dass wir es nicht verdinglichen. Es sollte eher eine Inspiration sein, die sich auf die Klärung von Gegensätzen, auf die Arbeit in Gegensätzen bezieht: Der Mensch als Ware oder die Arbeit mit Menschen an seinen individuellen Bezügen oder an den Verhältnissen, denen er ausgesetzt ist. Das sind Konkretisierungen. Oder auf der Handlungsebene: soziale, typisierende, modularisierende Ideologie und Kasuistik; oder auch: Kausale Ableitungen und kommunikatives Aushandeln.

L.B.: Dabei muss man immer wieder insistieren, dass es sich hier um einen Konflikt handelt und nicht um eine Gegenüberstellung. Und noch einmal: Dass soziale Konflikte nicht verdeckt werden, ist für die Soziale Arbeit existentiell wichtig.

Unsere beiden Wege in die Soziale Arbeit als Erfahrungen mit der sozialpädagogischen Professionalität

H.T.: Ich bin eigentlich sehr untypisch zur Sozialpädagogik gekommen. Ich hatte im Göttinger Pädagogischen Seminar Freunde, die sozialpädagogisch engagiert waren und – ähnlich wie den Hamburger Hansa-Club von Liesel Wernicke – eine damals sehr interessante Modellarbeit aufgebaut hatten: Das Haus auf der Hufe, eine Jugendeinrichtung in einem schwierigen Stadtteil, die wir heute wahrscheinlich als Jugendzentrum bezeichnen würden. Zusammen mit einem hauptamtlichen Sozialpädagogen haben Martin Bonhoeffer, meine spätere Frau Renate Thiersch und Herbert Colla sich um besonders belastete Kinder gekümmert, es gab einen Raum, um sich zu treffen, es gab einen festen Kreis von Jugendlichen, der aber auch für Freunde offen war, es gab Geselligkeit, Hausaufgabenhilfen und Elternarbeit, aber es wurde auch Theater gespielt und eine Londonreise gemacht. Mich haben sie – ich war damals Assistent – für bestimmte offizielle Geschäfte hinzugezogen.

L.B.: Und was hat dich daran fasziniert?

H.T.: Es war innerhalb unserer Freundschaften selbstverständlich, dass ich mich beteiligte, die Lebensgeschichten, die ich dort erfuhr, waren spannend, die sozialen Probleme aufregend, ich wurde gebraucht und merkte, dass ich mich sinnvoll engagieren konnte. Ich war damals am Beginn meiner pädagogischen Arbeit unsicher, wo ich meinen Schwerpunkt setzen wollte; ich hatte allgemeine Pädagogik studiert, aber die Bildungsforschung, mit der ich im Institut bei Heinrich Roth zu tun hatte, war sehr durchgearbeitet; in der Sozialpädagogik hatte ich dagegen das Gefühl, ein Feld gefunden zu haben, in dem es wenig gab, man musste und konnte etwas aufbauen – hier konnte ich mich profilieren. Also für den Anfang bin ich eher zufällig in die Sozialpädagogik hereingekommen, wohl eher hereingerutscht und dann sicher auch in einem bestimmten strategischen Interesse. Als ich aber darin war, habe ich mich rasch und intensiv identifiziert. Es ist mir dann aber im Nachhinein klar geworden, dass es sicher auch persönliche Erfahrungen und zwar persönlich private Erfahrungen waren, die mich in die Sozialpädagogik getrieben haben; Ich lebte damals in Göttingen bei meiner Großmutter, die ziemlich lahm und halbblind war und immer wieder von schrecklichen depressiven Anfällen heimgesucht wurde; gut, es gab Hilfen in ihrem Haushalt und zur Pflege, aber ich war – und ziemlich allein, denn sie lebte einsam – sozusagen ihre Ansprache; so war ich in mühselige Alltagsprobleme hereingezogen und mit Leiden, Verzweiflung und Hilfsansprüchen konfrontiert – die damaligen Erfahrungen sind mir bis heute gegenwärtig, wenn ich über Alter und Altenarbeit arbeite. Außerdem hatte ich als Schulbub ein Jugendorchester dirigiert und viele nicht unaufwendige und komplizierte Nachhilfen gegeben – so wie das damals ja üblich war, wenn man als Junge Geld brauchte. – Nun also war ich in der Sozialpädagogik und da wollte ich gründlich werden; wir haben deshalb, um überhaupt zu sehen, was es gab, ein dreisemestriges Grundlagenseminar erarbeitet, das war sehr gesellschaftlich inspiriert, wie es damals in der Zeit lag, ich hatte im Institut auch das erste Seminar über Marx und über die Frankfurter Schule gemacht. Aber das war akademisch und nicht in irgendeiner Weise mit den weiteren damals ja vielfältigen sozialpolitischen Projekten oder der Studentenbewegung verbunden.

L.B.: Bei mir war das alles später. Ich hatte Soziologie, Ökonomie und Geschichte studiert und nie mit Pädagogik etwas zu tun gehabt. Ich plante Anfang der 1970er Jahre eine Doktorarbeit über Antonio Gramsci und habe auf einmal über Bekannte Leute kennen gelernt, die in den Münchner Heimkampagnen engagiert waren. Diese Heimkampagnen gingen mit Aktionen einher, in denen Jugendliche aus den Fürsorgeheimen in München herausgeholt, „befreit“ wurden und – die erste Zeit natürlich illegal – in Studentenwohngemeinschaften versteckt wurden. Irgendwann spitzte sich das zu und es begann ein richtiger Kampf um die Legalisierung. Die Münchner bekamen Schützenhilfe von bekannten Pädagogen wie Klaus Mollenhauer, der ja damals in Frankfurt die ersten Wohnkollektive mit begleitete. Für mich war es eine nachholende Chance, doch noch in die damaligen Bewegungen hineinzukommen. Ich war ja aus der Provinz, aus Unterfranken nach München gekommen und hatte keinen Zugang zu den sehr städtisch-bürgerlich sich gebenden Mitgliedern der Studentenbewegung. Die Leute aus den SDS-Gruppen waren rhetorisch gut, unsereins kam vom Land und hat sich da erst gar nicht getraut, sich bemerkbar zu machen. Als die Unterbringung der ehemaligen Heimzöglinge in Wohnkollektiven dann legalisiert war, arbeitete ich in dem Verein und in dem Jugendwohnkollektiv Steinsdorffstraße mit.

Wir hatten damals sehr viele Konflikte mit dem Jugendamt und ich sammelte entsprechende Erfahrungen. Ich arbeitete am Deutschen Jugendinstitut und hatte eine Sozialwissenschaftlerstelle für eine Jugendamtsuntersuchung zum Dritten Jugendbericht und konnte diese Erfahrungen auch hier ganz gut gebrauchen.

H.T.: Hattest du vorher irgendwelche sozialpädagogischen Verbindungen?

L.B.: Nun, das waren die normalen Jugendverbandserlebnisse. Wenn man in der Provinz wohnt, dann ist man in Vereinen und Jugendgruppen, spielt Fußball und macht Zeltlager mit. Ich habe das aber nie mit irgendwelchen Ambitionen für später verbunden. Das war eben die übliche Jungensozialisation auf dem Lande.

H.T.: Wenn du das so erzählst, merke ich, dass es bei mir keine Kampagnen waren, die mich prägten, sondern Einzelgeschichten. Martin Bonhoeffer hatte sich sehr um einen Jungen gekümmert, der, bis eine Pflegefamilie gefunden war, im Heim lebte. Wir reisten hin, um seine Zukunft zu besprechen. Er war ausgerissen und wieder aufgegriffen worden. Er stand im offenen Foyer des Stefanstiftes vor mehreren Erziehern; der Leiter, ein Pfarrer, redete leidend-enttäuscht, mahnend, drohend und wütend auf ihn ein, der Junge war eine gute halbe Stunde standhaft, bis er nicht mehr konnte, weinte und abgeführt wurde. Da drehte sich der Pfarrer huldvoll zu uns um und sagte: Da seht ihr jungen Leute einmal, was Pädagogik ist. Oder: Wir hatten in Göttingen dauernd Konflikte mit dem Jugendamt, besonders erregt aber waren wir, als der Leiter des Friedhofamtes zum Jugendamtsleiter befördert wurde – das war in der Verwaltungskarriere die nächste Stufe. Oder: Ein Gruppenerzieher aus dem Landesjugendheim hatte nebenher studiert und promoviert; seine Buben wollten ihn nach der Promotion abholen; sie wurden unter Polizeischutz in die Stadt geführt und dort in einer Nebenstraße der Aula hinter einer Absperrung aufgestellt, bis dann – jubelnd begrüßt – ihr Erzieher heraus- und unter der Absperrung hindurch zu ihnen kam und – unter Polizeischutz – mit ihnen ins Heim zog.

Unsere sozialpädagogische Praxis war alternativ, aber eher auf Einzelfälle bezogen und von da aus in die sozialen Konflikte hineingezogen. Grundiert war diese Position bei mir sicher auch durch das damalige allgemeine Leiden am autoritären Lehr- und Umgangsstil der Universität.

L.B.: Als ich aus der Universität weg war und in einem Münchner Jugendwohnkollektiv für ehemalige Heimzöglinge mitarbeitete, habe ich erst mal versucht, das Universitäre noch zu halten und prompt an einem sozialpädagogischen Aufsatz über Jugendwohnkollektive in der „neuen Praxis“ mitgeschrieben, bevor ich erst so richtig das Ganze durchdrungen hatte. Eine akademische Untugend, auf die man auch heute immer wieder trifft, die einen aber nicht weiterbringt. Denn erst in der praktischen Präsenz wurde mir das für mich Fremde an diesen Jugendlichen bewusst, das ich analytisch zu verstehen glaubte. Meine wissenschaftlich-sozialpädagogische Lehrzeit begann dann im Deutschen Jugendinstitut als Mitarbeiter in der Arbeitsgruppe Dritter Jugendbericht, der sich mit den Institutionen der Jugendhilfe, vor allem dem Jugendamt, beschäftigte. Bei meinem, damals natürlich der Zeit geschuldeten kritischen Anspruch, hatte ich doch große Probleme, mich in diesem Dickicht zu bewegen. An meinem Förderer Walter Hornstein habe ich damals bewundert, wie es ihm gelang, sich institutionell einzulassen und trotzdem kritische Distanz zu wahren. Gleichzeitig hatte ich aber Manfred Liebel u.a. kennengelernt, die den Geist der Heimkampagnen in einem antiautoritären Fortbildungsnetzwerk fortführten, dem ich mich zugehörig fühlte. Was aus dieser Zeit bis heute hängen geblieben und für meine Arbeit wichtig ist, ist die Erfahrung und Erkenntnis, dass Konflikterfahrung und Konfliktaustragung die zentralen Elemente unserer sozialpädagogischen Arbeit sind, dass sie uns mit dem Gesellschaftlichen verbinden und uns immer wieder zur Reflexion über unseren eigenen Standort zwingen.

H.T.: Ich gehörte damals wohl zu den Liberalen, stand aber in meinen theoretischen Arbeiten den Ansätzen der Radikalen nahe. Meine sozialpädagogische Publikationstätigkeit begann mit Texten zur Kritik am Verwahrlosungsbegriff, über Heime als totale Institution und über Stigmatisierung. Aber trotz dieser Kritik war der Unterschied – der Graben – zu denen groß, die in der radikalen Bewegung engagiert waren.

L.B.: Es war eine andere Ebene, es waren andere Gruppen und man hat sich gegenseitig so gut wie nicht zur Kenntnis genommen.

H.T.: Auf dem Jugendhilfetag in Nürnberg war ich auf einem Podium über Heimerziehung, es wurden Resolutionen mit Thesen gefasst, die von heute her ganz unaufregend sind, die damals aber als aufrührerisch galten. Die Diskussion wogte hin und her, Albrecht Müller-Schöll – auch ein „Liberaler“ – konnte sie nicht mehr steuern, das erregte Publikum zog immer, je nachdem, wo gerade abgestimmt wurde, von einem zum anderen Saal. Schließlich stand bei uns ein junger Mann aus dem Publikum auf und rief empört: „Ihr redet ja alle von etwas, was ihr überhaupt nicht versteht, ich bin ein Heimkind, ich kann euch erzählen, was da los ist.“ Das Publikum war sich über alle Kontroversen hinweg sofort einig, das Podium wurde aufgelöst.

L.B.: Damals begann der Konflikt zwischen Diskurs und Aktion. Es sollte was geschehen. Das deutet sich heute auch wieder an.

H.T.: Manches damals war dann auch eher kabarettistisch. Bei der Schlussversammlung standen Resolutionen gegen Resolutionen, die Radikalen stürzten aufs Podium, die Nonnen ebenso, sie schrien, APO raus, und die Radikalen schrien dagegen, Kirche raus. Der Veranstalter wusste sich nicht anders zu helfen, als den Donauwellenwalzer einzuspielen, und dann versuchten die Radikalen, mit den Nonnen zu tanzen.

L.B.: Wenn man unsere beiden biografischen Zugänge jetzt einmal im Nachhinein betrachtet: Was hat sich daraus entwickelt, waren es exemplarische Zugänge?

H.T.: Ich war immer vor allem Lehrer, Dozent. Ich ging von Göttingen nach Kiel, war dort Vertrauensdozent, viele linke Studenten kamen in meine Seminare und ich erinnere mich noch, wie der Konrektor mich auf der Treppe anhielt und grimmig anfuhr: Meinen Sohn verführen Sie nicht. Also, bei mir kam alles aus der Theorie und der Lehre. – Als ich dann nach Tübingen ging, habe ich dort den Diplomstudiengang aufgebaut – die Gesellschaft für Erziehungswissenschaft hatte ihn nach langen inneruniversitären Auseinandersetzungen endlich zur Einführung beschlossen und Andreas Flitner hatte in Tübingen alles vorbereitet. Wir mussten dann aber rasch erfahren, dass dies innerakademisch war, die Trägerverbände und Kommunen wollten unsere Studenten nicht. Die obersten Landesjugendbehörden verabschiedeten eine damals berüchtigte Resolution mit der apodiktischen Empfehlung, die linksverseuchten Absolventen von den Universitäten nicht anzustellen – und die von den Fachhochschulen übrigens auch nicht. Wir aber haben damals mit den Verbänden nicht verhandelt, was mir von heute aus gesehen ganz unverständlich ist und als Ausdruck einer erstaunlichen Gutgläubigkeit und eines bodenlosen Leichtsinns erscheint. Wir haben versucht, den Studiengang zu fundieren und in einer Untersuchung – zusammen mit Richard Münchmeier – zu prüfen, wo von den Aufgaben her Berufschancen von Diplom-SozialpädagogInnen lägen – und wo sie, aller Abwehr zum Trotz auch wahrgenommen wurden. Es war also so, dass ich – und die KollegInnen und FreundInnen – versucht habe, Sozialpädagogik über die Entwicklung des Studiengangs zu profilieren und zu hoffen und zu erwarten, dass er sich gesellschaftlich durchsetzt. Gestützt hat uns darin nicht nur die Analyse der Arbeitsmöglichkeiten, sondern vor allem auch die Tatsache, dass der Studiengang gleich von Anfang an hoffnungslos überlaufen war. Wir sahen, dass unsere Absolventen gut und exponiert unterkamen. Das war für uns schon ein politischer Erfolg – getreu dem alten Marx'schen Satz, dass die Erziehung mit der Erziehung der Erzieher zu beginnen habe.

L.B.: Aber es gab doch auch im damaligen akademischen Diskurs eine Spaltung: Da war ja vor allem die antikapitalistische Fraktion, zu denen es so gut wie keine Verbindung gab.

H.T.: Die Fraktionen und entsprechend die Ausbildungsgänge waren sehr verschieden. Die Berliner waren *radikal* alternativ und ihre Projekte im Zusammenhang der Praktikumsstellen waren solche, die selbst gegründet werden mussten, die nicht bei den Ämtern angesiedelt waren. Wir dagegen waren – so gesehen – etabliert. Wir haben unsere Praktikanten in die Einrichtungen und Ämter geschickt, wir haben immer auch nach Berufschancen in den Ämtern und Verbänden, in den Jugendhäusern und auch in Erziehungsheimen geschaut. Das war durchaus nicht immer unproblematisch; eine Gruppe, ich erinnere es gut, fand die Zustände in ihrem Heim unmöglich und fand mit internen Beschwerden kein Gehör; sie hat dann in der Blumenvase des Mitarbeiterzimmers ein Mikrofon versteckt und alle Unterhaltungen aufgenommen; ihre Veröffentlichung führte zur Auflösung des Heimes – und wir fanden bei diesem Träger lange keine Praktikumsplätze mehr.

L.B.: Aus der antikapitalistischen Ecke gab es ja auch immer wieder den Vorwurf, die lebensweltorientierte Sozialpädagogik mache die Institutionen nur geschmeidiger, ändere aber nichts an ihren Strukturen. Ich kann mich gut erinnern, wie ich nach Tübingen kam und mein erstes Seminar zum Thema Jugendhilfe und Schule gehalten habe, erschien im Blatt des marxistischen AK eine Seminarkritik mit zwei identischen Bildern von einem Schulraum mit alten Schulbänken. Unter dem einen Bild stand „Institution Schule“, unter dem anderen „Lebenswelt Schule“. Es waren aber dieselben Bilder.

H.T.: Ich erinnere mich an eine damalige Diplomarbeit „Vom diskreten Charme der Lebensweltorientierung“, die das Konzept diffizil und gnadenlos auseinander nahm. In solcher Kritik aber wurde immer wieder übersehen, dass wir versucht haben, unsere Konzepte kritisch in die Praxis zu bringen, dass wir sie als Beitrag zu einer kritischen Praxis verstanden haben. Ich habe damals ja sehr rasch Bonhoeffer nach Tübingen geholt, der hier sein Erziehungsheim aufgebaut hat. Gleichzeitig hat Walther Specht in Stuttgart die Mobile Jugendarbeit begonnen und gegen die Kirche und die Stadt durchgesetzt. Das war also alternative Praxis – und ich in ihr auch kräftig planend, aber auch beratend engagiert; aber es war keine antikapitalistische alternative Praxis, sondern eine Praxis, die versucht hat, innerhalb des gegebenen Gefüges alternative Formen einzurichten. In dieser Intention entwickelte sich auch damals meine Freundschaft zu Hans-Uwe Otto, der ja auf das Projekt einer neuen Professionalisierung gesetzt hat und nicht auf das einer Antiprofessionalisierung.

Die prinzipielle Kritik war in der Lehre und in der Theorie aber gut vertreten. Wir waren hier in Tübingen ein Kollegium, in dem Friedrich Ortmann eine Einführung in das Kapital als Grundlagentext der Sozialpädagogik anbot und Hedwig Ortmann und Burkhard Müller antiautoritäre Pädagogik lehrten. Als ich dann Präsident der deutschen Gesellschaft für Erziehungswissenschaft war, habe ich Ivan Illich zum Hauptvortrag eingeladen. Das war insofern ein Skandal, als Illich seinen Vortrag damit begann, dass er mich direkt anredete, ich wüsste hoffentlich, wen ich eingeladen hätte, er halte Pädagogik für ein Unglück. Die KollegInnen gingen bankweise aus dem Saal, es sei wohl das Letzte, jemanden einzuladen, der nichts anderes im Sinn hätte, als die Pädagogik abzuschaffen. Also, so waren wir sicher liberal und auf die bestehende Praxis bezogen, aber gleichzeitig offen ebenso in das alternative ökonomische, wie in das antiautoritäre pädagogische Denken hinein. Trotzdem gab es nicht wenige Studenten, die weggezogen sind und zum Beispiel in Berlin und Bremen dann eine sogenannte „Schwabenfraktion“ bildeten, also die Gruppe derer, die nicht in Tübingen bleiben wollten, weil es ihnen hier politisch nicht gepasst hat.

L.B.: Ich wiederum bin in die Modernisierungsdynamik des Deutschen Jugendinstituts geraten. Als ich ins Institut kam, waren es dreißig, als ich nach meiner Zeit als kommisarischer Direktor zu euch nach Tübingen ging, waren es zweihundert MitarbeiterInnen. Jede sozialstaatliche Modernisierungswelle der 1970er und 1980er Jahre hat sich im Deutschen Jugendinstitut niedergeschlagen. Mit der Kindergartenreform kam die Abteilung Frühkindliche Erziehung/Modellkindergärten, mit der Jugendhilfereform wurde der Jugendhilfebereich ausgebaut, die Berufsbildungsreform bescherte dem Institut die Abteilung Berufsbildungsforschung und die sozialstaatliche Reformpolitik im Familienbereich mit den Mütterzentren brachte die Abteilung Familienforschung. Als die Medien in den Erziehungs- und Bildungseinrichtungen immer mehr Platz griffen, wurde eine Medienabteilung gegründet. Die Institutsbelegschaft war ja eine Mischung aus Leuten, die bereits alternative Bewegungen geschmeckt hatten, aus SoziologInnen und PsychologInnen, die gerade von der Uni kamen, und Leuten wie Jürgen Zimmer, die versucht hatten, Programmatiken der südamerikanischen Befreiungspädagogik in die hiesige Kinderpädagogik zu transformieren: Kinderöffentlichkeit, Kinder als selbstständige und arbeitende Persönlichkeiten – das waren Ideen, die in den Situationsansatz eingingen und damals erst einmal auf einigen Widerstand vor allem in den Verbänden stießen.

Aber es war alles in allem ein institutioneller Rahmen, der auf Reform und Modernisierung und nicht auf antikapitalistische Konzepte ausgerichtet war. Das schlug auch auf unsere Theoriebildung zurück und dafür wurden wir auch von der antikapitalistischen Seite – besonders im damaligen Staatsdiskurs – angegriffen, obwohl wir versuchten, antikapitalistische und sozialstaatliche Elemente – etwa im Sinne Eduard Heimanns – miteinander zu verbinden. Dennoch waren wir stolz darauf, dass das Institut so eine Art Reformmotor in der deutschen sozial- und jugendpolitischen Landschaft war. Das ist wohl auch die Brücke, über die wir beide zusammengekommen sind.

H.T.: Ich war ja dann auch in viele Reformentwürfe, vor allem im Bereich der Heimerziehung eingebunden. Ein Motor war da vor allem Martin Bonhoeffer, der in Berlin nicht nur wegen seiner Aufsässigkeit – er hatte die Heime von den Betroffenen her erneuern wollen – kaltgestellt worden war, sondern auch wegen seiner Kontakte zur radikalen Szene, auch zu Ulrike Meinhof, die für ihr Manuskript „Bambule" recherchierte. Er kam dann nach Tübingen und zog mich – und Anne Frommann – in den Bericht der obersten Landesjugendbehörden zur Heimerziehung mit hinein, einen Bericht, den man in seinem strukturellen Neuansatz und seiner Wirkung durchaus mit der Psychiatrieenquete vergleichen kann. Es ging um die Neuplatzierung einer ganz veränderten Heimerziehung als nur einer Maßnahme unter den anderen Erziehungshilfen, um den vordringlichen Ausbau der offenen Hilfen, der ambulanten und präventiven Möglichkeiten, also um die Strukturreform der Erziehungshilfen insgesamt. Und wir waren natürlich – ähnlich wie das Jugendinstitut – vielfältig eingebunden in den Diskurs und die Konzeptpapiere zur Reform des Jugendhilferechts. Wir beide sind also von unterschiedlichen Wegen her auf die gleiche Modernisierungs- und Reformbahn geraten.

L.B.: Die zentrale Erfahrung, die ich damals im Jugendinstitut über unsere Modellprojekte gemacht habe, war, dass der Sozialstaat gestalten kann und nicht nur Verteilungsstaat ist, so wie er heute im sozialpädagogischen Diskurs oft gehandelt wird. Natürlich hing unser damaliger sozialstaatlicher Optimismus mit der Hoffnung zusammen, dass dem Sozialstaat tendenziell die soziale Zähmung des Kapitalismus gelingen könnte. Wir haben uns damals auf Heimann und Offe berufen, die im Sozialstaatskompromiss ja nicht ein Einknicken des Staates vor dem Kapitalismus sahen, sondern die Dialektik der Erweiterung betonten, die dem sozialpolitischen Prinzip innewohnt. Natürlich sind die Rahmenbedingungen heute andere, unter denen sich der globalisierte

Kapitalismus entwickelt. Aber das sozialpolitische Prinzip bleibt doch bestehen und ich finde es fahrlässig, wenn viele – auch in unserer Zunft – so tun, als sei der Sozialstaat passé und gar nicht merken, wie sie sich in individualistische Fahrwasser begeben und der neoliberalen Ideologie – unbewusst – zuarbeiten.

H.T.: In der damaligen Situation konnte man sehen, dass der Sozialstaat reale Gestaltungsmöglichkeiten hatte, und nicht nur in der Modellpolitik. An der Reform des KJHG wird deutlich, dass die sozialstaatliche Gestaltungspolitik bis in die Gesetzesvorlagen hineinging und einen Rahmen geschaffen hat, der die bisherige Sozialarbeit weit hinter sich zurückgelassen hat und ja bis heute noch immer uneingelöste Intentionen enthält.

Bei uns in Tübingen hat sich das festgemacht an der immerwährenden Auseinandersetzung mit Ernst Bloch. Abgesehen davon, dass er sozusagen der Hausheilige war, vor allem auch weil er mit Anne Fromann eng befreundet war, war Bloch vor allem auch sozialpädagogisch engagiert in einer Einrichtung für ehemalige junge Gefangene, der „Hilfe zur Selbsthilfe“ in Reutlingen, die seine Frau Karola Bloch aufgebaut hat und deren Vorstand sie durch lange Jahre hindurch war. Ein Höhepunkt für die jungen Leute, die aus dem Gefängnis in das Projekt kamen, um dort zu wohnen, war, dass sie bei Blochs zum Abendessen eingeladen wurden und er sich mit ihnen dann nachher noch zwei Stunden lang unterhalten hat. So war also Bloch neben seiner oft abgehobenen und schneidenden Theorie verwickelt in reale soziale Aktivitäten. Gleichzeitig haben wir uns theoretisch dagegen gewehrt, dass Bloch in seine Utopie-Entwürfe alles Mögliche aufgenommen hat, Demokratie, Sozialstaat und Sozialarbeit darin aber nicht vorkamen. Ich habe dann – sozusagen dagegen – versucht, den Sozialstaat in einer Kette von sozialpolitischen und demokratischen Entwicklungen der Neuzeit als möglichen utopischen Entwurf eines Rahmens für ein freies Menschsein zu sehen. Das war theoretisch umstritten, die Studenten hatten das Gefühl, das sei Verrat. Ich erinnere mich an die aufregende und brillante Doktorarbeit von Rainer Treptow –"Raub der Utopie“[38] –, in der er entwickelte, dass diese auf die sozialstaatliche Gestaltungsperspektive setzende Programmatik die Negation der utopischen Potenz wäre. Er hat es damals an der mobilen Jugendarbeit exemplifiziert. Er hat unser Konzept, dass man Jugendliche in funktionale Äquivalente bringen müsste, damit ihre Aufsässigkeit für sie nicht zum sozialen Risiko werde, als das Linsen-

38 Treptow, R. (1985): Raub der Utopie. Bielefeld.

gericht verstanden, mit dem man den Jugendlichen ihr Erstgeburtsrecht des revolutionären Schneids abkaufe, damit sie sich in die Normalität der Gesellschaft eingliedern und brav werden. Heute ist mir bewusst, dass damals solche radikalen Ansätze notwendig waren, um Bewegung in die Gestaltungspolitik des Sozialstaates zu bringen und sie nicht rein als Modernisierung laufen zu lassen.

Aber auch die Art eurer sozialstaatlichen Modellorientierung war mir damals fremd. Ich denke da an meine Auseinandersetzung mit dem Jugendinstitut in der Zeit der 1970er und 1980er Jahre. Da wart ihr zwar in den sozialstaatlichen Modernisierungs- und Reformprozess eingebunden, habt euch aber doch eine energisch alternative Attitüde bewahrt. Dazu gehörte auch eine Antipathie gegenüber der Universität. Ich war erschrocken, als ich in das Jugendinstitut und seine Geschäfte eingebunden wurde, dass es dort so gut wie keine Beziehung zur akademischen Welt gab. Ihr wart isoliert und ihr wart stolz auf diese Isolierung. Ich kann mich daran erinnern, wie entgeistert du warst, als ich dir anbot, zu promovieren. So wie ich akademisch sozialisiert war, hatte ich das Gefühl, dass es unmöglich war, dass dieses große Forschungsinstitut sich außerhalb der universitären Welt bewegte und dass es da keine Verbindungen gab. Das fand ich beängstigend angesichts der Tatsache, dass ja die Universitäten relativ stur waren und sind, und ohne Promotion kaum Möglichkeiten des Zugangs zum inneren Kreis des universitären Geschehens bieten. Ich habe dann geradezu darum geworben, dass ihr euch der universitären Welt öffnet, weil ich überzeugt war, dass die universitäre Welt die außeruniversitäre Forschung braucht, genauso wie die außeruniversitären Institute auf den akademischen Wissenschaftsdiskurs angewiesen sind.

L.B.: Es war wirklich so, dass viele von uns nicht promovieren wollten. Wir dachten ja damals – und das war auch, wenn ich mich erinnere, in anderen außeruniversitären Instituten im Bereich der Sozial- und Erziehungswissenschaften ähnlich –, dass man aktionsorientierte Modell- und soziale Entwicklungsforschung nicht im Gehäuse der Universität betreiben konnte. Die außeruniversitären Institute waren ja damals bevölkert von Leuten, die Erfahrungen hatten in Kampagnen und Konflikten mit Institutionen, Erfahrungen, von denen wir glaubten, dass sie die Universitäten mit ihren damaligen internen Konflikten nicht entwickeln konnten. Auf die Universität haben wir nicht gesetzt. Wir haben immer gelästert, wenn Leute von der Universität ins Haus kamen und sich erkundigten – wir sagten, uns aushorchten –, was denn bei uns in der Forschung immer so lief, und es ging der Spottvers durchs Institut: Wir forschen und die von der Uni schreiben in ihren Kämmerchen die Aufsätze über das, was wir machen. Solange die sozialstaatliche Modellpolitik lief, dachten wir, dass eine für die gesellschaftliche Entwicklung notwendige Verbindung von Theorie und Praxis nur in solchen Settings, wie wir sie im Deutschen Jugendinstitut hatten, stattfinden könnten.

H.T.: Ich habe das damals gar nicht so begriffen, wie du das jetzt dargestellt hast. Ich war nur der Überzeugung, dass eine Sozialwissenschaft, die nicht im Austausch von Universität und außeruniversitärer institutionengebundener Forschung steht, sich nicht entwickeln könne. Die Universitäten konnten diese notwendige Forschung allein nicht machen. Und ihr habt ja nicht nur Forschungsprojekte gemacht, sondern auch diskursiv in die Sozialpädagogik eingegriffen. Die Wissenschaft – davon war ich überzeugt – trocknet aus, wenn sie nicht Zugangswege zu den Forschungserfahrungen findet, und die Forschung trocknet aus, wenn sie nicht immer wieder in Spannung zum akademischen Diskurs gehalten werden kann. Was nicht auf Dauer an den Wissenschaftsbetrieb rückgebunden ist, ist riskant. Und – aber das ist dann ja eher eine biografische Randnote – du hättest nicht kommissarischer Direktor werden können, wenn du nicht promoviert und habilitiert gewesen wärest.

Es gab ja damals ganz wenige im Institut, die es nach außen vertreten haben und einbinden konnten. Man hatte immer das Gefühl, die vom Jugendinstitut leben in einer splended isolation und fühlten sich als was Besseres, als was Eigenes und lassen sich manchmal herab. Das hat sich in den letzten Jahren ja verloren und inzwischen ist das Institut ein integraler Bestandteil der sozialpädagogischen und allgemeinen wissenschaftlichen Szene. Eine solche Integration ist uns ja schon damals in Tübingen auch gut gelungen; es war eine schöne Zeit, als du mit Heide Funk nach Tübingen kamst, in der Universität eine Forschungsstelle des Deutschen Jugendinstituts aufgemacht hast, die Regional- und Landforschung und die Frauenforschung entwickelt und geprägt hast – und wir zusammen Kolleg gehalten haben.

Kann man aus diesen Erfahrungen Erkenntnisse über die Zukunft der sozialpädagogischen Forschung gewinnen? Wir warnen ja beide heute vor der Sozialtechnologisierung der Sozialpädagogik aus der Sorge heraus, dass der sozialpädagogischen Forschung die kritische Reflexivität abgeht. Stimmt es, dass die Mehrzahl der Fachhochschulen sehr stark programmatisch und handlungsorientiert, oft ohne ausreichende theoretisch-kritische Reflexivität ausgerichtet ist? Hat sich die universitäre Sozialpädagogik in vielen Bereichen eher sozialwissenschaftlich eingerichtet und den sozialpädagogischen Kern der Jugendhilfeforschung vernachlässigt?

L.B.: Um weiter zu fragen: Was kann eine sozialpädagogische Forschung nicht nur für die Disziplin, sondern auch für die Gesellschaft heute und in Zukunft leisten?

H.T.: Ich denke, sie müsste das leisten, was eine theoretisch-praktische Forschung immer leisten muss – und wie ich von meinem Lehrer Heinrich Roth gelernt habe. Sie muss, was geschieht, kritisch analysieren, also, wie man heute sagt, beobachten, sie muss autoritätskritisch sein: beschreiben was zum Beispiel in der Heimerziehung und in den Jugendämtern *wirklich* geschieht, beschreiben also als Aufdecken. Sie muss aber – das ist das andere, und da werde ich altmodisch – neue Konzepte, Modellvorhaben und -pläne und Entwicklungen mitentwerfen, sich gleichsam in sie hineinwerfen. Da sind in der letzten Zeit in der Sozialpädagogik grauenhafte Defizite entstanden. Die Sozialpädagogik hat einen großen Überhang an „forschungsfernen" Entwicklungen, wo eigentlich Forschung aufdecken müsste, was an neuen Entwicklungen passiert, das Geschehen also in die allgemeine Auseinandersetzung öffnen sollte. So ist die Umstrukturierung der Jugendhilfe in den Städten und Verbänden von der sozialpädagogischen Forschung zu selten kritisch und für Wissenschaft, Politik und Öffentlichkeit nachvollziehbar begleitet und rekonstruiert worden; manches hätte anders laufen können, wenn es eine kritische Forschungsöffentlichkeit gegeben hätte.

L.B.: Und: Durch den neuen ja auch gesellschaftlichen Druck, durch den Sog, dauernd Effektivitäts- und Evaluationsstudien betreiben zu müssen, sehe ich den grundlagentheoretischen Impetus in der Sozialpädagogik gefährdet, ihm fehlen die Mittel.

Schließlich aber – und auch da scheint mir die Sozialpädagogik zurzeit im Hintertreffen – muss Forschung zur kritischen Aufklärung gegenüber der Politik beitragen, wie wir es immer als lokale Einmischung gefordert haben. Es sollten nicht nur immer Reports und adhoc Erhebungen abgeliefert werden, sondern die sozialpädagogischen Grundanliegen müssen öffentlich und politisch zur Sprache kommen. Hier leisten sicher die Jugendberichte einiges, indem sie Forschung zusammenfassen und auf Politik beziehen.

Allerdings: Da hier Argumente in Berichte gezwängt werden, können sie nicht genug gesellschaftliche Kraft entwickeln. Und außerdem jagt in Deutschland – auch im Sozial- und Jugendhilfebereich – ein Bericht auf Bundes- und Länderebene den anderen und so hat man oft das Gefühl, dass sie sich gegenseitig verdrängen oder gar auslöschen. Man kann es auch „overreporting" nennen. Als ich in Bologna war, hat man mich immer spöttisch gefragt, warum ich am Wochenende nicht nach Hause nach Deutschland gefahren bin, es sei bestimmt wieder ein neuer Bericht erschienen und den sollte ich doch nicht verpassen.

H.T.: Natürlich ist Einmischung mehr. Die Sozialpädagogik müsste viel stärker in sozialpolitischen Konflikten präsent sein. Da scheint mir die Kriminologie vorbildlich, sie konnte, als es in Hessen im Wahlkampf um Jugendgewalt und neue populistische Strafkonzepte ging, den Behauptungen der Politik einen abgeklärten kriminologischen Forschungsstand entgegensetzen. Etwas unwidersprechlich souverän zurechtrücken zu können, diese Abgeklärtheit in der Präsenz fehlt der Sozialpädagogik.

L.B.: Wenn wir uns nun aber doch wieder einer anderen Entwicklung biografisch zuwenden und ich einen Sprung nach Ostdeutschland mache, so erinnere ich mich daran, dass mir als Erstes auffiel, dass nach der Wende eine Menge Leute kamen, die schon in der Vorwendezeit in der Sozialen Arbeit tätig waren, aber keine Ausbildung hatten und diese nun bei uns nachholen wollten. Sie kamen vor allem aus dem kirchlichen Nischenbereich, aber auch aus Betrieben und bildeten eine nichtprofessionelle Szene, die eine ganz andere Sprache hatte als die Professionellen. Das war für uns am Anfang das Problem. Die Strategie der neuen Jugendhilfeadministration war dann die, dass man Leute zur Fort- und Weiterbildung aus dem Westen geholt hat, damit die dort professionell eingeführte Sprache gelernt werden kann. Nur wenige waren neugierig auf diese Nichtprofessionellen und haben sich gefragt, was sie denn von ihnen lernen könnten. Das war eine narrative Szene, in der permanent erzählt, aber nichts auf den Begriff gebracht wurde. Da kam mir, dass in Westdeutschland schon vieles der Professionalität geopfert worden ist. Gerade in der sozialpädagogischen Forschung wird vieles auf die Perspektive der Professionalisierung hin gemacht. Das versperrt Zugänge. Wir denken in sozialpolitischen Problemen und merken oft nicht, dass diese Problemdefinitionen den Zugang zum Erleben des sozialen Leidens versperren. Das gilt meines Erachtens inzwischen auch für die professionelle Biografieforschung. Wenn man dem zum Beispiel das von Pierre Bourdieu herausgegebene Werk „Das Elend der Welt"[39] entgegenhält, dann sieht man, was da verloren geht. Es war überhaupt der Fehler der Einigung, dass man nicht hingehört hat. Hat die Professionalisierung nicht eine Richtung genommen, in der man gar nicht

39 Bourdieu, P. (1997): Das Elend der Welt. Konstanz.

mehr zum Lebensweltlichen kommt, wie du es abforderst, sondern die Lebenswelt-Begrifflichkeit von den Lebenswelten abgehoben hat? Adorno hätte das „negative Dialekik“ genannt. Muss nicht wieder mehr von unten her erzählt werden? Das Interessante an dem Problem der Erosion des Sozialstaates ist ja, dass bisher im Mantel sozialstaatlicher Problemdefinitionen eingehüllte, ja verpuppte Lebenszustände nun als Lebensthemen wieder offen daliegen und man plötzlich merkt, dass wir in unserer sozialstaatlichen Gesellschaft gar nicht so sozial gesichert sind, sondern in ähnliche Ängste geraten wie andere Menschen auf der Welt, die nicht unter dem sozialstaatlichen Schirm stehen. Armut und Angst vor Armut zeigen sich heute als transnationales Lebensthema, das viele Menschen auf der Welt – auch wenn sie in anderen Kontexten leben – miteinander teilen. Vor 15 Jahren hat man auch bei uns noch wie selbstverständlich gesagt, der Sozialstaat reguliert die Armut, wir müssen uns darum nicht kümmern. Die Prekariatsdebatte der letzten Jahre hat gezeigt, dass immer mehr Menschen Angst vor Armut haben, vor allem auch solche, die sozialstaatlich überhaupt nicht zur Armutsgruppe gerechnet wurden. Die Angst vor der Privatisierung und Enteignung der öffentlichen Güter – Raum, Wasser, Energie – greift um sich, ist nicht mehr so einfach sozialstaatlich eindämmbar. Der von Konzernen, die gierig nach Patenten sind, seiner Naturzugänge enteignete Bauer in Indien lebt in ähnlicher Angst wie Menschen in europäischen Kommunen, deren Wohnungen an Hedgefonds verkauft und deren Wasserversorgung privatisiert worden ist. Da stehen die SozialarbeiterInnen relativ hilflos da, zumal wenn dazukommt, dass ihre KlientInnen keine Bürgerrechte wahrnehmen, sich nicht wehren können und ihre Ängste zivilgesellschaftlich gar nicht aufgenommen werden. Die sozialpolitisch eingekreisten Themen, die sich ja nicht mehr als existenzielle Lebensthemen, sondern als sozialpolitisch befriedete soziale Probleme darstellen, brechen nun auf. Dabei erleben wir manchmal eine für uns erschreckende Umkehrung: Angst kehrt sich um in Gewalt und diese wird offen ausgelebt, fügt sich nicht mehr so einfach der sozialpädagogischen Intervention. Befinden wir uns nicht längst in der Krise der sozialpädagogischen Professionalität?

H.T.: Ich dachte eigentlich, dass die Professionalität im Horizont einer lebenswelt- und subjektorientierten Sozialen Arbeit oder auch die ethnomethodologisch angelegte neuere Sozialpädagogik ein Versuch ist, eine Gegensprache zur sozialtechnologischen Professionalität zu entwickeln.

Soziale Arbeit muss allerdings Probleme in eine Interventionssprache umdefinieren, sie in sie transformieren, wenn sie ihr Geschäft, zu helfen und neue Optionen zu eröffnen, angehen will. Wichtig ist, dass darin der Rückbezug auf die authentische Erfahrung erhalten bleibt und dass das kritische Potenzial, das in ihr steckt, nicht verdrängt oder unterschlagen wird. Das passiert oft. So hat es uns zum Beispiel ungeheuer aufgeregt, dass wir in der damaligen Jule-Untersuchung zur Heimerziehung in den Akten zwar viele kluge Erziehungsberichte gefunden haben, aber kein einziges authentisches Zeugnis von Betroffenen, in dem sie von sich selbst erzählen, jenseits des professionellen Blicks und der professionellen Interpretation. Wir haben dann in anderen biografisch inspirierten Arbeiten versucht, diesen Widerspruch von Erzählung und Bericht, von Erzählung und Falldarstellung deutlich zu machen. Dieser Widerspruch, diese Transformation ist immer riskant, Erzählung und sozialpädagogischer Code – mit Luhmann geredet – gehen nicht bruchlos ineinander auf. Ich habe früher den Begriff einer „kontrollierten Schizophrenie" gebraucht. Gute Professionalität ist die, die sich dieser Gefahr der Spaltung und dieses Spannungszustandes bewusst ist und sie zum Thema machen kann. Die Spannung kann nicht einfach vermittelt oder versöhnt werden, Widersprüche müssen als Widersprüche deutlich bleiben und trotzdem in einen produktiven Handlungsentwurf geführt werden. Im Vordergrund steht ja immer das Fallverstehen. Das heißt, ich will vom Authentischen ausgehen, muss es aber im sozialpädagogischen Code verorten können.

L.B.: Allerdings kann ich nicht sehen, wie das authentische Widerstands- und Protestpotenzial, das du anmahnst, zum Zuge kommen soll. Es gab ja solche Hilfskonstruktionen wie stellvertretendes Handeln, advokatorisches Handeln, aber es wurde eigentlich nie darüber diskutiert, dass ja der Klient eingeschränkt ist, dass er ja weit vom Bürgerstatus entfernt ist, wenn er im Hilfesystem der Sozialen Arbeit steckt. Keupp u.a. haben das ja schon in den 1990er Jahren immer wieder thematisiert: Der Klientenstatus ist ein eingeschränkter Bürgerstatus und die KlientInnen haben wenig Chancen, über diesen Status hinaus Ansprüche anzumelden oder sich gegen die Soziale Arbeit selbst zu wenden. Es gibt ja inzwischen mehr und mehr Betroffene, die sich öffentlich artikulieren – bis hin zur Gewalt – und sich nicht mehr mit der Sozialarbeit zufrieden geben. Das ist ähnlich wie das, was wir vorhin bei der sozialstaatlichen Sozialpolitik diskutiert haben: Ich sehe eine schleichende Erosion der Sozialen Arbeit, wenn Bewältigungsformen freigesetzt werden, die in die traditionellen professionellen Mittel der Sozialpädagogik nicht mehr integrierbar sind.

H.T.: Ich denke, dass du dies jetzt zu einseitig dichotomisierst. Denn auch in der authentischen Erfahrung steckt ja Widersprüchliches. Menschen –

das jedenfalls ist die Aussage einer kritischen Lebensweltorientierung – sind nicht mit sich eins, sie suchen, sie stellen sich in ihren Erfahrungen und Selbstdeutungen dar und verdrängen gleichzeitig Trauer, Enttäuschung, Aggression und Hilflosigkeit. Wenn Sozialarbeit gut ist, greift sie ja nicht Erfahrungen als einfach authentische Erfahrungen auf, sondern sie sieht und respektiert zugleich die Eigenheit der Erfahrung und ihre Gebrochenheit, ihre Unzulänglichkeit; sie greift diese Widersprüchlichkeit, diese Konflikte in der Erfahrung auf. Nur so kann sie auch Stärken und Optionen zugänglich machen, die die Menschen in der Schwierigkeit ihrer Situation stabilisieren oder weiterbringen können. In diesen Möglichkeiten ist sie dann durch ihren institutionellen und professionellen Rahmen und darin sozialpolitisch bestimmt.

L.B.: Das erinnert an Carl Mennickes berühmten Satz: Die industriekapitalistische Gesellschaft setzt den Menschen frei, zeigt ihm aber nicht wohin.

H.T.: Im gewissen Sinne schon, aber auch hier würde ich für uns heute differenzieren wollen. Natürlich ist unsere Lebens- und Gesellschaftssituation offen – im Verlust sozialstaatlicher Selbstverständlichkeiten und in der allgemeinen Entgrenzung der Arbeits-, Konsum- und Lebensverhältnisse –, von den darin gegründeten heutigen Orientierungsschwierigkeiten haben wir ja schon geredet. Aber – und auch das haben wir ja verhandelt – das Soziale Prinzip, also der Anspruch auf Gerechtigkeit im Horizont der Demokratisierung ist darin nicht aufgegeben, er ist unübersichtlich, kompliziert geworden, aber er bleibt eine Aufgabe, die unter neuen Bedingungen neu angegangen werden muss. Soziale Arbeit ist in diesem Zusammenhang für mich eine Institution, die versucht, die Schwierigkeiten im Alltag aufzugreifen und sie im Horizont von Gerechtigkeit zu besseren Lebensmöglichkeiten zu entwickeln. Ich habe früher vom „gelingenderen Alltag" gesprochen, du redest von der „erweiterten Bewältigung" und in beiden Perspektiven geht es ja darum, die Möglichkeiten, die im Alltag stecken, mit den Betroffenen zusammen zu bearbeiten, ihre Bedürftigkeit zu erkennen, Unterstützungsangebote zu machen und ihnen so zu einem freieren Leben zu helfen Das gelingt aber nicht immer, weil die Soziale Arbeit ihrerseits in institutionellen Regeln und organisatorischen Korsetten steckt, die ihr diese „Dolmetschfunktion" verwehren. Sie steht immer in Gefahr, die lebensweltlichen Probleme umzudefinieren, ihnen etwas überzustülpen. Sie steht in einer Spannung, die von beiden Seiten her gefährdet ist. Der Alltag, der – auf der einen Seite – sich der professionellen Hilfe völlig versagt, ist in der modernen Gesellschaft nicht mehr bestandsfähig, weil Hilfe gebraucht wird, weil die Probleme sonst überfordern. Der moderne Alltag ist ja generell durchsetzt von Beratungen, Unterstützungen und Selbsthilfekontexten, die sich alle irgendwie an wissenschaftlichen Modellen orientieren und wissenschaftliche Erklärungsmodelle und Kooperationen suchen. – Und auf der anderen Seite ist Sozialarbeit ohne die permanente Einspruchskontrolle der anderen weder lebensweltgerecht noch vernünftig, weil sie dann selbstreferenziell wird, sich nur noch auf sich selbst bezieht. Soziale Arbeit ist ein Spannungsfeld, in dem wir die Probleme der AdressatInnen von ihren Konflikten her betrachten müssen, genauso wie wir uns selbst als Konfliktfeld sehen müssen.

L.B.: Dass das ein Problem ist, das in der Sozialen Arbeit gärt, zeigt ja, dass auch heute wieder viele SozialarbeiterInnen mit sich in ihrer Arbeit unzufrieden sind und nach den sozialen Bewegungen schielen. In denen werden ja Lebensthemen und lebensweltliche Erfahrungen so wie sie sind weitergetragen, transformiert, in Aktionen umgesetzt. Von daher haben soziale Bewegungen etwas, was der Sozialen Arbeit abgeht. Und soziale Bewegungen und Initiativen entstehen ja nicht aus der Sozialen Arbeit heraus, eher im Kontrast oder in Konfrontation zu ihr.

H.T.: Aber gerade da kann man ja wieder auf das „sozialpolitische Prinzip" zurückgehen. So wie wir die Zeit zwischen 1970 und 1980 geschildert haben, gab es ja da den Versuch, die beiden Welten in den Modellbewegungen zusammenzubringen. Das war in gewissem Sinne auch ein dialektisches Verhältnis, denn es ging ja keinesfalls darum, die sozialen Bewegungen in der Sozialarbeit aufgehen zu lassen, sondern umgekehrt sie in ein Spannungsverhältnis zueinander zu bringen. – Ich komme auf die heutige Situation zurück: Ich finde es inzwischen sehr aufregend, wie so viele Selbsthilfegruppen in Kooperation mit und in Unterstützung durch Soziale Arbeit agieren. Ich finde es weiter im Sozialraumdiskurs wichtig, dass wir sehen, dass sich bürgergesellschaftliche Gruppen entwickeln, die die Kooperation mit der Sozialen Arbeit suchen. Es gibt Selbsthilfeinitiativen, die sich Professionelle anstellen, damit sie ihre Arbeit besser organisieren können.

L.B.: Das findet aber seine Grenzen oft dort, wo Konflikte entstehen. Da gibt es ja zum einen Selbsthilfegruppen, die sich miteinander verbinden und auf ein Interesse hin, vernetzen und sozialpädagogische Begleitung suchen und es gibt wieder andere Initiativen, die konflikthaft ausgerichtet sind und die sich direkt an die Politik wenden. Die eben keine professionelle Unterstützung brauchen, weil sie durch ihre Bewegung Tatsachen schaffen wollen. Der Traum der politischen Bildung, sie könne zwischen sozialen Bewegungen und der Politik vermitteln, wird auch weiter ein Traum bleiben.

H.T.: Deswegen sollten wir zwischen Projekten unterscheiden, die in die Sozialarbeit hineingehören und solchen die damit nichts zu tun haben. Stuttgart 21 zum Beispiel ist ein klassisches, ökologisch-politisches Projekt.

L.B.: Vielleicht sollte man deshalb so unterscheiden: Die Vernetzung mit und Begleitung von Initiativen, die örtlich oder regional soziale Interessen anmelden und politisch transformieren wollen, die dies aber auch dafür fachlich aufbereiten müssen, liegt ja in der Richtung, die du vorhin angesprochen hast: Psychosoziale Probleme können in der modernen Gesellschaft nicht mehr allein aus sich heraus bearbeitet werden. – Im Falle der sozialen Bewegungen, die in direkter Aktion stehen und diese brauchen, um Tatsachen schaffen zu können, sollten wir eher fragen, was die Soziale Arbeit von ihnen lernen könnte, ohne dass sie gleich in den Trugschluss verfällt, sie könne selbst zu einer solchen Bewegung werden. Da wären wir wieder bei den geistigen Energien, die die sozialen Bewegungen der Sozialarbeit vielleicht vermitteln könnten.

H.T.: Um noch einmal zu Stuttgart 21 zurückzukommen. Hier liegt ja der Konflikt darin, dass eine etablierte „Delegationsdemokratie“ versäumt hat, ihren Entscheidungsprozess an das Volk rückzubinden. In der Gouvernementalismus-Diskussion würde man das als Kardinalfehler moderner Politik bezeichnen. Denn hier wird ja thematisiert, dass die traditionelle abgehobene Expertokratie die Gesellschaft heute nicht mehr zu steuern vermag.

L.B.: Was mir bei Stuttgart 21 in Bezug auf die Soziale Arbeit aber als noch wichtiger erscheint ist, dass das Projekt selbst Ängste in der Bevölkerung freisetzt, die dahingehen, dass sie befürchtet, dass ihr die Innenstadt enteignet wird, indem die Banken und Unternehmen und die Klasse der neuen Reichen dort einziehen und sich abschließen. Es geht ja gar nicht so sehr um den einen oder anderen Baum der gefällt wird, sondern die Bäume stehen symbolisch für die Angst vor der Enteignung dessen, was bisher als gemeinsames Eigenes betrachtet wurde. Es wird – so ist das Gefühl – Lebensraum genommen. Die Stadt wird nicht mehr uns gehören. Es wird kollektiv gespürt, dass man sich bei zentralen Lebensthemen nicht mehr darauf verlassen kann, dass man sozialstaatlich vertreten ist, dass man auf die Delegationsdemokratie vertrauen kann. Und das Irritierende – ich denke auch für die Soziale Arbeit – sind die neuen Betroffenheiten, die in einer Art, wie wir sie bisher wenig kannten, ihre Kollektivität suchen. Die Bewegung kommt nicht mehr von einem „kollektiven Geist“ her, sondern von den Einzelnen und ihrer ausgesetzten Individualität, die sich dann aber über soziale Grenzen hinweg kollektiv findet.

H.T.: Hier irritiert vor allem, dass Leute, die ansonsten nichts miteinander gemeinsam haben, sich nun gemeinsam übergangen fühlen. Das kann man anderswo in Europa heutzutage auch beobachten. Hier mischt sich die Skepsis, ob die ExpertInnen das „Volk" vertreten können mit dem Zorn, dass sie parteilich sind. Es sind also nicht nur die abgehobenen, sondern auch die gekauften ExpertInnen. Das läuft dann damit zusammen, dass die Finanzkrise generell so viel an Vertrauen untergraben hat, dass dieses Misstrauen wohl nachhaltig ist.

L.B.: Noch tiefer sitzt die Angst des Ausgeliefertseins. Es ist bei den Finanzkrisen vor allem die Grenzenlosigkeit – die Grenzenlosigkeit der Summen, die Grenzenlosigkeit der Bereicherungen, die Grenzenlosigkeit der Arroganz –, die uns alle erschüttert. Dies spielt sich dazu alles in einer anderen Welt ab, zu der wir überhaupt keinen Zugang zu haben scheinen, die aber so auf uns zurückwirkt, dass sie unsere Vorstellungskraft und darin den bisherigen Rahmen der Verlässlichkeit und der sozialen Sicherung sprengt.

H.T.: Oskar Negt sagt ja, dass die lebensweltlichen Erfahrungen als Erfahrungen der unmittelbaren Betroffenheit das heutige revolutionäre Potenzial der Gesellschaft seien. Wenn ich ihn recht verstehe, setzt er auf diese unmittelbare Betroffenheit in existenziellen Lebensbereichen. Wenn die nicht stark wird, gibt es keine politische Bewegung.

L.B.: Wobei er ja auch schon früher in seinem Buch zum „exemplarischen Lernen"[40] gesagt hat, dass aus der individuellen Artikulation dieser Lebensinteressen heraus eine Gemeinsamkeit entstehen muss, die noch nicht gegeben ist, wenn man sich periodisch an einem Platz zusammenfindet. Sie braucht ein gemeinsames Ziel, eine Ebene, auf der man dann auch der Politik begegnen kann. Belastend und deprimierend in vielen solcher derzeitigen Erfahrungen ist ja, dass man protestiert und gleichzeitig weiß, dass man wahrscheinlich aktuell nichts verändern kann.

H.T.: Aber, und das ist ja nicht nur in Stuttgart so, sondern das hat sich auch bei der Antiatombewegung zu Gorleben gezeigt, auch wenn man weiß, dass man aktuell das, gegen das man kämpft, nicht verändern kann, so setzt sich doch bei vielen Leuten das Bewusstsein durch, dass gar nicht so sehr das aktuelle Ergebnis im Vordergrund stehen muss, sondern die Prognose und Zuversicht für die Zukunft, da solche Bewegungen produktive Frühwarnsysteme für die Politik

40 Negt, O. (1968): Soziologische Phantasie und exemplarisches Lernen. Frankfurt/M.

sein werden und politische Themen, die existenzielle Lebensprobleme berühren, in Zukunft zivilgesellschaftlich und nicht expertokratisch angegangen werden müssen.

L.B.: In Ostdeutschland wiederum sehen wir den Trend, dass Hartz-IV-Empfänger sich zunehmend mental aus dem Betreuungssystem – Arbeitsagenturen, Soziale Arbeit – herauslösen wollen und nicht von ihrem Klienten- und Hilfeempfängerstatus her, sondern aus ihrer Lebensbefindlichkeit heraus an die Öffentlichkeit gehen wollen. Man sieht es auch an der französischen und englischen Protestszene: Es entsteht so eine Aggressivität gegenüber sozialen Institutionen, die ihnen eigentlich helfen sollen. Bei Greenpeace oder Attac hingegen ist diese Verbindung von Bewegung und bewegungsnahem Expertentum ja inzwischen hoch ausgebildet.

H.T.: Um aber noch einmal auf unseren engeren Bereich zurückzukommen: Wir haben es inzwischen längst mit einer Entgrenzung der Professionalität zu tun, sehen das notwendige Spannungsverhältnis zwischen lebensweltlich aktivierten Initiativen und sozialpädagogischem Expertentum; Die Konsequenzen aus dieser neuen Konstellation werden in der Praxis erst zögerlich erkannt.

L.B.: Müssen wir nicht zwischen ExpertInnen und Professionellen unterscheiden, wenn wir das Expertenproblem auf die Soziale Arbeit übertragen wollen? Die Professionellen sind ja nicht die, die bei sozialpolitischen Konflikten herangezogen werden, sondern es werden ExpertInnen aus der empirischen Sozialforschung, aus der Armutsforschung, aus der Jugendforschung geholt. Diese kommen dann meist aus den Universitäten. Ihr Problem ist vielfach, dass sie nach Einholung ihrer Expertise so gut wie keinen Einfluss auf das politische Geschehen haben. Deshalb stellt sich hier auch wieder die Frage, wie sich ExpertInnen an Initiativen rückbinden können und welches Verhältnis sie gleichzeitig zu den Professionellen herzustellen in der Lage sind. Dieser Doppelbezug – zu den Initiativen und zu den Professionellen gleichermaßen – wird in Zukunft das sozialpädagogische Expertentum stärker bestimmen müssen. Und dazu braucht es natürlich wieder jene Kompetenz, die wir anfangs angemahnt haben: bei sozialpolitischen Konflikten kompetente Tatbestandsaussagen und die Möglichkeit zu begründeten Richtigstellungen parat zu haben, diese aber gleichzeitig an Initiativen und Professionelle rückbinden zu können. Wichtig ist in diesem Zusammenhang auch, wie die universitäre Sozialpädagogik sich auf die Professionellen bezieht. Die Politik verlangt ja immer wieder Expertisen von der universitären Sozialpädagogik, übergeht dabei aber oft die Professionellen in der Region. Deshalb ist es nicht nur wichtig, dass deren Wissen in die Expertisen eingebracht wird, sondern dass sie auch unterstützt werden, ihre Interessen gegenüber der regionalen Politik zu vertreten. Angesichts der wohl zukünftig auch anhaltenden Finanzierungsprobleme in der Sozialen Arbeit sind die Professionellen selbst kaum in der Lage, hier Widerstand zu leisten und aufzuzeigen, dass es nicht nur um ihre Stellen, sondern um die sozialen Probleme in der Region geht. In ihren Anstellungsverhältnissen und Projektkonkurrenzen sind sie meist kaum in der Lage, eine solche kritische Gegenöffentlichkeit zu bilden. Deshalb muss es in Zukunft viel stärker als bisher Aufgabe der Hochschulen sein, diese regionale Gegenöffentlichkeit zu schaffen. Wenn da nicht mehr passiert, droht eine politische Entmündigung der Professionellen. Ihnen wird ja heute schon vorgehalten, dass sie angesichts der zunehmenden Koppelung von lokalen und globalen Problemen und deren Rückwirkungen auf die Gesellschaft gar nicht mehr in der Lage sind, die Entwicklung sozialer Probleme zu überblicken. So können die Professionellen in der Region leicht unter die Räder kommen, weil es eben auch zunehmend ExpertInnen gibt, die mit der Politik glauben, dass das Wissen der Professionellen eigentlich gar nicht mehr für die gesellschaftliche Analyse sozialer Probleme gebraucht wird. So werden immer mehr ExpertInnen herangezogen, die Konflikte untereinander austragen und Probleme aushandeln.

H.T.: Das ist in der Tat eine Fehlentwicklung. Was du befürchtest, würde ja bedeuten, dass die Professionellen vor Ort handeln, aber nicht in Bezug zu den ExpertInnen, sondern nur über Anweisungen durch die Administration, die ihre Handlungsempfehlungen von den ExpertInnen bezieht und sie dann lokal umsetzt. Das wäre eine ungeheure Entwertung der Professionellen und es könnte dann so weit kommen, dass die verbandliche oder kommunale Administration die Professionellen umgeht und sich gleich an die Laien wendet. Dazu fällt mir eine vielleicht eher ausgefallene Geschichte ein, die ich neulich erfahren habe. Eine Obdachlosenbewegung in Köln war die SozialarbeiterInnen leid, weil sie sich von ihnen gegängelt fühlten; sie wollten sich unabhängig machen und selbst organisieren. Sie sind dann zu NLP-Leuten (Neurolinguistisches Programmieren) gegangen und haben sich von ihnen schulen lassen. Sie haben sich also selbst ihre ExpertInnen geholt, wie wir das gerade am Modell der sozialen Bewegungen diskutiert haben. Auf der Administrations- und Verbandsebene wurde das zunächst gern gesehen, weil es so viel billiger wurde. Inzwischen merkt man aber, dass es für sie brisant wird, da die nun selbstständigen Obdachlosen leidenschaftlich und nicht ohne Intoleranz versuchen, ihre Interessen so durchzusetzen, dass diese nicht mehr in einen fachpolitischen Rahmen passen. Die Obdachlosen sind aber von sich aus auch nicht stark genug, durchschlagsfähig zu agieren, eine soziale Bewegung zu bilden. So stehen am Ende beide Seiten ziemlich ratlos da.

Wenn wir, jenseits einer solchen Geschichte, das Problem verallgemeinernd auf den Punkt bringen, gibt es auf der einen Seite die Ebene des Handelns und auf der anderen Seite die des aufgeklärten Wissens, dass man zum Handeln braucht. Das können sich soziale Bewegungen direkt holen, aber es gibt auch Gruppen von Betroffenen, die nicht allein handeln können oder wollen, sondern Unterstützung im Handeln brauchen. Wenn wir diese Ebenen unterscheiden, können wir doch die Missverständnisse im Verhältnis von Professionellen und sozialen Bewegungen klären.

Vielleicht müssen wir dann jetzt doch wieder in die Anfangszeit der 1990er Jahre zurückgehen, um zu sehen, wie dieser Entwertungsprozess der Professionalität sich entwickelt hat.

L.B.: Wir haben damals versucht, die Leute nicht mit professionellen Codes zu überfahren, sondern sie zum Sprechen zu bringen und diese Erfahrungen in unsere Professionalität zu integrieren. Und ich habe noch heute das Gefühl, dass in vielen freien Projekten, die von unseren Absolventen im Verlauf der 1990er Jahre gegründet und getragen wurden, diese Mischung aus nicht zugeschütteter Vorwendeerfahrung und ihrer professionellen Transformation in der Nachwendezeit eine Jugendhilfelandschaft hat entstehen lassen, die sich durch ihren Lebenswelt- und Milieubezug auszeichnete. Inzwischen ist diese Landschaft leider gespalten: Den lebensweltorientierten Projekten steht eine professions- und fachkraftzentrierte Administration gegenüber.

H.T.: Ist diese Kolonisierung, wie sie nach der Wende im Osten geschah, ein Prinzip von Professionalität oder war das eine historische Ausnahme? Die du an der Universität ausgebildet hast, sind ja als professionelle SozialpädagogInnen weggegangen.

L.B.: Wir hatten ja – wie schon gesagt – in den 1990er Jahren von unserem Dresdner Institut aus eine ganze Reihe von Leuten, die selbst Projekte gegründet haben. Das war ja in der damals noch nicht durchinstitutionalisierten Jugendhilfelandschaft Ostdeutschlands möglich. Wir beide hatten ja in den 1970er Jahren die Idee, Professionalität immer wieder durch den Rückbezug auf die kritischen Bewegungen des gesellschaftlichen Alltags zu beleben. Dies war ja vielen, die in der Vorwendezeit in der Jugendhilfe gearbeitet haben, verwehrt worden. Darauf hat Bernd Seidenstücker immer wieder – zuletzt auch in unserem West-Ost-Artikel zum 60. Gründungstag der AGJJ – hingewiesen. Nun hatten sie nach der Wende die Chance, über diese Erfahrungen zu jener kritischen Professionalität zu kommen, die wir uns von ihnen erhofft hatten. Aber dann waren da die vielen westdeutschen Professionellen in der Aus- und Weiterbildung, die diesen Erfahrungshintergrund der DDR-KollegInnen gar nicht registriert, ihn eher denunziert haben und damit einen institutionellen Professionalisierungsprozess eingeleitet haben, in den die Ostdeutschen einsteigen mussten, ohne dass sie ihre Erfahrungen mitbringen konnten. Diese importierte Professionalität war nicht mehr die, die wir uns in den 1970er Jahren vorgestellt haben; sie war inzwischen eine Professionalität qua Verfahren geworden.

H.T.: Natürlich kann Professionalität zu einer Art Inklusion verführen. Der Jugendarbeitsdiskurs zum Beispiel hat sich immer vor allem für die Jugendarbeit in Jugendhäusern und Jugendverbänden und vielleicht noch für die autonomen Jugendzentren interessiert. Um das, was quer durch die Gesellschaft alltäglich an Jugendarbeit passiert, hat er sich wenig gekümmert. Diese fachbezogene Inklusion kann man auch in anderen Bereichen beobachten. Die Fachdiskussion kümmert sich um die Bereiche, in denen die Professionellen arbeiten, schon auch deshalb, weil sie sich auf Ausbildungsaufgaben bezieht. Ich dachte eigentlich immer, die Profession müsste vom Ansatz in der Lebenswelt her genötigt sein, über ihre institutionellen Grenzen hinauszuschauen, also sich aus ihrer Mittlerfunktion heraus lebensweltlich zu öffnen. Bei dir habe ich dagegen den Eindruck, dass du darauf setzt, dass die sozialen Bewegungen die Profession unter Druck setzen, sich lebensweltlich zu öffnen.

L.B.: Ich möchte es differenzierter ausdrücken. Es müssen nicht unbedingt soziale Bewegungen sein, in denen sich Lebensweltliches materialisiert. Ich denke da an die runden Tische in Ostdeutschland, die nach der Wende entstanden sind und in denen sich unterschiedliche lebensweltliche Erfahrungen wie institutionelle Ansprüche zusammengefunden haben, wir hatten immer die Hoffnung, dass sich das verstetigt – nicht die runden Tische als solche, sondern der Geist, von dem sie getragen waren und von dem die Professionellen lange Zeit inspiriert wurden. Das heißt, nach diesen Erfahrungen der 1990er Jahre denke ich schon, dass die lebensweltliche Inspiration für die Professionellen von lokalen Gruppierungen ausgehen muss, die sich – anders als die sozialen Bewegungen – unter anderem auch auf die Professionellen zubewegen, sie dabei aber an die Öffentlichkeit zwingen. Die Öffentlichkeit, in der diese Vermittlung Lebenswelt/Profession stattfinden muss, scheint mir der entscheidende Punkt. Sonst findet ja die Vermittlung wieder im Gehäuse der Profession statt. Sozialadministration und Verbände scheuen aber unkontrollierte Öffentlichkeiten.

Deshalb betrachte ich die 1990er Jahre in Ostdeutschland – zumindest was die freien Projekte anbetrifft – als ein Laboratorium für eine lebensweltlich inspirierte und sich öffentlich versichernde Professionalität. In Westdeutschland hatte sich meines Erachtens eine eher zertifizierte und weitgehend entöffentlichte Professionalität entwickelt. Dazu trägt auch die Spezialisierung bei, die zur Barriere für eine sozial offene Netzwerkentwicklung werden kann.

Wir plädieren beide dafür, dass die Professionalität auf diese Vermittlerfunktion ausgerichtet sein muss. Aber für mich liegt der Unterschied im Problem der Öffentlichkeit und der Frage, wie die lebensweltlichen Bezüge, an denen man sich orientiert, sozialpolitisch thematisiert und anerkannt oder nicht anerkannt sind.

H.T.: Du gehst eher von sozialen Bewegungen aus und fragst nach dem Spannungsverhältnis zur Professionalität. Ich gehe eher von einer inneren Entwicklung in der Professionalität aus und frage, wie sie sich gegen ihre eigenen Verführungen wehrt.

Wir hatten nach 1990 in Tübingen einige Projekte, die sich damit beschäftigten, wie man das Konzept der Lebensweltorientierung aus dem 8. Jugendbericht in konkrete Praxis umsetzen konnte. Wir haben geschaut, was in der Heimerziehung passiert, wir hatten Stadtplanungsprojekte in Esslingen, Baden-Baden und in Heilbronn und wir hatten dann – das fand ich ganz spannend – Projekte mit der Frage, was mit den Jugendlichen passiert, die man institutionell nicht unterbringen kann, für die man Alternativen braucht, zum Beispiel in Bezug auf Vermittlung in den Beruf. Welche Wege gibt es außerhalb der gebahnten Wege? Wo gibt es Möglichkeiten und Ressourcen für die Jugendlichen, die außerhalb dessen liegen, was selektiv in die vorgegebenen Programme passt. Wir haben im Horizont des Konzepts der flexibilisierten integrierten Hilfen, die ja die Sprengung der Grenzen des Apparats im Programm hatten, nach Alternativen zu dem ausgebauten Apparat gesucht und nach Öffnungen aus ihm heraus. Wir hatten dann aber das Problem, dass sich die Institutionen zu unseren Ergebnissen quer gestellt haben, weil sie eine Erweiterung der institutionellen Apparatur bedeuteten oder auf Konflikte verwiesen, die von den Institutionen nicht aufgenommen werden wollten. – Ich habe mich dann auch, das war ein anderer Versuch auszubrechen, intensiv mit Formen der Abenteuerpädagogik befasst. – Also unsere Projekte waren aus dem Apparat heraus und in Bezug auf die Korrektur der Jugendhilfeapparatur gedacht. Deine Dresdner Projekte haben dagegen stärker in der Lebenslage der Betroffenen und ihren Erfahrungen angesetzt und haben von da aus nach einem institutionellen und organisatorischen Rahmen gesucht.

L.B.: Das trifft vor allem auf die Übergangsforschung zur zweiten Schwelle und auf die europäischen Transition-Projekte zu.

H.T.: Ich will nun doch noch einmal auf unsere biografischen Fragen und den Vergleich zwischen unseren Erfahrungen zurückkommen.

Ich fand es erstaunlich, dass du in Dresden wieder auf eine Situation gestoßen bist – soziale Bewegungen, Lebenslagenentwicklungen –, die deinen Forschungsanfängen nahe kamen – mit der ganzen Offenheit und der Möglichkeit, wieder von vorne anzufangen, während ich in Tübingen, nachdem ich in den 1970er Jahren ja auch eine so offene Situation vorgefunden hatte, inzwischen eingebaut und in Schwierigkeiten geraten war, weil das Lebensweltkonzept so institutionell vereinnahmt war, dass wir über die flexibilisierten integrierten Hilfen und die Wege neben und jenseits der Programme versuchen mussten, eine lebensweltorientierte Kritik gerade dieser Institutionen zu entwickeln. Es war eine Arbeit in der Kritik des Systems und zu neuen Formen im System oder eines aufgesprengten Systems. Du hattest in Dresden die Chance, eher nach neuen Formen zu schauen und diese auszuspielen gegen die kolonisierenden Formen, die aus unserem etablierten Betrieb kamen.

L.B.: Vor allem merkten wir, dass die impliziten Lebenslagendefinitionen, die in den westdeutschen institutionellen Arrangements steckten, mit der Wirklichkeit der Lebenslagen vieler Ostdeutscher nicht zusammenpassten. In dem europäischen Netzwerk EGRIS, in dem wir mitarbeiteten, hatten wir oft das Gefühl, dass wir besser zu den portugiesischen KollegInnen passten als zu den westdeutschen oder holländischen. Das westdeutsche Jugendhilfesystem konnte zwar seine institutionell-organisatorische Apparatur in den Osten transportieren, nicht aber die Jugendhilfekultur, mit der es im Westen verbunden war und mit der es sich entwickelt hatte. Und der professionelle Vermittlungsprozess hätte besser laufen können, wenn man Zeit gehabt hätte zu fragen, wie denn die Jugendhilfewirklichkeit in Ostdeutschland im Alltag jenseits der Programmatiken aussah und wo man hätte weiter anknüpfen können. Am Anfang sah es noch so aus, dass die ostdeutsche Jugendhilfelandschaft ein Experimentierraum der Erneuerung von Professionalisierung hätte sein können, dann aber war der Institutionalisierungs- und Zertifizierungsdruck so stark, dass dieser experimentelle Keim bald erstickt wurde.

H.T.: Die Jugendhilfelandschaft hat sich auch bei uns in Westdeutschland seit den 1990er Jahren gewandelt. Vor allem drei unterschiedliche und gegeneinander laufende widersprüchliche Entwicklungen scheinen mir wichtig. Zum ersten: Auf der oberen sozialpolitischen Ebene wird der Neokonservativismus bestimmend. Auf der Entwicklungsebene ist man vom Programm der Gestaltung der Lebensverhältnisse abgekommen, hat Formen einer karitativen Bürgerzuständigkeit reaktiviert, wie sie im vorigen Jahrhundert praktiziert wurden. BürgerInnen können und wollen helfen, die Tafeln sind ein besonders drastisches Beispiel. Parallel dazu werden in der Öffentlichkeit zunehmend Leute hochgelobt, die aus bürgerlichem Engagement heraus in sozialen Projekten engagiert sind oder sie gesponsert haben, die in sich sicher hilfreich sind, die aber relativ willkürlich entstanden waren und die – und das ist das Entscheidende – aus dem sozialstaatlichen Gewährleistungsrahmen herausfielen. Es ist ein öffentlicher Trend, die Zuständigkeit und Leistungsfähigkeit der Professionalität in der Bearbeitung sozialer Probleme zurückzudrängen. Ich denke da – um einmal ein etwas entlegenes Beispiel zu nehmen – an die breite Medienwirksamkeit der Super-Nanny (Katharina Saalfrank); Ihre Auftritte – vor allem die frühen – zeigen: Wo es Probleme und Verzweiflung gibt, gibt es auch die große Einzelne, die helfen kann. Sie tritt – wie im alten Mythos die große Mutter – auf, sie hat keinen Apparat hinter sich, sie ist auch nicht eingebunden in Kollegialität oder gar – was in so heiklen Fällen ja hilfreich wäre – in Supervision. Nun: Die „neue" Super-Nanny ist von dieser Position abgerückt und kooperiert mit Ämtern und anderen Hilfen. Aber als Beleg für die liberal-konservative Attitüde „Bürger helfen sich selbst" bleiben die frühen Szenen ein eindrucksvoller Beleg.

Zum zweiten. Es gibt eine Selbstentwertung der Professionellen, indem sie sich ökonomisch gelenkten Effektivitätspolitiken unterwerfen, geradezu einem Kotau machen und damit eine Enteignung der Jugendhilfe mitbetreiben. Das was du Modularisierung nennst, greift um sich. Die Reflexivität wird zugunsten von technologischer Machbarkeit aufgegeben. Damit werden die überfälligen, notwendigen Entwicklungsaufgaben verhindert.

Gleichzeitig aber – und das ist die dritte Entwicklung – haben sich in der Jugendhilfelandschaft neue produktive Arbeitsformen gebildet. Ich denke da an die Einbindung von Pflegefamilien in Beratungs- und Begleitungsnetzwerke, oder an die Entwicklung von Stadtteilkulturzentren und Familienzentren, an die neuen Formen der Kooperation mit der Schule, aber auch mit der Psychiatrie und mit der Justiz oder an die Differenzierung der Fremdunterbringung in Tagesbetreuung, Pflegestellen, betreutes Wohnen, eingebunden in ein Netzwerk von Elternarbeit und Beratung für alle. An die oben gerade angesprochenen neuen Formen neben dem eingespielten System will ich nur noch einmal erinnern. Ich denke, dass man diese einzelnen Entwicklungen verallgemeinern kann und festhalten, dass in den letzten Jahrzehnten die Soziale Arbeit vielfältige und tragfähige Formen einer problemangeschmiegten Hilfe entwickelt hat, in denen in den Ansprüchen und Standards einer lebensweltorientierten und subjektbezogenen Professionalität gearbeitet wird. Wir haben ja bei unserer Jule-Untersuchung zur Heimerziehung gefunden, dass viele der Kinder im Nachhinein sagen, dass das, was sie in der Heimerziehung erlebt haben, für sie biografisch hilfreich war, weil sie Menschen gefunden haben, die ihnen zugehört haben, die sich auf sie eingelassen und für sie engagiert haben und die ihnen in der Spannung von Respekt und Herausforderung, von Verständnis und Gegenhalten, von Freiheit und Grenzen neue Lebensperspektiven eröffnet haben. Gerade angesichts dieser Entwicklungen schmerzt die Selbstenteignung der Professionellen in den sozialtechnologischen Entwicklungsbahnen der Sozialen Arbeit, wo Produktionsformen entstehen, die die Lebensweltbezüge und die in ihnen notwendigen Konflikte übergehen, vernachlässigen und abspalten.

L.B.: Gleichzeitig nehmen die medial inszenierten Wohltätigkeitsveranstaltungen mit ihrem Glamour so überhand, dass die Organisationen der Sozialarbeit zwangsläufig als trostlos erscheinen müssen. Sie werden dann auch folgerichtig immer wieder für die Schattenseiten verantwortlich gemacht. Während auf den Wohltätigkeitsevents die Sammlungen für arme Kinder inszeniert werden, werden die Jugendämter verdächtigt, nicht genügend gegen die Vernachlässigung von Kindern hierzulande zu tun. Darin spiegelt sich aber auch eine neue strukturelle Ambivalenz als Problem der Sozialen Arbeit. Die Jugendhilfe hat ja bei uns – wie du das am Beispiel der Heimerziehung geschildert hast – eine bemerkenswerte innerinstitutionelle Autonomie erreicht, Dennoch zeigt sich, dass der Sozialen Arbeit die Deutungshoheit über ihre Probleme abgesprochen wird. Nach innen hat man eine gewisse Stabilisierung erreicht, nach außen wird es aber immer schwieriger, Konflikte durchzustehen, da sie politisch in einen anderen Deutungsrahmen verschoben werden.

H.T.: In diesem Zusammenhang finde ich es auch aufregend, wie zurzeit die Deutungshoheit bei psychosozialen Problemen auf die Medizin übergeht. Es ist auch faszinierend, wie sich die Pädagogik geradezu mit Wollust der Neurobiologie ergibt, was kein Einwand gegen deren Bedeutung sein darf; da erscheinen ja Bücher zum Lernen, die eigentlich hätten in der Pädagogik geschrieben werden müssen. Aber, wie dem auch sei. Alles in allem beobachte ich einen Wechsel in der Stimmführerschaft in der öffentlichen Diskussion. Die Sozialarbeit ist auf der einen Seite eingezwängt in eine zunehmend sozialtechnologisch sich verstehende Sozialverwaltung und auf der anderen Seite in einen Paradigmenwechsel weg von einer sozialpolitisch-kommunikativen Problem- und Aushandlungsperspektive hin zu medizinisch-naturwissenschaftlichen Kausalmodellen.

L.B.: Zu Modellen, die marktfähig sind. Wenn-dann-Modelle kann man gut marktfähig machen.

H.T.: Das ist deshalb so irritierend, weil hier die umwälzenden und großartigen Fortschritte der Medizin, zum Beispiel in der Hirn- und Kreislaufforschung oder den Operationsmethoden, als pars pro toto für die hilfeorientierten Handlungswissenschaften genommen werden. Der Fortschritt wird dazu benützt, ein System zu installieren, das auf Kausalbeziehungen und nicht auf Kommunikation beruht. Die Sozialarbeit gerät dadurch, ähnlich wie die Kulturwissenschaften oder die verstehende Soziologie und die verstehende Psychologie, in den Hintergrund. Das würde ich gern hinzusetzen. Es ist nicht nur der Inklusionsdrang der Sozialen Arbeit, der die Entfernung zu den Lebenswelten erzeugt, sondern sie ist Teil einer gesellschaftlichen Makroentwicklung geworden, gegen die sie nur schwer ankommen kann.

L.B.: Das müsste aber stärker in der Disziplin thematisiert werden, denn von da aus käme man ja auch auf die kritischen Themen, die wir bisher diskutiert haben und die in diesem gesamtgesellschaftlichen Zusammenhang erst ihre ganze Tragweite erkennen lassen.

Glossar

Adler, Alfred (1870-1937), Psychoanalytiker in Wien, Begründer der Individualpsychologie
Adorno, Theodor W. (1903–1969), Professor für Soziologie in Frankfurt. Mitbegründer der „Frankfurter Schule" der Soziologie
Aichhorn, August (1878–1949), Psychoanalytiker und Pädagoge. Wien. „Verwahrloste Jugend"
Alheit, Peter, Professor für Pädagogik in Göttingen
Anders, Günther (1902–1992), Philosoph. „Die Antiquiertheit des Menschen"
Arnold, Gottfried (1666–1714), Theologe
Becker, Howard S., Professor für Kriminalsoziologie, Chicago.
Bernfeld, Siegfried (1892–1953), österreichischer Psychoanalytiker und Pädagoge. „Sisyphos oder die Grenzen der Erziehung"
Bernstein, Eduard (1850–1932), sozialdemokratischer Politiker und Historiker
Bettelheim, Bruno (1903–1990),Psychoanalytiker, Chicago. „Liebe allein genügt nicht"
Bloch, Ernst (1885–1977), marxistischer Philosoph. Tübingen. „Das Prinzip Hoffnung"
Bloch, Karola (1905–1994), Publizistin. Tübingen
Bondy, Curt (1894–1972), Psychologe, Mitbegründer des Reformmodells Jugendstrafanstalt Hahnöfersand
Bonhoeffer, Martin (1935–1989), Sozialpädagoge und Heimerziehungs-Reformer
Bourdieu, Pierre (1930–2002), Professor für Soziologie in Paris. „Die feinen Unterschiede"
Brumlik, Micha, Professor für Pädagogik in Frankfurt
Buber, Martin (1878–1965), Philosoph. Jerusalem
Colla, Herbert, Professor für Sozialpädagogik in Lüneburg
Coser, Lewis A. (1913–2003), Professor für Soziologe, New York
Dahrendorf, Ralf (1929–2009), Professor für Soziologe, London
Enke, Robert (1977–2009), deutscher Nationaltorhüter Fußball
Finkel, Margarete, Sozialpädagogin. Jugendamt Stuttgart
Flitner, Andreas, Professor für Pädagogik in Tübingen
Ford, Henry (1863–1947), US-amerikanischer (Automobil)Industrieller. Namenspate für das „Fordistische Zeitalter"
Foucault, Michel (1926–1984), Professor für Philosophie in Paris. „Überwachen und Strafen"
Freud, Sigmund (1856–1939), Begründer der Psychoanalyse
Fromm, Erich (1900–1980), Psychoanalytiker
Frommann, Anne, Erziehungswissenschaftlerin. Tübingen
Funk, Heide, Professorin für Soziale Arbeit, Mittweida
Galuske, Michael (1959–2011), Professor für Sozialpädagogik in Kassel
Gmeiner, Hermann (1919–1986), Gründer der SOS-Kinderdörfer
Goffman, Erving (1922–1982), Professor für Soziologie. University of Pennsylvania

Gottschalch, Wilfried (1929–2006), Professor für Sozialpädagogik in Amsterdam
Gramsci, Antonio (1891–1937), italienischer, marxistischer Philosoph
Habermas, Jürgen, Professor für Sozialphilosophie und Soziologie. Frankfurt am Main. „Theorie kommunikativen Handelns“
Hamburger, Franz, Professor für Sozialpädagogik in Mainz
Hamberger, Matthias, Sozialpädagoge. Tübingen
Haug, Wolfgang Fritz, Professor für Philosophie in Berlin
Heidegger, Martin (1889–1976), Professor für Philosophie. Freiburg im Breisgau. „Sein und Zeit“
Heimann, Eduard (1889–1967), Professor für Sozialpolitik in Hamburg und New York. „Soziale Theorie des Kapitalismus“
Heiner, Maja (1944–2013), Professorin für Sozialpädagogik in Tübingen
Herder, Johann Gottfried (744-1803), Philosoph, Kulturwissenschaftler und Theologe, Weimar
Hirschman, Albert O. (1915–2012), Professor für Soziologie und Philosophie. Princeton
Honneth, Axel, Professor für Sozialphilosophie und Direktor des Instituts für Sozialforschung in Frankfurt/M.
Horkheimer, Max (1895–1973), Professor für Soziologie. Mitbegründer der Frankfurter Schule. „Autorität und Familie“
Hornstein, Walter (1929–2012), Professor für Sozialpädagogik in München. Langjähriger Direktor des Deutschen Jugendinstituts
Höhne, Thomas, Professor für Pädagogik in Hamburg
Hörster, Reinhardt, Professor für Sozialpädagogik in Halle (Saale)
Humboldt, Wilhelm von (1767-1835), Kultur- und Sprachwissenschaftler, Mitbegründer der Berliner Universität
Illich, Ivan (1926–2002), österreichisch-amerikanischer Philosoph und Befreiungstheologe „Entschulung der Gesellschaft“
Iser, Angelika, Professorin für angewandte Sozialwissenschaften in München
Jonas, Hans (1903-1993), Professor für Philosophie in New York
Kessl, Fabian, Professor für Sozialpädagogik in Duisburg/Essen
Keupp, Heiner, Professor für Sozialpsychologie in München
Klemperer, Viktor (1881–1960), Professor für Romanistik in Dresden. „Ich will Zeugnis ablegen bis zum Letzten“ Tagebücher 1933–1945
Kosik, Karel (1926-2003), tschechische Philosoph. „Die Dialektik des Konkreten“
Lazarsfeld, Paul E. (1901-1976), Professor für Soziologie in Wien und
Lazarsfeld, Sofie (1882–1976), Individualpsychologin. Wien
Lenhard, Gero, Professor für Pädagogik in Halle-Wittenberg
Lenz, Michael (1751–1792), Dichter aus der Zeit des Sturm und Drang
Liebel, Manfred, Professor für Sozialpädagogik in Berlin
Liegle, Ludwig, Professor für Pädagogik in Tübingen
Litt, Theodor (1880–1962), Professor für Philosophie und Pädagogik in Leipzig und Bonn
Luhmann, Niklas (1927–1998), Professor für Soziologie in Bielefeld
Makarenko, Anton Semjonowitsch (1888–1939), sowjetischer Pädagoge der Kollektiverziehung. „Pädagogisches Poem“
Malthus, Robert (1766–1834), britischer Ökonom. „Das Bevölkerungsgesetz“
Mannheim, Karl (1893-1947), Professor für Soziologie in Frankfurt/m. und London
Marquardt, Peter, Sozialpädagoge. Jugendamtsleiter in Freiburg, Bremen und Hamburg

Marshall, Thomas (1893–1981), Professor für Soziologie, London.
„Bürgerrechte und soziale Klassen"
Maslow, Abraham (1908–1970), Professor für Psychologie in New York und Boston
Mayer, Hans (1907-2001), Professor für Literaturwissenschaft in Leipzig, Hannover und Tübingen
Mead, George Herbert (1863–1931), Professor für Soziologie und Sozialphilosophie in Chicago
Meinhof, Ulrike (1934–1976), deutsche Sozialpädagogin, später Mitglied der RAF
Meng, Heinrich (1887–1972), Schweizer Psychoanalytiker
Mennicke, Carl (1887–1958), Professor für Sozialpädagogik, religiöser Sozialist, Frankfurt am Main
Merton, Robert K. (1910-2003), Professor für Soziologie in New York
Miller, David, Professor für Soziologie und Sozialphilosophie in Oxford
Mollenhauer, Klaus (1928–1998), Professor für Sozialpädagogik in Göttingen.
„Erziehung und Emanzipation"
Moser, Tilmann, Psychoanalytiker in Freiburg
Müller, Burkhard (1939–2013), Professor für Sozialpädagogik in Hildesheim
Müller-Schöll Albrecht (1927–1997), Sozialpädagoge, Direktor der Akademie des diakonischen Werks Deutschland
Munsch, Chantal, Professorin für Sozialpädagogik in Siegen
Münchmeier, Richard, Professor für Sozialpädagogik in Berlin
Negt, Oskar, Professor für Sozialphilosophie in Hannover
Nohl, Herman (1879-1960), Professor für Philosophie und Pädagogik in Göttingen
Offe, Claus, Professor für Soziologie und Sozialpolitik in Berlin
O'Neill, Eugene (1888–1953), US-amerikanischer Dramatiker
Ortmann, Friedrich, Professor für Sozialpädagogik in Kassel
Ortmann, Hedwig, Professorin für Sozialpädagogik in Bremen
Otto, Hans-Uwe, Professor für Sozialpädagogik in Bielefeld
Pestalozzi, Johann Heinrich (1746–1827), Schweizer Pädagoge
Pico della Mirandola, Giovanni (1463–1494), italienischer Philosoph der Renaissance
Plessner, Helmuth (1892–1985), Professor für Soziologie und Sozialphilosophie in Göttingen
Rawls, John (1921-2002), Professor für Philosophie an der Harvard University
Rosenmayr, Leopold, Professor für Soziologie in Wien
Roth, Heinrich (1906–1983), Professor für Pädagogik in Göttingen.
„Die realistische Wende in der Pädagogik"
Saal, Fredi (1935- 2010), deutscher Autor
Saalfrank, Katharina („Supernanny"), Diplompädagogin, Berlin
Schleiermacher, Friedrich (1768–1834), Professor für Theologie und Pädagogik in Berlin
Schmidbauer, Wolfgang, Psychoanalytiker. München. „Die hilflosen Helfer"
Schneider, Sabine, Professorin für Sozialpädagogik/ Soziale Arbeit in Esslingen
Schröer, Wolfgang, Professor für Sozialpädagogik in Hildesheim
Schütz, Alfred (1899–1959), Professor für Soziologie und Sozialphilosophie, New York
Seidenstücker, Bernd, Professor für Sozialpädagogik in Darmstadt
Sennett, Richard, Professor für Soziologie und Sozialphilosophie. New York und London
Simmel, Georg (1858–1918), Professor für Philosophie und Soziologie in Berlin und Straßburg
Sloterdijk, Peter, Professor für Philosophie in Karlsruhe
Sombart, Werner (1863-1941), Professor für Staatswissenschaften in Berlin

Specht, Walther, Sozialpädagoge, Gründer der Mobilen Jugendarbeit (Streetwork) in Deutschland
Staub-Bernasconi, Silvia, Professorin für Sozialpädagogik in Zürich und Berlin
Thiersch, Renate, Sozialpädagogin. Tübingen
Treptow, Rainer, Professor für Sozialpädagogik in Tübingen
Uhlendorff, Uwe, Professor für Sozialpädagogik in Dortmund
Weber, Max (1864–1920), Professor für Soziologie in Heidelberg und München
Weinert, Franz E. (1930-2001), Professor für pädagogische Psychologie in Heidelberg
Weniger, Erich (1894–1961), Professor für Pädagogik in Göttingen
Werckmeister, Otto, Kunsthistoriker und Publizist
Wernicke, Liesl, Sozialpädagogin. Hamburg
Wiese von, Leopold (1876–1969), Professor für Soziologie in Köln
Winnicott, Donald (1896–1971), britischer Psychoanalytiker
Wolffersdorff von, Christian, Professor für Sozialpädagogik in Leipzig
Woog, Astrid, Sozialpädagogin. Stuttgart
Yahoda, Marie (1907-2001), Sozialpsychologin in Wien und New York
Zeller, Maren, Sozialpädagogin. Hildesheim
Ziegler, Jean, Schweizer Soziologe und Politiker in Genf und Paris
Zimmer, Jürgen, Professor für Bildung in der frühen Kindheit in Berlin